나만 옳다는 착각

Catastrophe!: How Psychology Explains Why Good People Make Bad Situations Worse
Copyright © 2022 by Christopher J. Ferguson
All rights reserved.

Korean language edition © 2023 by Seon Sun Hwan
Korean translation rights arranged with The Rowman & Littlefield Publishing Group, Inc. through CHEXXA Co.

이 책의 한국어판 저작권은 책사 에이전시를 통한 저작권사와의 독점 계약으로 선순환 출판사가 소유합니다. 저작권법에 의하여 한국 내에서 보호를 받는 저작물이므로 무단 전재와 무단복제를 금합니다.

나만 옳다는 착각

내 편 편향이 초래하는
파국의 심리학

크리스토퍼 J. 퍼거슨 지음
김희봉 옮김

Catastrophe

Christopher J. Ferguson

사람과 자연과 책의 *선순환*

나의 아내 다이애나에게
우리의 결혼은 적어도 이 세상에서 파국에 빠지지 않았다오.

차례

CHAPTER 1. 파국! … 09

국가적 불황 … 17
재앙이 닥쳤을 때의 인지 편향 … 20
앗, 실수! 제1차 세계대전을 일으켜버렸네! … 24
여러분, 내가 얼마나 겸손한지 보세요 … 34
현대판 마녀사냥 … 38
파국의 관리 … 42

CHAPTER 2. 화장지가 금값 … 43

2020년의 화장지 대란 … 45
가용성 폭포와 사회적 전염 … 49
농구가 문을 닫다 … 57
터널 끝의 불빛이 나를 향해 달려오는 열차일 때 … 61

CHAPTER 3. 당황하지 말 것 … 67

어휴! 정말 얼마나 나쁠 수 있을까? … 69
마스크를 쓸 것인가, 말 것인가? … 75
마스크는 폭정이다! … 87
더 나은 메시지 전달 … 90

CHAPTER 4. 핵 공포 … 97

석탄을 계속 태우자고? … 100
원자력의 나쁜 홍보 … 103
원자력은 얼마나 치명적일까? … 111
우리가 위험을 (잘못) 평가하는 방법 … 114
생각을 바꿔봐 … 122
원자력의 파국 … 125

CHAPTER 5. 하늘의 공포 ··· 127

그들은 무슨 생각을 하고 있었을까? ··· 129
9·11을 망치기 ··· 139
애국자 법 ··· 150

CHAPTER 6. 학교 총격 ··· 155

파국이 닥쳤을 때 사람들의 행동 방식 ··· 160
미디어에 대한 도덕적 공황 ··· 165
정신 건강에 대한 사회적 관리 ··· 175

CHAPTER 7. 인종차별적 계산? ··· 181

미국은 '인종차별 범유행'을 경험하고 있는가? ··· 184
경제에서의 제도적 인종차별 ··· 200
정치사회적 좌파의 가용성 폭포 ··· 208
정치사회적 우파의 가용성 폭포 ··· 218
최종적인 생각 ··· 221

CHAPTER 8. 상어가 뛴다 ··· 223

80년대의 향수를 불러일으키는 환경주의의 간략한 역사 ··· 226
왜 사람들은 기후변화에 우선순위를 두지 않을까? ··· 229
상어가 뛴다 ··· 236

CHAPTER 9. 불이야! ... 251

불타는 말 ... 253
화재 안전 교육 ... 256
실수 또는 고의 ... 258
모든 나뭇가지가 소중하다 ... 264

CHAPTER 10. 문 앞의 야만인 ... 269

저 사람이 수상해 ... 272
이민의 비용과 혜택 ... 275
우파가 이민에 대해 잘못 알고 있는 것 ... 279
좌파가 이민에 대해 잘못 알고 있는 것 ... 284
결론적 생각 ... 290

CHAPTER 11. 이성의 종말 ... 293

음모론 ... 296
연기가 피어오르는 불씨 ... 303
음모론의 매력 줄이기 ... 309
개인으로서 우리가 할 수 있는 일 ... 311
사회로서 우리가 할 수 있는 일 ... 313
결론적인 생각 ... 320

CHAPTER 12. 모든 것은 파국으로 끝나는가? ... 321

사람들은 (일종의) 데이터에 귀를 기울인다 ... 324
사람들은 대부분 옳은 일을 하고 싶어 한다(적어도 자기편을 위해) ... 326
우리가 고칠 수 있다! ... 330
어리석음의 순환적 특성 ... 334

주 ... 337

CHAPTER 1
파국!

　2009년 5월 31일, 에어프랑스 447편이 브라질 리우데자네이루에서 출발했다. 승무원 12명과 승객 216명이 타고 있었고, 대부분이 프랑스인, 브라질인, 독일인이었다. 어린이 8명이 있었고, 그중에는 아기도 한 명 있었다. 브라질에서 휴가를 마치고 돌아오는 프랑스 시민도 있었고, 반대로 파리로 가서 루브르 박물관과 에펠탑을 보면서 즐기려던 브라질 여행객도 있었다. 출장이나 회의에 참석하려는 사람도 있었다. 한 사람은 축제에서 연주를 마치고 돌아가는 터키의 하프 연주자였다.

이 비행기에는 숙련된 조종사 세 사람이 타고 있었고, 그들은 마크 뒤부아 기장, 부조종사 데이비드 로버트, 부조종사 피에르세드리크 보냉이었다. 13시간의 힘든 비행 동안 조종사들은 교대로 휴식을 취할 수 있었다. 비행기는 브라질 해안을 따라 북쪽으로 이동하다가 대서양 쪽으로 방향을 돌렸고, 바다에 추락했다.

비행을 시작한 지 네 시간쯤 지났을 때, 몇 가지 운명적인 결정이 있었다. 첫째, 항로에 난기류가 발생해 다른 비행기들은 우회했지만 이 비행기는 그대로 통과하기로 했다.[1] 둘째, 기장이 예정된 휴식을 위해 조종석을 떠났다.

현대의 상업용 제트기에는 대개 자동 조종 장치가 있다. 이런 비행기는 컴퓨터 시스템에 입력되는 외부 데이터를 이용하여 비행의 많은 부분을 직접 처리한다. 그러나 자동 조종 장치는 가끔 오동작하거나 혼란을 일으키며, 이때는 인간 조종사들이 수동으로 조종해야 한다. 비행기가 난기류를 통과해야 했기 때문에 자동 조종 장치가 멈추게 되었다.

조사 보고서에 따르면,[2] 난기류 때문에 비행기의 외부 센서 중 하나인 피토관 pitot tube에 얼음이 얼었다. 센서가 오동작하면서 비행기의 컴퓨터가 혼란을 일으켜 자동 조종이 해제되었고, 조종사들이 수

동으로 조종해야 했다.

인간이 통제를 맡았지만, 위기에 대처해야 할 인간이 도리어 위기를 부추겼다. 항공사에 소속된 조종사들은 위기 대응 훈련을 받지만, 그들도 역시 인간이다. 조종사는 별의별 훈련을 다 받지만 위기는 눈송이와 같다. 눈송이의 모양이 모두 다르듯이, 모든 위기는 제각각의 방식으로 발생한다.

난기류 속에서 기수가 아래위로 흔들리던 비행기는 좌우로 기우뚱거렸고, 기장이 쉬는 동안 통제를 맡은 부조종사 보냉이 비행기를 조종하려고 시도했다. 보고서에 따르면 그는 수천 시간이나 비행을 했지만 이런 상황을 겪어본 적이 없다고 한다. 비행기의 고도가 너무 낮은 것을 알아차린 보냉이 기수를 위로 향하게 했다. 이것이 결정적인 실수였다.

우리는 모두 자신이 이성적인 사람이라고 생각한다. 세계를 인지하고 이를 바탕으로 내가 내리는 결정은 객관적이고 데이터에 기초한다. 내가 한 행동으로 원하는 결과를 얻지 못하면, 나는 곧바로 행동을 바꿀 수 있다고 생각한다. 비이성적이고, 감정적이며, 재난 앞에서 계속 실수를 저질러대는 사람도 있지만, 분명히 나는 아니다. 하지만, 우리는 너무 자주 틀린다. 개인의, 환경의, 직업상의 위기에 대처할 때 우리는 가끔 끔찍한 실수를 저지른다. 다른 사람의 잘못이 더 잘 보이는 이유는 우리가 그 일에 감정적으로 매달리지 않기 때문이다. 그러나 공포, 분노, 낙담과 같은 감정이 생겨나면 좋은 판단을 내리기가 매우 힘들어진다. 부조종사 보냉이 기수를 위로 향하게 하자 비행기의 속력이 갑자기 떨어졌고, 날개의 각도가 너무 높아 양력을 유지하지 못하고 중력에 의해 아래로 끌려 내려가게 되었다. 이런 일이 일어났을 때 최상의 방법*은 기수를 내려 날개가 다시 양력을 얻도록 하는 것이다. 하지만 비행기의 고도가 낮아져 땅에 가까워지면, 사람은 본능적으로 땅에서 멀어지는 방향으로 기수를 들어 올릴 수 있다. 물론 이때는 엔진이 비행기를 더 높게 밀어 올릴 수 있어야 한다. 게다가 비행기 센서가 잘못된 정보를 보여주고 있었기 때문에, 조종사들은 위기가 어떻게 진행되는지 파악하기가 매우 어려웠을 것이다.

이제 부조종사 보냉과 로버트는 완전히 혼란에 빠졌고, 공식 보고서에 따르면 두 사람은 상대방이 조종간을 어떻게 움직이는지 볼 수 없어 서로의 대응을 상쇄시켰을 수도 있다. 보고서에는 그들이 혼란에 빠져 속도를 높이기 위해 필요한 기동을 하지 않았다고 적혀 있다. 더 나쁜 것은 보냉이 조종간을 계속해서 완전히 뒤로 당겨 비행기를 위쪽으로 향하게 했는데, 이는 전적으로 잘못된 일이었다. 비행기가 계속 곤두박질치자 부조종사 보냉이 "비행기를 전혀 통제할 수 없다!"고 외쳤다. 부조종사 로버트가 "조종 권한을 왼쪽(그가 있는 위치)으로 이동"한다고 알렸다. 그러나 보냉은 계속해서 조종간을 잡아당겨 비행기를 통제하려는 로버트의 노력을 상쇄시켰다. 분명히 로버트는 보냉이 어떻게 하고 있는지 몰랐고, 로버트도 함께 혼란에

* 나는 조종사가 아니고, 여러 가지 보고서에 나오는 정보를 참조했다.

빠졌다. 음성 녹음을 들어보면 이 시점부터 부조종사들이 당황하여 서로 의사소통이 잘 이루어지지 않았다.[3]

이때 뒤부아 기장이 조종실로 돌아왔고, 부조종사들이 혼란에 빠져 있다는 것을 알았다. 혼란스럽고 겁에 질린 두 부조종사는 기장에게 무엇이 잘못되었는지 설명할 수 없었고, "우리는 모든 걸 다 하고 있다"고 말할 뿐이었다. 이어지는 것은 상황을 이해하지 못한 세 조종사가 결정을 내리지 못한 채 나눈 고통스러운 대화였다. 뒤부아는 어떻게든 문제를 알아내려고 했지만, 비행기 시스템의 빈약한 정보와 겁에 질린 두 부조종사를 앞에 두고 그도 어찌할 수 없었다.

마침내, 부조종사 보냉은 뒤부아 기장에게 비행기가 하강하는 동안 내내 자기가 기수를 위로 향하도록 했다고 말했다. 그때서야 무엇이 잘못되었는지 깨달은 기장이 부조종사들에게 속도를 회복하기 위해 기수를 아래로 내리라고 명령했다. 그러나 이미 늦었다. 비행기는 통제 가능한 상태를 벗어나 아래쪽으로 바다를 향해 선회하고 있다. 보냉이 외쳤다. "빌어먹을, 우린 추락할 거야…. 사실일 수 없어!" 로버트가 대답했다. "우린 죽었어!"

몇 초 후, 시속 200킬로미터로 날아가던 비행기는 기수를 아래로 하고 대서양으로 추락했다. 탑승객과 승무원이 모두 즉사했다.

이 비극을 자세히 설명하는 이유는 조종사들의 실수를 과도하게 비난하거나 사람들이 비행기를 두려워하도록(이 점에 대해서는 나중에 좀 더 이야기하겠다) 부추기려는 것이 아니다. 사실 이 조종사들은 유능하고 잘 훈련된 사람들이었다. 그러나 위기를 맞아 불완전한 데이터를 접한 조종사는 감정에 휩쓸려 혼란에 빠지고 도움이 되지 않는 행동을 하게 되어 결국 비행기가 추락하고 말았다. 피토관의 결빙과 동료 조종사가 무엇을 하고 있는지 볼 수 없도록 설계된 조종석 등의 다른 실패 요인도 있었다. 그러나 에어프랑스 447편 사고의 원인 중 감정에 뒤얽혀서 일어난 인간의 실수는 사소한 요소가 아니었다.

이 경우 부조종사 보냉의 행동은 개인의 비정상적인 실수가 아니라, 인간의 정상적인 인지능력 자체가 그리 좋지 않음을 보여준다. 보냉은 분명히 잘못된 행동이었는데도 계속해서 조종간을 잡아당기며 기수를 위로 향하게 했다. 심리학에서는 이를 **인내 오류**perseverative error라고 한다. 사람은 어떤 행위가 목표 달성에 비효율적이라는 증거가 있는데도 똑같은 행동을 계속한다. 이는 비정상적인 광기의 징후가 아니다. 똑같은 행동을 지속하면서 이전과 다른 결과가 나오기를 바라는 것은 공황 상태이거나 압박감이 클 때 나타나는 인간의 정상적인 반응이다. "이렇게 하면 될 거야, 돼야 해!"라고 중얼거리는 보냉을 떠올려보자. 다행히 비행기를 조종하는 상황은 아니지만, 우리 모두 그런 경험을 해봤을 것이다.

문제의 대부분은 단순히 감정이 개입하기 때문이다. 감정에 이끌려 결정하면 오류를 저지를 가능성이 커진다. 분노, 두려움, 우울감과 같은 부정적인 감정만 문제가 되지는 않는다.* 사랑이나 흥분과 같은 긍정적인 감정도 오류를 일으킬 수 있으며, 나쁜 결과와의 관계가 조금 더 복잡할 뿐이다. 위기에 맞서 싸워야 하는 직업군(구급대원, 군인, 조종사)의 위기 대응 훈련은 전반적으로 위기 반응을 일상적인 인지 과정으로 만들어 감정에 휩싸여 일어나는 마비를 피하려고 한다. 그러나 실제로 긴박한 상황이 닥쳤을 때는 감정의 지배를 벗어나기 어렵다.

에어프랑스 447편의 사례에서, 위기가 닥치면 사람의 인지가 어떻게 마비되는지 알 수 있다. 의사소통이 단절되고, 판단력이 흐려지며, 충동성이 증가하고, 인내 오류가 나타난다. 이런 것들은 어느 정도까지는 극심한 스트레스에 대비해 생물학적으로 프로그래밍된 기능이다. 사람은 공황에 대해 본능적으로 도피 또는 투쟁하도록 프로그래밍되어 있다. 이는 2만 년 전의 조상들에게 도움이 되었겠지만, 비행기를 타거나 시험을 보거나 세무조사를 받을 때는 거의 도움이 되지 않는다. 굶주린 퓨마를 만났을 때는 도피 또는 투쟁이 꽤 좋겠지만(딱히 더 나은 방법도 없을 것이다), 퓨마가 거의 없는 현대의 기술 세계에서는 느리고 체계적인 인지 반응이 더 효율적일 수 있다. 우리가

---

* 흥미롭게도 우울한 현실주의depressive realism라는 개념이 있는데, 이는 우울증이 없고 지나치게 낙관적인 사람보다 우울한 사람이 부정적인 정보를 더 정확하게 인지할 가능성이 높다는 뜻이다. 그러나 우울한 사람이 위기에서 판단력이 더 좋다는 증거는 거의 없는 것으로 보인다. 참조: Moritz, D., & Roberts, J. E. (2020). Depressive Symptoms and Self-Esteem as Moderators of Metaperceptions of Social Rejection versus Acceptance: A Truth and Bias Analysis. Clinical Psychological Science, 8(2), 252-65. https://doi-org.stetson.idm.oclc.org/10.1177/2167702619894906.

그런 식으로 프로그래밍되어 있지 않을 뿐이다.

하지만 모든 위기가 급박하지는 않으며, 급하지 않은 문제를 대할 때도 판단 오류가 일어난다. 이 오류는 개인 수준에서도 일어나고, 더 심각하게는 사회 전체 수준에서도 일어난다.

나는 예언자의 역할을 싫어하고, 세상을 상당히 낙관적으로 보는 편이다. 대부분의 지표에서 우리는 인류 역사상 최고의 황금기에 살고 있다. 살인은 크게 줄었고, 빈곤은 역대 최저 수준이며, 불평등과 관련된 문제도 그 어느 때보다 긍정적이다.[4] 그렇다고 모든 일이 최고라는 말은 아니다. 여전히 불의가 존재하고, 빈부 격차가 크며, 빈곤과 전쟁이 존재한다. 하지만 사회의 사다리 중의 어느 단계에서든 지금보다 더 살기 좋은 시대는 없었다. 2020년의 끔찍한 한 해가 우리 기억에 남는 최악의 해였다고 인정하더라도, 14세기 중에서 더 나은 해를 한 해라도 꼽아보라고 말하고 싶다.

그러나 뉴스 미디어를 읽거나, 소셜 미디어의 과장을 보거나, 학계의 많은 교수들의 말을 들어도, 우리가 살고 있는 세상의 진실을 알기는 어렵다. 그 대신 지금이 과거 어느 때보다 나쁘고, 날이 갈수록 점점 더 나빠지고 있다는 말을 듣게 된다. 많은 데이터가 그 반대를 가리키는데도 말이다. 왜 이런 일이 일어날까? 인간에게 전염되는 어떤 부정 편향이 존재하며, 그것이 어느 정도까지 우리가 중대한 실수를 저지르게 할까?

국가적 불황

    2020년은 확실히 매우 나쁜 한 해였다고 인정한다면, 대부분의 국가 지표는 실질적인 의미에서 시간이 지남에 따라 상황이 대체로 좋아졌음을 시사한다. 하지만 사람들이 어떻게 느끼는지에 대한 데이터를 살펴보면 상당히 나빠 보인다.

    이 글을 쓰는 동안에 흥미로운 데이터가 나왔다. 갤럽의 새로운 여론조사에 따르면, 미국의 종교성이 급격히 하락해서 역사상 최저치를 기록했다.[5] 처음으로, 미국인의 과반수가 어떤 주요 종교도 믿지 않는다. 오랫동안 매우 세속화된 유럽에서는 드문 일이 아니다. 하지만 미국에서는 상당히 이상한 일이다. 이러한 감소는 약 20년

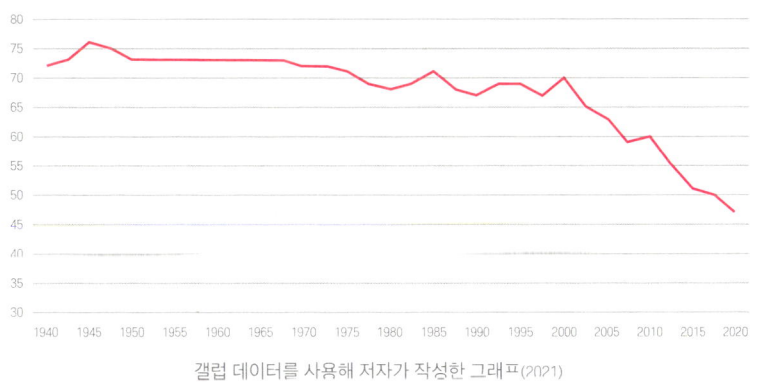

미국 성인 중 교회를 다니는 사람(갤럽, 2021)

갤럽 데이터를 사용해 저자가 작성한 그래프(2021)

전부터 시작되었으며, 대부분은 지난 10년 동안에 일어났다.

이것이 특별히 나쁜 소식인지 아닌지 말하라면, 그 자체가 주관적인 평가다. 종교를 믿는 사람이라면 끔찍한 추세라고 말할 수 있고, 그렇지 않은 사람이라면 별 상관이 없지 않느냐고 할 수도 있다. 둘 다 충분히 괜찮은 대답이다. 그러나 충분히 흥미롭게도, 이는 다른 사회적 경향과 관련되어 있다. 예를 들어 인종 관계에 대한 갤럽 데이터를 생각해보자. 2000년대 초반까지만 해도 흑인과 백인 성인 모두 인종 관계에 대한 인식은 상당히 긍정적이었으며, 인종 관계가 아주 좋거나 어느 정도 좋다고 답한 응답자가 절대다수였다. 그러나 2014년경(종교성이 급감한 것과 대략 같은 시기)부터 미국에서 인종적 불공정이 커졌다는 증거가 거의 없음에도 불구하고 인종 관계에 대한 인식이 급격히 나빠지기 시작했다. (나중에 더 자세히 설명하겠다).

갤럽 데이터를 사용해 저자가 작성한 그래프 (2021).

자살률을 단순히 사람들의 상태를 나타내는 지표로 볼 수도 있다. 폭력 범죄와 같은 사회적 지표는 수십 년 동안(적어도 2020년까지) 급감한 것과 달리 자살률은 증가하고 있다. 이 데이터는 미국 질병통제예방센터(CDC, Centers for Disease Control and Prevention)가 자살에 대해 발표한 데이터를 취합한 것이다.[6]

인구 십만 명당 자살자 수

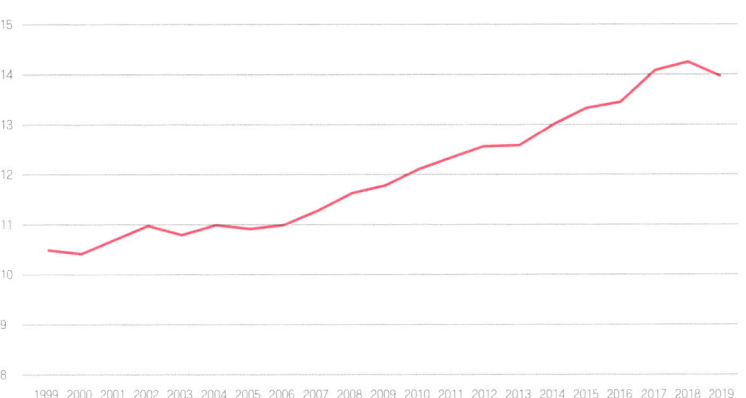

미국 질병통제예방센터 데이터를 사용해 저자가 작성한 그래프 (2021).

사회제도에 대한 신뢰, 마약성 진통제의 유행, 미래에 대한 비관 등의 데이터는 광범위한 사회적 불안감이 있음을 시시한다. 왜 이런 일이 일어나는지 이해하려는 노력이 중요하다(솔직히 말해서 명확한 해답은 없다. 사람들이 이전 세대보다 더 분노하고, 더 슬퍼하고, 더 비관적이라는 점만 알고 있을 뿐이다). 하지만 우리가 개인으로서, 사회의 일원으로서 의사 결정 과정에 이 점이 어떤 영향을 주는지 이해하는 것도 중요하다. 우리는 양극화된 정치의 두 극단 사이에서 오락가락하면서 국가적 의사 결정의 오류가 많아지는 시점에 와 있을 수 있다.

그 이유 중의 일부는 사회적 위기의 순간에 대중과 사회 지도층 모두의 사고가 일부 정신 질환, 특히 우울증에 흔히 나타나는 인지 왜곡과 매우 유사해질 수 있기 때문이다. 이러한 왜곡 또는 편향은 증거를 잘못 인식하고, 편향과 상충되는 증거를 무시하며, 위기에 일관성 없이 대응하고(또는 전혀 대응하지 않고), 잘못된 정보를 바탕으로 잘못된 결정을 내리는 원인이 될 수 있다.

재앙이 닥쳤을 때의 인지 편향

특정 사고 패턴이 우울증과 같은 정신 건강 장애에서 특징적으로 나타난다는 생각은 1970년대에 심리학자 에런 벡에 의해 입증되었다.[7] 우울증에 흔히 나타나는 인지 편향의 정확한 목록은 조금씩 달라지지만, 이 편향들은 일반적으로 증거를 최대한 부정적으로 해석한다는 특징이 있다. 이를 부정 편향negativity bias이라고 부를 수 있다. 다음은 몇 가지 주요 편향이다(완전한 목록은 아니다).[8]

과잉일반화: 과잉일반화는 한 가지 또는 몇 가지 사건에서 부정

적인 패턴을 인식할 때 일어난다. 다시 말해 한 가지가 잘못되면 모든 것이 잘못된다고 생각한다. 누구나 정말 실망스러운 일이 일어났을 때 이런 행동을 했던 기억이 있을 것이다. 예를 들어 차에 타이어가 펑크가 났다고 하자. 차에서 내려서 타이어를 보고 이렇게 외친다. "오늘은 하루 종일 엉망이었어!" 사실은 그날이 전혀 특별하지 않은 평범한 날이었는데도 말이다.

파국화Catastrophizing**:** 파국화는 아주 사소한 부정적인 사건의 영향을 과장하는 것이다. 대학생들에게서 이런 경향이 흔히 나타난다. 나쁜 성적을 받은 학생이 교수님을 찾아가 울먹이면서 애원한다. "이번 시험에서 D를 받으면 낙제하고, 졸업도 못 하고, 좋은 직장도 못 구하고, 결국에는 쓰레기처럼 버려져 길거리에서 노숙자가 되어 빈털터리로 죽게 될 거예요." 나쁜 사건은 그 순간에 느껴지는 것만큼 나쁘지 않다. 그러나 그 사건을 파국으로 인식하면 과민하게 반응할 수 있다.

독심술: 독심술은 다른 사람의 의도를 추측할 때 발생하며, 일반적으로 상대방이 가장 부정적이거나 가장 자비롭지 않을 것으로 가정한다. 내가 원하는 방향으로 의견이 일치하지 않는 이유가 바로 상대방이 도덕적으로 타락했기 때문이라고 생각하는 인터넷 토론에서 이런 일이 점점 더 자주 일어난다. 다른 사람의 의도를 유추하는 것은 정상적인 일이지만, 또한 우리가 이렇게 판단할 때 자기 기준만 고집하는 경향이 있음을 기억해야 한다.

이분법적 사고: 이분법적 사고는 어떤 것을 완전히 좋거나 완전

히 나쁘다고만 생각하고 다른 가능성을 고려하지 않을 때 발생한다. 한쪽에서는 어떤 정책을 유토피아로 가는 문이라고 홍보하고 다른 쪽에서는 그 정책이 우리가 알고 있는 문명을 끝장낸다고 분노하는 많은 정치적 논쟁에서 이러한 이분법적 사고가 관찰된다.

개인화: 개인화란 나와 특별히 관련되지도 않고 해롭지도 않은 무언가가 나를 해치려고 한다고 생각할 때 발생한다. 이번에는 인터넷이 아닌 예를 들어 설명하겠다. 나는 여자 친구(지금은 아내)와 식당에 갔고, 들어갈 때 여자 친구를 위해 문을 열어주었다. 바로 뒤에 다른 여자가 식당에 들어왔는데, 나는 이 사람을 위해서도 문을 잡고 있었다. 하지만 이 사람은 나에게 고개조차 까딱하지 않고 그냥 지나가버렸다. 이 무례함에 조금 짜증이 난 나는 자리에 앉자마자 아내에게 말했다. 나보다 훨씬 현명한 아내는 이 사람이 다른 생각에 정신이 팔렸거나 단순히 기분이 좋지 않은 날일지도 모른다고 말해주었다. 즉 이 사람의 행동에 대해 여러 가지 설명이 가능하지만 나는 그런 의도가 아니었을 가능성이 높은데도 대놓고 나를 모욕했다고 여긴 것이다.

반박 불가능 Inability to disconfirm: 반박 불가능은 어떤 신념을 받아들인 다음에 그에 반하는 증거를 전혀 받아들이지 않는 것을 말한다. 사람들은 아마추어 과학자처럼 행동하며 가정을 현실과 대조하여 검증하려고 하지만, 반박 불가능의 편향이 있으면 더 이상의 검증을 하지 않게 된다. 우리의 믿음은 더 이상 뒷받침할 증거가 필요하지 않으며, 증거를 일종의 음모론의 산물로 생각할 수도 있다. 이러한 사고 패턴은 많은 도덕적 공황, 음모론, 위험한 정파적 분열의 한 가지 원인이다.

정서적 예측 Affective forecasting: 정서적 예측은 어떤 사건이 장기적으로 우리에게 어떤 영향을 미칠지에 대해 감정적으로 예측하는 것이다. 십대들은 처음으로 실연을 당한 다음에 이렇게 예측한다. "다시는 다른 사람을 사랑하지 않을 거야!" 이러한 방식의 미래 예측은 일반적으로 매우 부정확하다.

탓하기Blaming: 탓하기는 문제의 원인인 나쁜 사람을 찾는 경향을 말한다. 비난의 대상이 자기일 수도 있다. "나는 제대로 하는 게 하나도 없어!" 자기를 방해한다고 생각하는 다른 사람을 비난할 수도 있다. "넌 나를 전혀 도와주지 않아!" 당파적인 정치 싸움에서 이는 상대방을 악마화하는 빌미가 된다.

이런 오류들이 위기를 어떻게 악화시키는지 구체적인 맥락에서 알아보자. 여기서 살펴볼 사례는 가장 파괴적이면서도 동시에 가장 멍청한 전쟁 중 하나였던 제1차 세계대전이다. 특히 중부 열강(독일, 오스트리아-헝가리 제국, 오스만 제국)이 전쟁을 일으킨 이유를 그들의 관점에서 살펴보겠다.

앗, 실수! 제1차 세계대전을 일으켜버렸네!

어리석은 전쟁의 기준으로 봐도 제1차 세계대전은 꽤나 어리석은 전쟁이었다. 제1차 세계대전은 미워할 만한 만화 같은 악당이나 선악이 선명하게 나뉘는 알기 쉬운 이야기가 없었기 때문에, 바로 뒤에 일어난 제2차 세계대전에 가려져버렸다. 그러나 이 엄청난 전쟁으로 군인 900만 명과 민간인 600만 명이 죽었다(희생자 수를 이보다 많게 잡는 통계도 있다). 어떤 저자는 이 전쟁을 사망자 수 기준으로 역사상 11번째로 나쁜 잔학 행위로 꼽았다.[9] 제2차 세계대전에서 히틀러와 나치가 끔찍할 정도로 사악한 모습을 보여주지 않았다면 1차 세계대전은 훨씬 더 많은 관심을 끌었을 것이다.

제2차 세계대전은 나치와 다른 파시스트 정권들이 한편으로 뭉쳐서 명백한 악당 역할을 했기 때문에, 선악이 명확하게 구분된다는 이점도 있다. 반면에 제1차 세계대전의 내러티브는 선악의 대결이라는 뚜렷한 느낌이 들지 않는다(당시의 선전에서는 독일군을 킹콩과 같은 유인원으로 묘사했지만). 전체적으로 사람들은 그저 멍청했고, 이렇게 해서 일어난 전쟁에서 1,500만 명이 죽었다.

"모든 전쟁을 끝내기 위한 전쟁"(그렇지 않았다)이라고도 부르는 제1차 세계대전은 그때까지 가장 어리석고 파괴적인 군사 교전 중 하나였다. 어리석다고 말하는 이유는 참전 국가들이 전쟁을 해야 할 뚜렷한 명분도 없이 어쩌다 끌려들어갔기 때문이다. 제2차 세계대전의 추축국과 연합국처럼 정복에 대한 명확한 과대망상적 계획도 없었고, 자유를 위해 싸우는 것도 아니었다. 제1차 세계대전의 발발에 대해 자세히 논의하려면 두꺼운 책 여러 권이 필요하다. 그러나 여기서는 이 전쟁이 어떻게 일어났는지, 앞에서 말한 인지 왜곡과 어떻게 연관되는지 간략하게 알아보겠다.

제1차 세계대전은 경직된 다민족국가 오스트리아-헝가리*에서 시작되었다. 이 제국은 독일계 오스트리아인, 헝가리인, 체코인, 이탈리아인, 폴란드인, 세르비아인, 루마니아인 등 다양한 민족으로 이루어진 나라였다. 다민족국가는 일반적으로 권리의 공유, 어느 민족이 우월한지, 언어 관습, 민족주의 등을 둘러싸고 긴장을 경험하며, 오스트리아-헝가리도 예외가 아니었다. 제국은 민족들이 고유의 언어를 사용하도록 보장하면서 이 문제를 해결하려고 노력했지만, 이는 의도치 않게 제국 시민들이 스스로를 별개의 민족으로 여기는 경향에 기여했을 수 있다.[10] 이런 노력에도 불구하고 고조된 긴장은 줄어들지 않았고, 특히 제국 내의 오스트리아인과 세르비아계 슬라브인 사이의 갈등이 불거졌다.

게다가 오스트리아-헝가리 바로 옆에는 별도의 국가인 세르비아가 있었고, 두 나라는 사이가 좋지 않았다. 세르비아는 오스트리아-

---

* 여기서는 오스트리아-헝가리, 오스트리아-헝가리 제국, 오스트리아라는 용어를 조금씩 혼용할 것이다. 이런 문제에 대해서는 좁은 범위에 정통한 박사 학위 소지자들만 관심을 가질 것이라고 나는 생각한다.

헝가리 제국 내에 세르비아인이 다수인 지역을 분리하여 자국의 영토로 만들고 싶어 했다. 당연히 오스트리아 사람들이 좋아할 리 없는 생각이었다.

이 상황에서 프란츠 페르디난트 대공이 등장한다. 프란츠 페르디난트(스코틀랜드 록 밴드가 아니다)는 개혁가로 알려져 있었다. 그는 오스트리아-헝가리 제국 내에서 세르비아계 소수민족의 권리를 확대하고, 이를 통해 그들이 완전한 제국 시민이 되기를 희망했다. 당연히 오스트리아인(더 많은 권리를 누리고 싶어 했다)이나 세르비아인(제국의 일부를 분리하여 자기들만의 거대 국가를 세우고 싶어 했다)을 비롯한 그 누구도 만족시킬 수 없다는 점을 예상할 수 있었다. 그러나 오스트리아-헝가리 황제의 자리를 이어받을 프란츠 페르디난트는 미래에 일어날 일을 크게 흔들 수 있었다. 불행하게도 현재 우리가 일반적으로 좋게 인식하는 것과는 달리 프란츠 페르디난트는 카리스마 넘치는 인물과는 거리가 멀었고('대공'쯤 되는 칭호를 받고 겸손하게 행동하기는 쉽지 않을 것이다), 여러 가지 말썽을 일으켰다. 그의 삼촌인 프란츠 요제프 황제(그리 부드러운 사람은 아니었다)는 그를 싫어했던 것 같다. 사진으로 봐도 페르디난트는 별로 호감이 가지 않는다.

그래서 프란츠 페르디난트(오스트리아 사람들은 프란츠라는 이름을 정말 좋아했다)는 죽어야만 했다. 오스트리아-헝가리에 거주하는 세르비아인들과 세르비아 군 비밀 정보국 내 일부 세력의 음모로 1914년 6월 프란츠 페르디난트가 암살당했다.

지금 우리는 페르디난트의 죽음이 제1차 세계대전의 도화선이 되었다고 알고 있지만, 당시에는 아무도 그렇게 생각하지 않았다. 심지어 프란츠 페르디난트의 삼촌인 프란츠 요제프(여러분은 이 모든 프란츠를 잘 구별하고 있는가?)조차도 별로 신경 쓰지 않는 듯했다.[11] 당시에는 세르비아 정부가 개입했는지(실제로 개입했다), 아니면 순수 아마추어의 시도가 성공한 것인지 분명하지 않았다. 위기였지만 1,500만 명이 죽을 것이라고는 아무도 생각하지 못했다. 왜 그랬을까? 그만큼 프란츠 페르디난트 대공은 사람들의 사랑을 받지 못했기 때문이다.

프란츠 페르디난트. 위키미디어 코먼스, 오스트리아 국립 도서관, 오스트리아 사진 기록 보관소

잠시 주제에서 벗어나서, 왜 이 사건 때문에 잘못된 결정이 터무니없이 줄줄이 이어졌는지 이해하는 것도 중요하다. 당시 유럽 국가

들은 오늘날처럼 에스프레소를 즐겨 마시고 병역 의무를 기피하는 사람들이 사는 나라가 아니었다. 유럽 국가들은 서로 적대적이었고, 적대감은 주기적으로 우둔하고 비용이 많이 드는 전쟁으로 번졌다. 이는 결국 국가들의 상호 방위를 의무화하는 동맹 체제로 이어졌다. 이 동맹은 정치적 운명에 따라 변화하는 경향이 있었다. 1914년에는 오스트리아-헝가리가 한편에, 프랑스와 러시아가 다른 편에 서는 방식으로 발전했다. 이탈리아는 독일 및 오스트리아-헝가리와 동맹을 맺기로 되어 있었지만 전쟁이 일어나자 조용히 이탈했고, 1915년이 되어서야 프랑스 및 러시아와 동맹을 맺었다. 영국과 오스만 제국은 공식적으로 이 체제 밖에 있었지만, 결국 각자의 이유로 서로 반대편에 합류했다. (간단히 설명하자면 영국은 독일의 해군력 증강을 의심하던 중에 독일이 역시나 프랑스로 진군한다는 빌미로 벨기에를 침공하자 분노했고, 오스만 제국은 프랑스와 영국이 오스만의 중동 제국을 분할할 것으로 의심했는데, 실제로 그렇게 되었다.) 하지만 그 무엇보다도, 러시아는 세르비아를 지겨줄 의무기 있었다. 세르비아가 프란츠 페르디난트를 암살하려는 어리석은 음모로 이 모든 것을 건드렸는데도 말이다.

그래서 프란츠 페르디난트가 죽었다. 그에게는 미안하지만, 그가 죽었다고 슬퍼하거나 분노할 사람이 아무도 없는데 어떻게 그 뒤에 상황이 나빠졌을까? 이 시점에서 세르비아 정부가 암살에 분명히 관여하지 않았더라도(물론 지금 우리는 세르비아 정부가 개입했다는 것을 알고 있지만) 세르비아가 오스트리아-헝가리에게 어떤 형태로든 배상을 해야 한다는 의견이 대세였다. 오스트리아-헝가리 정부가 프란츠 페르디난트 암살을 큰일로 받아들이지 않는다고 해도 대공의 암살은 국가의 위신에 대한 중대한 모욕이었기 때문이다. 따라서 어떤 형태로든 보복이 예상되었다. 그리고 여기서 사람들은 믿을 수 없을 정도로 어리석은 결정을 내리기 시작했다.

다시 상기해보자. 1914년 6월에는 아무도 큰 전쟁을 원하거나 예상하지 않았지만 1914년 8월에 제1차 세계대전이 터졌다. 전쟁은 프란츠 요제프 황제(아, 프란츠가 너무 많아!)와 오스트리아가 독일의 부추김을 받아 무리한 일을 벌이면서 시작되었다. 오스트리아는 세르비아에게 '7월 최후통첩'이라는 10가지 가혹한 요구 사항을 전달했는데, 이는 주권 국가인 세르비아의 존엄성을 무너뜨리는 것이었다. 요구 사항은 사실상 전쟁을 도발하기 위한 빌미였다. 아무도 속지 않았고, 처음에 오스트리아-헝가리에게 동정적이던 여론도 차츰 식어갔다. 놀랍게도 세르비아는 두 가지를 제외하고 오스트리아의 무리한 요구를 대부분 받아들였다. 세르비아가 거부한 두 가지 요구는 오스트리아-헝가리의 군대와 경찰이 세르비아 국경 내에서 면책권을 갖고 활동할 수 있도록 허용하는 것이었다. 이제 동정 여론은 세르비아 쪽으로 쏠리기 시작했다. 배후에서 암살을 부추겼지만(당시에는 명확하게 알려지지 않았다), 이제는 세르비아를 동정하는 것이 놀랍도록 합리적으로 보였다. 오스트리아-헝가리를 향한 동정 여론은 사라졌다.

왜 그랬을까? 세르비아로부터 엄청난 양보를 얻어냈기 때문이다. 이렇게 해서 오스트리아-헝가리는 황태자의 암살로 인한 국가적 위신 실추에 대해 확실히 체면을 살렸다. 체면도 지켰는데, 왜 실리를 챙기고 물러서지 않았을까? 이를 인지 왜곡의 관점에서 살펴보자.

7월 최후통첩과 관련하여 가장 분명한 것은 이분법적 사고다. 오스트리아는 세르비아로부터 원하는 것을 거의 얻었지만 전부 얻지는 못했다. 실제로 당시 거의 모든 사람들이 그렇게 생각했듯이 몇 명의 죽음(프란츠 페르디난트의 아내도 함께 암살당했다)이라는 비극을 무시한다면, 프란츠 페르디난트의 죽음과 관련하여 오스트리아-헝가리는 세르비아와의 문제에 꽤 잘 대처했다. 하지만 정상적인 상황 판단을 하기에는 난점이 있었다. 세르비아에게는 어떤 반항도 용납할 수 없었고, 조금이라도 반항한다면 전쟁만이 유일한 해결책이라고 보게 된다.

또 다른 인지 왜곡이 오스트리아-헝가리의 의사 결정과 관련이 있다. 프란츠 페르디난트가 죽었다고 눈물을 흘리는 사람은 거의 없었지만, 여전히 오스트리아 사람들은 그의 암살을 제국에 대한 모독이라고 개인화하여 받아들였다. 여러 가지 비이성적 갈등의 근원에는 당연히 탓하기가 끼어든다. 자기가 한 일은 무시하고 위기의 원인을 전적으로 적의 탓으로 돌리기는 쉽다. 정서적 예측까지 개입하면 의사 결정권자는 위기를 해결하기 위해 즉각적이고 극적이며 조금은 충동적인 결정을 내리게 된다. 시간이 지나면 위기가 완화되기보다는 오히려 악화될 것이라고 생각하는 것이다.

그래서 오스트리아-헝가리 제국은 전쟁을 선포했다. 이때까지는 지역 분쟁이었고, 결과는 뻔히 보이는 듯했다. 오스트리아-헝가리가 세르비아보다 인구와 자원이 압도적으로 많았기 때문이다. 그러나 러시아인은 세르비아인과 같은 슬라브 민족이므로 이 작은 나라를 지켜주어야 한다는 의무감으로 군대를 동원하기 시작했다. 이로 인해 동맹이 작동하여 러시아, 프랑스, 독일, 영국이 끌려들어왔다. 독일의 노련한 외교와 프랑스와 영국의 미숙한 외교로 인해 오스만 제국과 여러 작은 국가들까지 줄줄이 끌려들어왔다. (불쌍한 벨기에는 지리적인 통로라는 이유로 침공당했다.) 도대체 어떻게 이런 일이 일어났을까? 분명히 정신이 멀쩡한 몇몇 사람은 인기 없는 거물의 죽음을 둘러싼 지역 갈등이 유럽과 중동*을 엄청난 전쟁에 끌어들일 만한 가치가 없다는 것을 알 수도 있지 않았을까?

그렇게 생각했다면 세상 물정을 너무 모르는 것이다. 그런 논리라면, 미국의 민주당과 공화당이 끝없이 싸우는 것은 분명히 국가에 해를 끼치며(사실이다), 제정신이라면 타협을 위해 노력해야 한다고 쉽게 말할 수 있다(적어도 딱히 이득이 없는 한 결코 타협하려고 들지 않을 것이다). 우리는 양당의 싸움이 어떻게 진행되고 있는지 잘 알고 있다. 마찬가지로 그 운명의 해에, 6월만 해도 아무도 원하지도 예상하지도 않았던, 8월의 엄청난 전쟁을 향해 어리석게도 미끄러져 내려갔던 것이다.

---

* 일본도 연합국 편에 합류했지만 주로 태평양에서 독일이 갖고 있던 섬을 점령했다. 독일은 일본이 편을 바꾸도록 어설프게 설득하려고 했고, 이는 전쟁 후반기에 미국이 참전하는 작은 계기가 되었다.

모두가 독일을 비난하기를 좋아한다. 독일은 역사적으로 무언가를 망가뜨리는 경향이 있다고 인정해야 한다. 게르만족은 로마제국(로마는 지금의 프랑스 땅인 갈리아를 침공했다)을 무너뜨렸고, 독일은 30년 전쟁(적어도 독일이 스스로를 거의 망가뜨렸다)을 일으켰고, 프로이센-프랑스 전쟁과 두 차례의 세계대전을 일으켰다. 이 정도면 독일인들은 프랑스에서 다른 사람들이 보지 못하는 것을 본다는 느낌이 든다. 그러나 제1차 세계대전이 일어난 것이 모두의 실수였다고 인정한다고 해도(실제로 그렇다), 독일이 가장 크게 비난받아 마땅하다. 독일은 동맹인 오스트리아를 전쟁으로 몰아넣었고, 상황을 진정시키기 위해 노력했을 수도 있는 러시아를 상대로 전쟁을 일으킨 책임이 있다. 아, 그리고 벨기에도 침공했다. 불쌍한 벨기에는 파리로 가는 지름길이라는 점 외에는 이 국지적 분쟁과 아무런 관련도 없었다. 독일인들은 도대체 무슨 생각을 했을까?

독일은 결국 프랑스와 러시아 사이의 덫에 걸렸다. 한두 세대 전에 일어난 프로이센-프랑스 전쟁에서 프랑스는 독일에게 많은 영토를 빼앗겼기 때문에 원한이 남아 있었다. 그 뒤에 독일, 오스트리아, 러시아가 함께 동유럽을 평정했고, 이제 서로 직접 맞붙게 된 것이다. 독일은 앞으로(정서적 예측) 러시아가 더 강력해질 것이고, 이로 인해 독일의 영향력이 줄어들 것이라고 걱정했다. 러시아가 언젠가 독일보다 더 강해질 수 있다는 사실은 독일에게 **파국**으로 인식되었다. 이런 파국적 사고로 독일은 아직 상승세에 있는 **지금** 전쟁을 해야 승산이 있고, 시간을 끌면 불리해진다고 보았다. 1914년에 독일

지도자들은 갈등, 망설임, 혼란, 공격성에 빠져 있었다.[12] 영향력 상실을 지나치게 염려한 독일은 결국 피할 수 없는 전쟁에 뛰어들게 되었다.

또한 독일의 관점에는 **독심술**(언젠가는 러시아가 독일을 지배하려고 한다고 생각했다)과 **반박 불가능**(제정러시아는 처음에 긴장 완화를 위해 노력했지만, 독일은 여전히 러시아를 자국 안보의 근본적인 위협으로만 보았다)의 요소가 꽤 많이 들어가 있다. 독일이 유럽 대륙을 전쟁으로 몰아넣었지만, 독일 지도자들의 사고에 대한 묘사는 위기가 전개되는 동안 무엇을 해야 할지 결정하려고 노력하는 정치 및 군사 지도자들의 당혹감, 우유부단함, 우왕좌왕, 압박감을 강조한다.[13] 문제는 독일 지도자들이 호전적인 괴물이라기보다 겁을 먹고 인지 편향을 극복하지 못했다는 데 있었다. 언젠가 전쟁이 일어난다는 것을 정해진 사실이라고 보았고, 불확실한 미래보다 지금 전쟁을 해야 더 유리하다고 계산했던 것이다.

뒤돌아보는 시점에서 역사적 지도자들의 결정에 대해 알아보면 유익하고 재미도 있다. 하지만 에어프랑스 447편 조종사들과 마찬가지로, 1914년 당시 유럽을 책임진 거의 모든 사람이 유별나게 어리석었다고 지적하려는 것이 아니다. 평범한 사람이든 역사적인 인물이든, 위기의 순간을 잘 헤쳐나가지 못하는 일이 얼마나 흔한지 강조하려는 것이다.

한 세기가 지난 지금 돌이켜보면서 이렇게 말하기는 쉽다. "내가 거기에 있었다면 멋지게 해냈을 텐데. 나라면 당당하게 나서서 모두에게 '여러분, 여기 있는 누구도 대공을 좋아하지 않았잖아요? 그러니 조금만 물러서서 모두가 악수하고 지구상에서 천 몇백만 명의 사람들을 쓸어버리지 않도록 노력하는 게 좋지 않을까요?'라고 말했을 걸." 그 상황에 휩싸이지 않은 우리는 침착하게 이성적인 결정을 내릴 것이라고 생각하기 쉽다. 하지만 우리가 냉철한 태도를 유지한다고 해도 상황이 달라지지 않을 수 있다. 불행하게도 우리의 개인적인 의사 결정은 가족, 친구, 동료, 시민 등 다른 많은 바보들의 영향을 받는 일이 너무 많다.

여러분, 내가 얼마나 겸손한지 보세요

지금까지의 논의를 다시 정리하자. 위기 상황에서 공포와 공황이 어떻게 이성적 판단을 방해하는지 살펴보았다. 또한 우울증 환자가 경험하는 것과 유사한 인지 왜곡이 좀 더 장기적으로 어떻게 개인 수준과 사회 수준에서 위기관리의 실패로 이어지는지도 살펴봤다. 잘못된 판단으로 이어지는 또 다른 요인이 있다. 우리 대부분은, 잔디밭에 들어간 아이들에게 지팡이를 휘두르는 심술쟁이 노인(나도 그런 사람이었다)은 제외하고, 다른 사람들이 나를 어떻게 생각할지 걱정하는 사회적 동물이다. 즉 우리는 주변 사람들에게 순응하는 경향이 있으며, 그 사람들이 멍청하게 행동한다고 생각될 때도 마찬가지다.

순응이 어떻게 작동하는지 설명하기 위해, 1950년대에 심리학자 솔로몬 아시가 수행한 고전적인 실험을 보자. 아시는 남자 대학생들을 한 방에 모아놓고 직선의 길이에 대해 판단하도록 했다. 참가자들에게 문제로 직선 하나를 주고, 보기로 든 세 가지 직선 중에서 길이가 같은 것을 고르라고 했다. 꽤 쉬운 과제다.

아시의 실험.

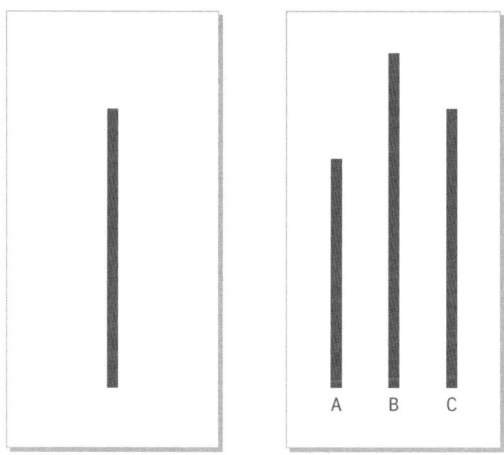

크리에이티브 코먼스. '프레드 더 오이스터'의 게시물.

그런데 이 실험에 참가한 사람 옆에 다른 참가자도 있었다는 점을 고려해야 한다. 여덟 명이 함께 실험에 참가했고, 참가자는 답을 소리 내어 말했다. 참가자가 몰랐던 것은 나머지 일곱 명이 모두 가짜 참가자였고, 미리 짜고 모두가 틀린 답을 말했다는 사실이다. 아시가 알고 싶었던 것은, 다른 사람들이 모두 틀린 답을 말할 때 실제 참가자도 정답을 포기하고 다른 답으로 바꿀지 여부였다. 사람들은 대부분 그렇게 했다.[14]

대부분의 사람들이 적어도 어느 정도는 다른 사람들을 따라 했다. 3분의 1 정도는 거의 항상 다른 사람들을 따라 했다. 약 4분의 1의 사람들만이 전혀 따르지 않았다. (세상에 아랑곳하지 않고 자기 확신에 찬 사람들에게 경의를 표한다.) 반면, 사회적 압력을 받지 않은 대조군에서는 정답을 맞히지 못한 경우가 1퍼센트에 불과했다. 긍정과 부정으로만 나눈다면 대부분의 참가자가 적어도 조금씩이라도 순응을 거부했다. (참가자 중에서 모든 시험에서 순응한 사람은 5퍼센트에 불과했다.) 따라서 결과는 조금 미묘한 여지가 있지만, 자기의 확신이 주변 사람들의 확신과 다를 때 자신감을 잃는 경향을 보여준다.

아시는 참가자들에게 왜 그런 결정을 내렸는지 물어보았다. 남들을 따라가지 않은 사람들은 자신감이 강하거나(사회적 압박을 느끼지만 자신의 견해를 확신한다) 사회와 동떨어진(사회적인 인정에 별로 신경 쓰지 않는다) 경향이 있었다. 반면에 다른 사람들과 같은 답을 낸 사람들은 자신감이 부족하거나(다수가 옳다고 생각한다) 대세에 순응하려는 욕구(다수의 답이 틀렸다는 걸 알지만 갈등을 원하지 않는다)와 관련이 있었다.

순응과 관련하여 사람들의 머릿속에서 정확히 어떤 일이 일어나고 있는지에 대해서는 여전히 많은 논쟁이 있다. 아시 실험에 대한 정당한 비판도 있다. (상당히 인위적인 실험이었고, 1950년대 남자 대학생을 대상으로 한 실험을 다른 모든 사람에게 일반화하기는 어렵다는 점 등이 있다.) 하지만 한 가지 분명한 점은, 자기가 소속된 집단 내의 태도와 신념이 의심스러워도 **어느 정도는** 순응해야 한다는 압박감을 거의 누구나 느낀다는 것이다. 물론 그렇지 않은 사람도 분명히 있지만, 이런 사람들은 집단이 순응을 강요하려고 할 때 약간의 조롱, 분노, 수치심을 기꺼이 감수해야 한다(실제로 그들은 이런 것들을 감수한다).

직선의 길이를 결정하는 것은 전혀 해로운 일이 아니라는 점을 명심하자. 사회적 질문에 도덕적인 면이 있고 사람들이 도덕적으로 잘못된 편에 서기를 원하지 않을 때 순응의 문제가 더 심각해진다. 사람들은 '역사의 옳은 편'에 서야 한다는 생각에 너무 깊이 사로잡혀 정작 사실의 옳은 편에 서는 것에는 전혀 관심이 없게 될 수 있다. 이를 설명하기 위해 도덕적 공황, 가용성 폭포availability cascade, 밴드왜건 효과, 마녀사냥, 도덕적 위신, 사회적 전염 등 여러 가지 용어를 사용한다. 이 용어들은 서로 조금씩 차이가 있으며, 책 전체를 통해 이 차이를 설명하겠다. 하지만 공통적으로, 많은 사람들에게서 도덕적 추론과 도덕적·사회적 자본을 유지하려는 욕구가 합리적 사고를 압도할 수 있다. 물론 이것은 1692년과 1693년에 있었던 세일럼 마녀재판에 관한 오래된 연극 <도가니The Crucible>의 교훈이다. 이 모든 것이 조작된 이야기였고, 실제로 몇몇 사람들은 조작되었다고 **생각**했다. 그러나 대부분의 사람들은 악마와 한패가 되었다고 의심받을까 두려울 뿐만 아니라 그들 자신이 공포에 휩싸여 입을 다물었다. 사람들이 죽어나가는 와중에도 평판 관리와 두려움 때문에 대부분의 사람들은 침묵을 지켰다.

우리는 세일럼 마녀재판을 되돌아보면서 고개를 저을 수 있다(실제로 우리는 마녀사냥이라는 용어를 경멸적으로 사용한다). 하지만 그렇다고 해서 사람들이 다시는 같은 실수를 저지르지 않는다는 뜻은 아니다. 아이러니하게도 <도가니> 자체가 문제가 있다고 비판을 받았다. 21세기의 '깨어 있는' 이상에 따르면 이런 이야기를 해서는 안 된다는 것이다(또는 적어도 어린 학생들에게[15]). 그러나 공개적으로 망신당하고, 직장을 잃고, 심지어 소송(다른 지역에서는 투옥 또는 사형)까지 동반하는 순응에 대한 사회적 압력은 결코 사소하지 않다.

현대판 마녀사냥

우리는 자신과 다른 사람들, 적어도 **우리** 편에 있는 사람들은 명확한 사고와 데이터 분석을 바탕으로 행동과 결정을 내린다고 믿고 싶어 하는 경향이 있다. 하지만 불행하게도, 그런 일은 매우 드물다. 대부분의 사람들은 감정적으로 사고하고 빈약한 증거(일화와 같은)에 너무 쉽게 설득되며, 자신의 기존 신념을 뒷받침하는 증거를 선호하고 그렇지 않은 증거는 무시하거나 비난하는 경향이 있다(확증 편향이라고 부르며, 나중에 설명하겠다). 이 문제를 악화시키는 또 다른 종류의 중요한 요인에는 내 편 편향myside bias이 있다. 이는 사람들이 자신의 편에 있는 동맹보다 사회정치적 반대자들의 잘못이나 비합리적 사고를 더 쉽게 발견하는 경향이 있다는 뜻이다. 예를 들어 민주당 지지자라면 공화당 지지자, 생명을 존중하는 사람이라면 여성의 신체에 대한 권리를 옹호하는 사람, 총기 규제 찬성론자라면 수정 헌법 2조 찬성론자의 터무니없는 어리석음을 훨씬 더 쉽게 알아차린다. 그러면서도 자기편의 광기를 잘 알아채지 못하고, 결국 자기까지 휩쓸릴 수 있다(자주 그렇게 된다).

방금 <도가니>의 마녀사냥과 도덕적 공황에 대한 교훈을 언급했다. 이 연극을 보거나 희곡을 읽고 나면 우리가 그런 비이성적인 시대에 살고 있지 않다는 사실에 안도의 한숨을 쉬게 될 것이다. 하지만 그런 판단은 너무 이르다. 현대에도 마녀사냥은 많이 일어나고 있다. 때때로 마녀사냥은 실제의 문제를 더 악화시키기도 한다. 때로는 문제를 잘못 진단해 엉뚱한 대상을 비난하기도 하고, 때로는 아무것도 아닌 것에서 문제를 만들어내 사람들을 처벌하기도 한다.

현대판 마녀사냥의 예는 1980년대와 1990년대의 사탄 숭배 의식에 의한 학대의 공포다. 주로 아동들이 떠올린 학대에 대한 기억을 근거로 언론, 사법 기관, 치료사 등 사회의 주요 인사들이 아동들이 유괴되어 사탄 숭배 의식에서 학대당했다고 믿었다.[17] 그러나 이는 나중에 근거가 없다고 알려졌다.[16] 사람들이 체포되고 수감되어 삶이 망가진 뒤에, 결국 재판을 통해 이 사건의 과학적 근거가 허구이며 대부분의 기억이 거짓이라고 밝혀졌다.

맥마틴 유치원 사건은 사탄 공포증의 유명한 사례다. 1983년부터 이 유치원에서 근무하던 노인 여성을 포함한 교사 일곱 명이 아동을 성적으로 학대한 혐의로 기소되었다. 한 어머니의 고발로 사건이 시작되었다. 그녀는 교사 레이 버키의 아내였지만, 고발 당시에는 별거 중이었다. 지나치게 열성적인 수사관들이 쉽게 영향을 받는 아이들에게 까다로운 질문으로 유도 심문을 하면서 사건이 점점 커졌다. 결국 최초 고발자인 버키의 아내는 편집조현병을 앓고 있었다고 시사하는 보도가 나왔다.[18] 그녀는 자기 아들이 유치원에서 수간獸姦이 일어나고 있다고 말했으며, 악마가 레이 버키에게 날아다니는 능력을 주었다고 말했다고 주장했다.

경찰은 유치원의 다른 학부모들에게도 이 소식을 전했다. 겁에 질린 부모들은 자녀를 데리고 와서 면담을 하게 했다. 면담자들은 아이들을 압박하면서 혐의를 털어놓도록 유도 심문을 했다. 많은 아이들이 지하 터널에 갔고, 날을 죽이는 것을 보았으며, 비행기를 타고 외딴 농장에 갔다가 그날 돌아왔다는 등 환상적인 이야기를 지어냈다. 많은 황당한 주장이 명백히 터무니없었지만, 이러한 고발이 재판으로 이어졌다. 레이 버키와 그의 어머니 페기는 몇 년씩 이어지는 재판을 견디면서 사업과 명성을 잃었다. 레이 버키는 5년을 감옥에서 보냈지만, 결국 유죄판결은 내려지지 않았다.[19] 현재 대부분의 사람들은 이 사건을 사법에 대한 희화화로 간주하며, 레이 버키와 페기 버키가 도덕적 공황과 무책임한 사법제도에 희생되었다고 생각한다.

이런 상황을 흔히 도덕적 공황이라고 하며, 이 사회현상에는 공통적으로 나타나는 몇 가지 특징이 있다. 예를 들면 다음과 같다.

- 대부분의 사람들이 (다행히도) 직접 경험하지 못한 문제, 즉 아동의 성적 학대와 관련이 있다.
- 아동의 성적 학대는 사회 구성원, 특히 부모에게 두려운 문제다.
- 대부분의 사람들은 객관적인 정보를 제공한다기보다 공포를 부추기는 경향이 있는 뉴스 미디어와 같은 2차 정보에 의존해야 한다.
- 회의적인 태도로 "아이들을 믿지 않는다"고 말하면 비난당할 만한 도덕적 요소가 있다. 이로 인해 공황을 지지해야 한다는 사회적 압력이 생긴다.
- 사람들은 공포에 의한 행동의 유행을 과대평가한다.

이런 시나리오가 결합되어 사람들이 현상의 중요성을 과장하게 되고, 그 결과 궁극적으로 득보다 실이 많은 방식으로 대응한다.

세일럼 마녀재판처럼, **뒤돌아보는 시점**에서는 사탄 숭배 의식에서의 아동 학대는 잘못된 예외라고 생각하기 쉽다. 확실히 그때보다 지금 사람들이 더 똑똑해졌을까? 전혀 그렇지 않다. 논란의 여지가 있지만, 나는 오늘날 사람들이 깃발을 흔들고 있는 수많은 주장들(마스크를 강제하는 것은 폭력이라는 우파의 주장과 제도적인 인종차별이 도처에 있다는 좌파의 주장)이 복잡한 정보를 효율적으로 처리하지 못하고 감정, 도덕적 위신, 사회적 압력에 의존하면서 회피하는 인간의 기본적인 실패 패턴을 그대로 따른다고 말하고 싶다.

파국의 관리

그렇다면 파국을 더 잘 관리하는 방법을 배울 수 있을까? 배울 수 있지만 연습이 필요하다. 그러나 좋은 소식은 위기를 더 잘 관리하기 위해 개인적으로, 사회적으로 실행할 수 있는 일이 있다는 것이다. 하지만 행복하고 기분 좋은 소식은 마지막을 위해 아껴두겠다. 책은 원래 그런 것이다(건너뛰지 마시라!). 건너뛰기 위해 책을 읽는 건 아니시 않은가? 독자들은 우리기 잘못을 저기르는 여러 가지 주요 방식과, 그 이유를 알고 싶을 것이다. 그것은 아주 좋다. 나는 이 책 전체를 통해 우리 모두가 어떻게 잘못에 빠져드는지 알려주려고 한다. 코로나19 전염병에서 시작하여, 인간의 인지능력이 어떻게 취약성을 드러내는지 살펴보자. 안전벨트를 단단히 매고 인간의 혼돈 속으로 거친 여행을 시작해보자.

CHAPTER 2
화장지가 금값

    2020년 3월 초, 나는 코로나19가 또 다른 과장된 지역 전염병 이상의 무언가가 될 것이라는 느낌이 들기 시작했다. 그 전에는 다른 많은 사람들처럼 이번 사태가 미국에서 약 12,500명이 죽은 것으로 추정되는 2009년 신종 플루와 비슷하지 않을까 하고 생각했다.[1]

2009년에 나는 텍사스주 러레이도에서 가족과 함께 살고 있었다. 손 소독제가 곳곳에 설치되었고, 사람들에게 손 소독제를 자유롭게 사용하라고 권장했다. 신종 플루를 걱정하는 분위기가 있었지만, 국가와 경제가 폐쇄되거나 광범위한 사회 불안으로 이어지지는 않았다. 결국 신종 플루는 사라졌고, 이상하게도 손 소독제도 함께 사라졌다. 손 소독제가 그대로 비치되어 있으면 다른 일상적인 질병을 예방하는 데 도움이 될 것 같았지만, 사라진 손 소독제는 뉴스가 되지 않았다.

하지만 2020년 3월이 되자, 이것이 '단순히' 또 다른 신종 플루가 아니라는 사실이 확실해지기 시작했다. 어느 날 오후, 아들이 학교에 가지 않는 날이어서 우리 가족은 부자 동네인 올랜도 교외의 윈터파크로 차를 몰고 놀러 가기로 했다. 거기에는 작고 개성 있는 레스토랑, 사탕 가게, 아이스크림 가게, 의류와 신발을 파는 가게가 늘어서 있어 유행의 첨단을 선도하는 파크애비뉴가 있다.* 그날 이 거리에는 사람들이 거의 없었다. 마스크 착용 의무화와 사회적 거리 두기가 시행되기 전인 3월 초였지만, 사람들은 이미 항공편 예약을 취소하고 있었다. 정부와 보건 기관의 조언은 혼란스러웠다. 전염병이 별일 없이 지나가고 또 다른 신종 플루가 될 것이라는 느낌도 있었지만, 날이 갈수록 낙관론은 줄어들고 있었다.

날씨가 좋은 오후였지만(우리 가족은 올랜도에 살고 있었고, 3월은 거의

---

* 담배 가게도 있어서 냄새로 공기를 오염시키고 있다.

초여름 날씨다), 거리에 사람들이 거의 없다는 사실에 충격을 받았다. 마치 멀리서 번개와 폭풍우를 몰고 오는 먹구름을 보고 있는 듯했다. 역사적인 일이 곧 일어날 것만 같은 느낌은 경이롭기까지 했다. 하지만 그 느낌은 폭풍우를 머금은 먹구름처럼 위험과 재앙에 대한 예고였다. 어쨌든 우리는 점심을 먹고 아이스크림을 들고 부자들의 저택을 구경하며 우리도 저런 집에 살 수 있을까 하는 막연한 희망을 이야기하면서 돌아다녔다.* 아들은 아빠와 함께 떠나려고 계획했던 텍사스 여행을 예정대로 떠날 수 있을지 물었다. 나는 아들이 학교로 돌아갈 수 있을지조차 확신할 수 없다고 대답해야 했다.

2020년의 화장지 대란

3월의 따뜻하지만 불길한 날, 나는 우리 가족이 쓸 화장지를 구하기가 그렇게 어려워질 것이라고는 예측하지 못했다. 자주 그렇듯이, 그 경고는 소셜 미디어에 떠도는 동영상에서 나왔다. 두 여자가 화장지를 두고 다투는 모습이 카메라에 잡혔다. 어떤 여자가 쇼핑 바구니에 화장지 꾸러미를 가득 담아 진열대를 깨끗하게 비워버렸다. 다른 여자는 당연히 화가 났고, 결국 비명과 주먹다짐이 벌어졌.

* 이 희망에 조금이라도 다가갈 수 있도록 책을 구매해준 독자들에게 감사한다!

당황한 남자 매니저가 두 여자를 떼어놓으려 했지만 도저히 어찌할 수 없었다.*

솔직히 말해서 심리학자인 나도 이 영상에 내재된 경고를 곧바로 알아차리지 못했다. 합리적으로 생각했기 때문인데, 알고 보니 이는 심각한 실수였다. 실제로 영상 속의 여자들은 조금 어리석어 보이거나, 사재기를 하는 사람으로 보였다. 손 소독제, 소독용 세척제, 마스크를 사재기하는 것은 이해할 수 있었다(물론 이때는 보건 당국이 마스크를 착용할 필요가 없다고 말하던 시절이었지만). 이런 것들은 모두 전염병과 직접적인 관련이 있는 물건이다. 그런데 화장지는 왜 탐낼까?

화장지는 쉽게 만들 수 있고, 미국에는 화장지 생산과 유통을 위한 탄탄한 공급망이 있다. 전염병이 돈다고 화장지가 부족해질 것이라고 볼 이유는 없다. 물론 누군가가 공황에 빠지지 않는다면 말이다. 공황 상태에 빠진 사람들이 처음에 화장지를 미친 듯이 쓸어 담는다. 이 행동을 본 사람들 중에 예민한 촉을 가진 사람들이 동참한다. 낌새를 알아챈 다른 사람들이 와상시가 동나기 전에 나도 빨리 챙겨야겠다고 서두른다…. 이런 식으로 계속 이어진다. 얼마 지나지 않아, 헉! 화장지가 사라졌다. 공급망이 탄탄하다는 둥, 사람들의 행동이 비합리적이라는 둥, 이런 생각에 빠져 있던 나 같은 사람들은 비유적으로나 문자 그대로 바지를 내린 채로 남겨졌다.

* 동영상 링크를 제공하지 않는 이유는 내가 너무 게을러서 찾기 힘들 뿐만 아니라, 결국은 전 세계 대부분의 사람들이 하는 행동을 했다는 이유로 무작위로 두 사람을 모욕하고 싶지 않기 때문이다.

플로리다 주민으로서 나는 더 잘 알았어야 했다. 허리케인은 현실적인 문제이므로 사람들의 행동을 폄하하고 싶지 않다. 하지만 비상시에 사람들은 생수가 있어야 한다는 따위의 세부적인 것에 매달리기 쉽다. 한 통로만 가면 멀쩡한 탄산수 병과 주스가 줄지어 있는데도 사람들은 빈 생수 통로에서 절망적 표정으로 서 있을 것이다. 태풍이 왔을 때 탄산수를 마시면 어설퍼 보일까?

그렇다면 화장지는 무엇이며 사람들은 왜 화장지 때문에 공황에 빠졌을까? 영상에서 싸우는 사람들을 무시했던 실수를 깨달은 직후부터 나는 이 문제에 대해 곰곰이 생각해보았다. 차를 몰고 올랜도 시내를 돌아다니면서, 화장지를 파는 가게가 단 한 곳도 없다는 사실을 알게 되었다. 천사 같은 어린이 합창단이 직공들을 위문하기 위해 작업장에서 노래를 부르는 동안 누에고치의 가늘고 광택 나는 실로 만든 수제 화장지를 원하는 부유층들이 다니는 사치품 가게에도 없었다. 온라인에서는 화장지 가격이 하늘로 치솟았고, 얼마 지나지 않아 현금 지급기에서 뽑은 지폐를 그냥 화장지로 쓰는 게 더 나을 것 같아 보였다.

화장지 대란이 일어난 이유의 일부는 화장지가 떨어졌을 때 마땅한 대용품이 별로 없다는 점이다. 옛날에는 어떻게 했을까? 이상하게도 이 문제는 호기심을 끈다. 19세기 중반에 화장지가 대량 생산되기 전까지 화장실 위생은 매우 까다로운 문제였다. 여러 면에서 현대 미국인과 가장 닮은 로마에서는 막대기에 스펀지를 꽂아 사용했다고 한다. 이 스펀지를 소금물이나 식초가 담긴 양동이에 보관했는데, 다음에 사용할 때 양동이를 교체하지는 않았을 것으로 보인다. 잠시 그 생각에 빠져들어보자. 다른 문화권에서는 도자기 조각을 사용했다고 한다. 어휴! 도자기에 마음에 들지 않는 사람의 이름을 새겨 넣기도 했을 텐데, 그렇다면 조금 위안이 된다. 고대 중국인들은 주걱과 비슷하게 생긴 막대기를 천으로 덮어서 사용했다. 이는 14세기에 상당히 널리 보급된 화장지의 첫 번째 변종으로 보이지만, 거의 신분이 높은 사람들만 사용할 수 있었다.[2]

19세기 중반까지 미국에는 화장지가 없었다. 그 전에는 옥수수 속대를 사용했고, 그 다음에는 신문과 잡지를 사용했다(시어스 카탈로그Sears catalog도 유명하다). 오늘날처럼 쉽게 필요한 만큼 절취선을 따라 찢어서 쓸 수 있는 화장지는 1930년대가 되어서야 널리 사용되었다. 또 하나의 흥미로운 이야기다.

이 모든 것을 고려할 때, 특히 화장실 용품에 대해 말하기를 꺼리고 대변 보는 일에 혐오감을 느끼는 선진국에서 사람들이 화장지를 대하는 방어적인 태도는 이해할 수 있다. 하지만 화장지 대란은 명백히 비합리적인 일이다. 사람들이 공포에 질려 사재기를 시작하기 전까지는 화장지 부족에 대해 걱정할 이유가 없었는데, 무엇보다도 바로 그런 사태가 일어났다는 것이다. 뉴스에서는 사람들이 콘서트의 좋은 자리를 잡기 위해 이른 아침부터 줄을 서는 관람객처럼 화장지를 사기 위해 매장에 줄을 서는 모습이 나오기도 했다. 심지어 홍콩에서는 화장지를 노린 무장 강도 사건도 한 건 이상 발생했다![3]

미국에서 화장지 대란이 일어난 것은 코로나19가 처음이 아니다. 1973년 미국 하원의원 해럴드 프롤리히는 종이 펄프 생산량이 감소하여 화장지 부족 사태가 올 수 있다고 경고하는 보도 자료를 배포했다. 그는 배급제의 유령을 언급하며 "웃을 일이 아니"라고 주장했다. 토크쇼 진행자 조니 카슨은 이에 동의하지 않고 자신의 쇼에서 이에 대한 농담을 던졌다. 이때 시작된 공황이 몇 달 동안 계속되었다. 생산 감소 때문이 아니라 화장지를 구할 수 없을지도 모른다는 공포가 화장지 부족을 일으켰다는 사실을 사람들은 서서히 깨닫게 되었다.[4] 전체 순서는 2020년의 상황과 다르지 않았다. 우리는 왜 자발적으로 이런 짓을 하고 있으며, 역사에서 배우기가 왜 그렇게 어려울까?

가용성 폭포와 사회적 전염

사람들이 사재기에 나서는 데에는 여러 가지 이유가 있다. 기근이 닥치기 전에 자원을 모으는 행동은 얼마간 진화적 적응의 결과다. 우리가 실질적으로 통제할 수 없는 상황(전염병 같은)에 대해 뭔가 통제하고 있다는 느낌을 줄 수도 있다. 개인적 요인과 사회적 요인도 모두 중요한 역할을 한다. 사람들은 일반적으로 정보와 데이터를 잘 처리하지 못하며, 벌어지는 일에 대해 감정적으로 반응하는 경향이 있다. 또한 일부 상황에서, 특히 새로운 상황에서는 다른 사람들이

하는 대로 따라야 한다는 압박감을 느낀다. 그렇게 하지 않으면 실질적인 비용과 사회적 비용이 모두 발생한다고 생각한다.

그러므로, 심리학의 두 가지 개념인 가용성 폭포Availability cascade와 사회적 전염Social contagion을 소개하고자 한다. 이 두 가지는 개념적으로 조금 겹치기 때문에 여기서 함께 이야기하는 것이 좋다.

먼저 가용성 폭포부터 살펴보자. 이는 대중의 의식 속에 신화가 어떻게 형성되는지 설명하는 인지 이론이다. 한 학술 논문에서는 가용성 폭포를 '어떤 집단이 극적인 개별 사례에 의해 가용성이 높은 정보를 선호하고 다른 경험적 데이터를 무시하는 사회적 현상'이라고 정의했다.[5] 사람들은 특히 재난이나 비행기 추락과 같은 충격적인 상황에 가용성 폭포를 적용한다.[6] 실제로 우리는 거의 알지 못하는 두려운 상황에 놓이게 된다. 우리는 그 상황에 대한 직접적인 경험이 없다. 따라서 우리는 최악의 두 가지 정보 출처, 즉 일화적인 이야기와 뉴스 미디어에 의존한다. 이 두 가지 출처는 모두 현상의 위험성을 과장하는 경향이 있어 불안감을 키우고 사건의 발생 빈도를 과대평가하게 한다. 그런 다음, 사회집단의 어떤 사람들이 신화를 믿게 되면 다른 사람들도 그 신화에 따르기 시작한다. 이렇게 해서 가용성 폭포는 마음에 드는 것만 골라서 뽑은 일화와 잘못된 정보에 의해 사람에서 사람으로 퍼지고, 결국에는 진짜로 좋은 경험적 데이터를 거부하거나 의심하기도 한다. 가용성 폭포 중의 일부는 도덕적 요소(예를 들어 폭력적인 비디오게임과 청소년 폭력에 대한 공포)까지 더해져 상충하는 데이터에 대해 더 크게 저항할 수 있다.

가용성 폭포는 가용성 휴리스틱이라고 부르는 인지적 편향에 의해 일어나는 경우가 많다. 가용성 휴리스틱은 기본적으로 기억하기 쉬운 사건의 빈도는 과대평가하고 기억하기 어려운 사건의 빈도는 과소평가하기 쉽다는 것이다. 다시 한번 말하지만, 여기서 정보의 출처는 일반적으로 일화다. 비행기 사고에 대한 과장된 공포는 가용성 휴리스틱 때문이라고 잘 알려져 있다. 비행기가 추락하면 엄청난 뉴스로 보도되기 때문에 훨씬 더 인상 깊게 기억된다. 반면에 자동차 사고는 그렇게 크게 보도되지 않는다. 비행기 사고의 사례는 기억하기 쉽기 때문에 사람들은 역사적으로 비행기 여행이 자동차 여행보다 더 위험하다고 인식해왔지만, 그 반대가 옳다고 알려주는 데이터가 아주 많다.[7] 10억 마일 이동에 따른 승객 사망자 수로 보면 비행기가 가장 안전하다. 버스도 상당히 안전하지만, 여객선은 떠다니는 관과 같다. 다음에 바다를 건널 때 이 점을 생각해보라! 하지만 자동차가 단연코 최악이다.[8]

이제 몇몇 사람들은 본능적으로 알고 있을 것이다. 이런 사람들은 대개 직접적인 지식을 가진 사람들로, 심각한 자동차 사고를 직접 당했거나 자동차 안전 업계에서 일해서 수치를 잘 알고 있다. 하지만 대부분의 사람들에게는 직접적인 정보가 없다. 대신, 그들은 재난을 과대 포장하고 반복해서 재생하는 언론 보도를 그대로 믿는다. 이런 사람들이 친구들에게 이야기하고, 대부분 아무것도 모르는 친구들은 공포심을 더욱 키운다. 또는 친한 사람을 만났을 때 최근에 일어난 참사 소식을 화제로 삼고, 이렇게 해서 가용성 폭포가 더 멀리 퍼저나간다.

시간이 지나면서 자동차가 비행기보다 더 위험하다는 메시지는 일반 대중에게 어느 정도 자리 잡았지만, 수십 년 동안 데이터가 공개적으로 반복해서 공유된 후에야 그렇게 되었다. 대부분의 가용성 폭포에서는 이런 일이 일어나지 않으며, 이 오랜 노력은 데이터로 가용성 폭포를 잠재우기가 얼마나 어려운지를 잘 보여준다. 사람들은 데이터가 그들이 보기에 옳지 않다고 느끼기 때문에 데이터를 무시한다.

어쩌면 내가 연구하는 분야인 대량 살인이 더 좋은 예다. 미국에서 대량 살인은 극히 드물지만, 사람들은 발생 빈도를 지나치게 과대평가하는 경향이 있다.[9] 그 이유는 대량 살인이 뉴스에 크게 나오고, 대부분의 사람들이 이런 범죄에 대해 직접적인 지식이 없으며, 총기 규제나 비디오게임 검열과 같은 다양한 도덕적 의제에 이용되기 때문이다. 따라서 대량 살인은 자주 수많은 신화의 초점이 된다. 한 가지 유명한 예는 폭력적인 비디오게임이 대량 살인과 관련이 있다는 잘못된 믿음이다. 이런 믿음은 수십 년 동안 철저하게 반박되었지만, 여전히 때때로 다시 떠오르고 있다. 실제로 대량 살인을 저지른 사람들은 또래의 다른 남자에 비해 폭력적인 비디오게임을 더 적게 한다는 증거가 있다. 그러나 사람들은 가용성 폭포 속에서 이러한 경험적 데이터가 옳지 않다고 느끼기 때문에, 이를 무시하고 자기의 느낌을 따라간다. 또 다른 사람들은 대량 살인의 가해자가 모두 백인이라고 주장하면서 대량 살인을 인종 문제로 포장하려고 했다. 비디오게임에 대한 주장과 마찬가지로 이 생각은 틀렸다. 실제로 대량 살인의 가해자는 미국 인구의 인종 구성을 거의 그대로 따른다. 궁극적으로 가용성 폭포는 사람들이 대량 살인의 빈도를 과대평가하고 누가 왜 살인을 저지르는지에 대해 잘못된 가정을 하게 만든다.[10]

따라서, 가용성 폭포는 다음과 같은 조건에서 일어난다고 생각해 보자.

- 현실이든 상상이든 극적이거나 끔찍한 위협이 감지된다.
- 대부분의 개인은 당면한 문제에 대해 직접적인 정보나 경험이 없다.
- 2차 정보 출처(예를 들어 뉴스 미디어)는 일화나 신빙성이 없는 데이터에 의존한다.
- 무비판적으로 아무 정보나 퍼나르는 사람이 집단 내에서 돋보이고 영향력이 커지며, 이런 사람들이 가용성 폭포를 키운다.
- 이런 위협에는 도덕적 요소가 얽혀 있는 경우도 많다. 항상 그렇지는 않지만(예를 들어 비행기 추락), 도덕적 요소가 가용성 폭포를 악화시킬 수 있다.
- 올바른 데이터인데도 가용성 폭포에 어긋나면 무시하거나 제대로 전달하지 않고, 지지하는 일화나 의심스러운 데이터보다 덜 중요하거나 더 편향된 것으로 본다(잘못이다).
- 가용성 폭포는 해당 위협의 빈도나 심각성을 크게 과대평가하게 한다.

화장지 대란에서도 이 과정이 그대로 나타난다. 우리들 대부분은 화장지가 어떻게 제조되고 유통되는지 전혀 알지 못한다. 몇몇 멍청이가 화장지가 부족할 수 있다고 울부짖기 시작하면 나머지 사람들은 잘 알지도 못하면서 덩달아 공황 상태에 빠진다. 업계 관계자나 그 비슷한 사람들이 실제 수치를 근거로 분석을 시도할 수는 있지만, 그때는 이미 너무 늦다. 그들은 마트에서 줄을 서기 위해 뛰어가는 사람들에게 짓밟힐 것이다.

우리는 모두 속기 쉬운 사람들이다. 나 자신도 예외가 아니다! 더 나쁜 것은, 우리가 서로를 더 멍청하게 만들기 위해 노력한다는 것이다. 이는 사회적 전염이라는 개념으로 이어진다.

사회적 전염이라는 개념은 새로운 것이 아니며, 적어도 한 세기 전까지 거슬러 올라간다. 요컨대, 이 이론에 따르면 우리는 주변 사람들의 행동이나 신념이 터무니없어 보여도 그대로 따라 하기 마련이다.[11] 이는 순응의 한 형태이지만 다음과 같은 특정 상황에서 나타나는 경향이 있다.

- 모방하는 사람이 어떤 형태의 갈등을 경험하고 있다.
- 모방하는 사람이 갈등 영역과 관련된 스트레스나 불만을 심하게 느낀다.
- 모방하는 사람은 갈등을 해결하는 행동을 하려는 충동을 느끼지만, 동시에 약간의 억압을 느끼기도 한다.
- 모방의 본보기가 되는 사람은 두려움이나 죄책감 없이 공개적

으로 모방 대상이 되는 행동을 한다.

사회적 전염의 개념은 어떤 상황에서 적용되고 어떤 상황에서 적용되지 않는지 명확하지 않기 때문에 논란의 여지가 있다. 대표적인 사례 중 하나는 1962년 의류 공장에서 62명의 근로자가 존재하지도 않는 벌레에 물려 메스꺼움, 마비 등의 증상이 나타났다고 보고한 '준 버그 사건'이다.[12] 이 개념은 자살을 주제로 하는 <루머의 루머의 루머(원제 '13 Reasons Why')>와 같은 드라마에도 적용되어 청소년의 모방 자살을 부추긴다는 염려가 나왔지만, 훌륭한 과학을 통해 대부분 반박되었다.[13, 14]

최근 논란이 되고 있는 또 하나의 예는, 자신을 트랜스젠더로 인식하는 젊은 여성이 증가하는 것이 부분적으로 사회적 전염 때문일 수 있다는 가설에 대한 논쟁이다. 이 가설은 2020년 언론인 애비게일 슈라이어의 저서 《돌이킬 수 없는 피해Irreversible Damage》에서 나왔다.[15] 그녀가 이렇게 주장하는 근거는 일부 소녀들, 특히 정체성 혼란과 충동에 취약한 경계선 인격 장애와 같은 정신 장애를 가진 소녀들은 집단 역학에 의해 소외된 정체성이 사회적 자본이 될 때 자기가 트랜스젠더라고 오해하기 쉽다는 것이다. 그녀는 트랜스젠더라고 밝힌 모든 청소년에게 전환의 혜택을 주지 말아야 한다는 것이 아니라, 트랜스젠더 정체성을 밝히기만 하면 무조건 받아들이지 말고 더 자세히 확인해야 한다고 주장한다. 사춘기 차단제와 같은 의학적 개입은 심각한 부작용을 수반하며, 나이가 들어 마음이 바뀌어도 돌이킬 수 없다는 것이 그녀의 주장이다.* 이런 현상에 대한 일화는 많지만 일화는 증거가 아니며, 가용성 폭포로 이어질 수 있다는 점을 기억하자. 그러나 몇몇 증거에 따르면 자폐 스펙트럼 장애,17 경계선 인격 장애와 다른 인격 장애를 가진 청소년들이 더 자주 트랜스젠더라고 밝힌다는 증거도 있다.16 슈리어의 책이 완전히 터무니없다고는 할 수 없다.

많은 트랜스젠더가 이 책에 불쾌감을 느끼고, 트랜스젠더에 대한 혐오로 간주한다는 점도 알아야 한다. 슈리어가 '트랜스 열풍'과 같은 문구를 사용한 것도 이런 혐의를 지울 수 없게 한다. 내가 직접 그녀의 책을 읽어보니, 여러 영역에서 건전한 과학에서 벗어났다는 염려가 있었다. 예를 들어 소셜 미디어가 정신 건강에 미치는 영향을 지나치게 강조하고(그 자체가 가용성 폭포의 공황이라는 논란을 부를 수 있다), 젠더 정체성이 사회적이 아니라 생물학적이며 뇌의 시상하부에서 비롯된다는 상당한 데이터를 무시하는 등이다.** 물론 트랜스젠더라고 밝힌 **대부분의** 청소년이 실세로 트랜스젠더이고 의료 전환의 혜택을 받을 수 있는 반면에, **일부** 청소년은 다른 문제가 있을 수 있으므로 다른 접근 방식을 통해 혜택을 받을 수 있다는 주장은 충분히 그럴듯하다. 우리는 소외된 집단에 낙인을 찍지 않도록 세심한

* 트랜스젠더가 다시 전환하는 비율에 대해서는 아직 제대로 이해되지 않고 있다.
** 슈리어만 이런 주장을 하지는 않는다. "젠더는 사회적 구성물"이라는 반과학적인 진언은 이를 반박하는 수많은 데이터에도 불구하고 인문사회과학계에서 자주 들린다. 이 말은 적어도 부분적으로는 제2세대 페미니즘에서 비롯된 것으로 보이며, 이는 그 후계자인 "젠더 비판적" 페미니스트(예를 들어 J. K. 롤링)와 트랜스 활동가들이 성, 젠더, '여성'의 정의에 대한 지저분한 논쟁에 갇힌 이유를 설명할 수 있을 것이다.

주의를 기울이는 동시에 과학이 이와 같은 중요한 문제를 객관적으로 분석할 수 있도록 이데올로기와 무관한 공간을 허용해야 한다.

한 가지 중요한 점은, 우리가 비합리적인 가용성 폭포 또는 사회적 전염 과정을 경계한다고 해도 실제로 이겨낼 방법이 없다는 것이다. 우리는 "하! 지금의 화장지 사재기는 가용성 폭포야! 나는 뛰어들지 않아!"라고 말할 수 있다. 이렇게 지적 우월감을 즐기다가는 신문, 휴지, 고양이 등 화장지 대신에 쓸 물건을 찾아 온 집을 뒤지게 될 것이다. 가용성 폭포는 브레이크 고장으로 폭주하는 열차와 같다. 폭주 열차에 탔다는 걸 깨달았다고 해도, 그냥 열차와 함께 달리는 것 말고 달리 어찌할 방법이 없다.

농구가 문을 닫다

가용성 폭포(앞으로는 단순화를 위해 주로 이 용어를 사용하겠다)의 사례는 과거와 현대에서 얼마든지 들 수 있다. 하지만 코로나19에서 나타난 사례로, 농구를 살펴보자.

코로나19 범유행 초기에 일반 대중은 (일부 정치인, 의료 단체, 심지어 심리학자들의 도움을 받아) 이 질병의 심각성을 외면했다. 2020년 3월 초, 유타 재즈의 선수 뤼디 고베르는 기자회견에서 일부러 기자들의 마이크 여기저기를 손으로 문지르면서 코로나19에 대한 경멸을 표현했다. 며칠 후 한 선수가 코로나19 양성 판정을 받자 NBA는 남은 경기를 취소하기로 결정했다. 어떤 선수가 코로나에 걸렸냐고? 당연히 뤼디 고베르다! 그가 마이크를 만진 어리석은 행동으로 인해 많은 기자들이 덩달아 바이러스에 노출되었을 수 있다.[18] NBA가 경기 일정의 전면 취소를 결정하자 다른 단체들도 줄줄이 이를 따랐다. 놀랍도록 빠른 속도로 대부분의 스포츠 리그가 경기 일정을 취소하고, 신작 영화 개봉이 중단되고, 극장이 문을 닫았으며, 레스토랑과 술집이 문을 닫고, 해변과 공원이 폐쇄되고, 여행이 중단되고, 학교가 문을 닫는 등 거의 모든 사람들이 실질적인 격리 상태에 놓이게 되었다. 이 시점에서 사회적 거리 두기가 질병 전파를 제한하는 데 효과적인지 의심할 만한 충분한 이유가 있었지만, 어떤 활동이 안전하고 어떤 활동이 위험한지 명확하지 않았다는 점도 알아야 한다. 예를 들어 학교는 코로나19의 위험이 아주 크지는 않으며, 적절한 안전 지침을 준수하면서 다시 문을 열어도 좋다는 증거가 점차 드러났다.[19] 마찬가지로 사회적 거리 두기, 마스크 착용 및 기타 안전 지침을 준수하는 한 해변, 공원 등의 야외 공간은 안전할 가능성이 높았다.[20]

    NBA의 경기 취소가 잘못된 결정이었다는 뜻은 아니다. 그러나 그렇게 함으로써 다른 단체들도 그대로 따라야 한다는 도덕적 압박감이 커졌고, 증거에 의해서가 아니라 공포에 의해 연쇄적인 취소가 이어졌다. 코로나에 걸려 귀중한 생명이 희생되면 비난받을 것이 뻔한 상황에서 미적거리면서 중단을 망설인다는 인상을 주고 싶은 사람은 아무도 없을 것이다. 사건의 전개를 실시간으로 지켜보면서 드는 느낌은 정말로 흥미로웠다. NBA가 경기 일정을 취소하자 도덕적 압박감을 느낀 다른 단체들도 모두 같은 방향으로 우르르 몰려갔다.

스포츠 팬들로 북적대는 모임을 취소한 결정은 거의 확실히 바른 방향이었겠지만, 학교를 비롯해 해변과 공원 같은 야외 공간까지 같은 조치가 확산되자 이 결정이 과연 유익했는지 분명하지 않게 되었다. 그러나 이렇게 눈사태처럼 확산되는 결정이 반드시 긍정적인 것만은 아니며, 사회를 좋은 방향으로 이끄는 것만큼이나 나쁘고 위험한 길로 이끌 수도 있다.

이를 살펴보기 위해, 1980년대에 등장한 인체면역결핍바이러스 HIV, human immunodeficiency virus라는 또 다른 전염병에 대한 사회적 반응을 비교해보자. 코로나19와 달리 HIV는 혈액이나 정액과 같은 체액의 직접적인 접촉을 통해 전염된다. 수혈을 포함한 여러 가지 감염 경로가 있지만, 보호되지 않은 성적 접촉과 정맥주사가 특히 위험하다. 1990년대에 효과적인 항바이러스제가 개발되기 전까지 HIV는 매우 치명적이었다. 당연히 이로 인해 상당한 공포와 불안이 조성되었다.

1980년대에는 동성애를 조금 혐오하는 분위기가 있었고, 이런 분위기 때문에 HIV에 관련된 공중 보건 메시지의 전달에 많은 혼란이 있었다. 이성애자와 동성애자가 모두 성적 접촉을 통해 HIV에 감염될 수 있지만, 특히 남성 동성애자가 HIV에 관련된 것으로 인식되었다. 또한 어떤 사람들은 정맥주사 약물 사용자들을 겨냥하여 HIV

를 성과 같은 문제에 관련된 도덕적 우월주의와 뒤섞어 언급했다. 공중 보건 메시지는 동성애를 용인한다는 인상을 주지 않기 위해 안전한 성관계와 동성애자 집단에 대한 직접적인 언급을 피했다.[21] 지금은 터무니없어 보일지 모르지만, 이 도덕적 문제는 안전한 성관계에 대한 메시지 전달을 방해하고 HIV 감염자에게 낙인을 찍었다.

이 상황은 가용성 폭포의 많은 특징을 가지고 있다. 예를 들어 다음과 같다.

- 대부분의 사람들이 직접 경험하지 못한 문제, 즉 새로운 전염병과 관련이 있다.
- 치명적인 질병에 걸린다는 것은 매우 두려운 문제다.
- 대부분의 사람들은 객관적인 정보를 제공하기보다 공포를 부추기는 경향이 있는 뉴스 미디어와 같은 2차 정보 출처에 의존해야 한다.
- 도덕적 요소도 있는데, 이 경우에는 동성애와 관련된 것이다.
- 도덕적 요소는 정부 관리들에게도 압력을 가하며, 이 경우에 동성애자 집단에 대한 언급을 피해서 낙인에 대해 직접 대응하지 못하는 방식으로 프레임을 구성하게 한다.
- 사람들은 일상적인 접촉을 통해서도 HIV가 감염된다고 생각하는 등 자기에게 닥친 위험을 과대평가한다.

돌이켜보면 화장지를 구하기 위한 필사적인 노력은 그냥 웃음거리로 볼 수 있다. 그러나 HIV에서 발생한 것과 같은 가용성 폭포는 더 많은 사망자와 환자를 만들 수 있다. 이것을 막을 방법이 있을까?

터널 끝의 불빛이 나를 향해 달려오는 열차일 때

내 나라 또는 내가 소속된 집단이 가용성 폭포를 향해 달려가고 있다고 생각한다면, 이를 막기 위해 무엇을 할 수 있을까? 한마디로 말해, 아무것도 할 수 없다. 아무도 귀를 기울이지 않으며, 그 앞을 막아서려고 하면 부도덕하고 냉담한 인간이라는 야유를 들으면서 물러나야 할 것이다. 마치 둑이 터졌는데 그 앞에 손을 들고 서서 물에게 "멈춰!" 하고 외치는 것과 같다. 적어도 단기적으로는, 가용성 폭포를 거의 막을 수 없다. 과학자들이 모두 똘똘 뭉쳐서 막는다면 조금 누그러질 수도 있겠지만 그런 일은 거의 일어나지 않는다. 도리어 과학계가 휘말릴 때가 더 많다.

가용성 폭포는 계속 커져가다가 시간이 지남에 따라 점점 더 많은 데이터가 드러나 의문이 제기되면서 수그러드는 경향이 있다. 불행하게도 이런 현상이 어떻게 발생하는지 예측할 수 있는 전형적인 패턴은 없다. 몇 가지 사례만 보아도 저마다 다른 양상이 나타난다. 화장지 대란은 반감기가 빨랐던 것으로 보인다. 빠르게 발생하여 몇 달 동안 사람들을 괴롭히다가 생산과 유통이 사재기 수요를 따라잡으면서 거의 사라졌다. 이렇게 해서 사람들은 이 모든 일이 조금 어리석었다고 깨달을 수 있는 정서적, 인지적 여유를 얻게 되었다.

반면에 HIV에 대한 잘못된 정보와 공포는 수십 년 동안 이어졌고, 이 질병에 대한 낙인은 오늘날까지 여전히 계속되고 있다. 비디오게임에 대한 공포는 1990년대와 2000년대 초반에 절정에 달했고, 한동안 과학계는 조악한 방식으로 얻은 연구 결과를 대중에게 팔면서 공포를 조장하는 데 기꺼이 협력했다. 결국 더 체계적인 연구가 발표되어 비디오게임의 폭력성과 사회적 공격성 또는 폭력 사이에 연관성이 없다고 확인되었다. 시간이 지나면서 비디오게임을 둘러싼 공포는 점점 가라앉았지만, 아직 완전히 사라지지는 않았다. 미국심리학회American Psychological Association와 같은 몇몇 전문가 조합은 과학이 그들의 공개적인 주장과 명백히 반대 방향으로 흘러가고 있는데도 계속해서 대중을 오도하고 있다.[22] 마지막으로 비행기에 대한 두려움이 있다. 이 경우에 뉴스 미디어나 교통 당국 등 거의 모든 2차 출처에서 항공 여행이 안전하다는 메시지를 전달하고 있다. 그럼에도 불구하고 대형 사고가 일어나면 사람들의 두려움이 되살아날 수 있다.

이런 이야기를 들으면 마음이 조금 무거워지겠지만, 이 사례들의 대부분은 사실상 성공 사례다. 낙인이 사라지지 않았지만, HIV는 이제 더 이상 위협적인 사망 원인도 아니고 편견의 초점도 아니다. 비디오게임에 대한 두려움은 완전히 사라지지는 않았지만, 20년 전보다 많이 줄었다. 우리는 비행기를 탈 때 손가락이 하얗게 되도록 좌석을 꽉 붙들기도 하지만, 비행기가 대체로 안전하다고 알고 있다. 감정의 야수를 죽일 수는 없지만 우리에 가둬둘 수는 있다. 그렇다면 가용성 폭포가 닥쳐왔을 때 어떻게 해야 할까? 몇 가지 생각을 정리해보자.

1. **막아서지 않는다:** 적어도 가용성 폭포의 초기 단계에서는 아무도 증거를 신뢰하려고 하지 않는다. 대중이 갑자기 외계인이 아이들을 납치하고 있다고 믿기로 결심했다면, 데이터를 펼쳐 들고 성난 파도 앞에 서 있어 봐야 그저 스팀 롤러에 눌려 납작하게 깔려버릴 것이다. 특히 이 파도에 격렬한 도덕적 요소까지 얽혀 있다면 아이들을 돌보지 않는다는 비난을 받고 따돌림을 당하고, 어쩌면 직장을 잃을 수도 있다(실제로 그런 일이 일어난다). 처음과 같은 맹렬한 기세가 영원히 지속되지는 않겠지만, 더 나은 정보를 제공하더라도 언제 어떤 방법으로 할지 전략을 고민해야 할 것이다.

2. **비꼬거나 냉소적으로 대하지 않는다:** 나중에 뒤돌아볼 때, 가용성 폭포는 우스꽝스러워 보일 수 있다. 역사를 뒤돌아볼 때는 훨씬 더 잘 이해할 수 있으므로, 이 모든 것을 비웃을 수 있다. 하지만 지금 당장은 아무도 웃지 않는다. 그리고 사람들은 가용성 폭포 앞에서 극도로 방어적인 태도를 보일 수 있다(뭔가가 본질적으로 합리성을 벗어났다는 것을 무의식적으로 알기 때문일

수 있다). 더 넓게 보아, 상대를 바보라고 부르고 나면 상대방은 당신이 내미는 증거를 거들떠보지 않을 것이다.* 누군가의 신념을 지적하고 비웃으면 그 사람은 신념에 **더 가까워지고,** 멀어지려고 하지 않는다. 모든 대화를 정중하게, 데이터를 바탕으로 해야 한다. 이렇게 하면 가용성 폭포와 반대되는 견해를 말하면서도 사회적으로 배척당할 위험을 줄일 수 있다(완전히 없앨 수는 없지만).

3. **문제를 인정한다:** 아동 납치는 외계인이 하든 누가 하든 간에 나쁜 일이다. 우리는 비디오게임이 폭력성을 증가시키는지 그렇지 않은지와 무관하게 청소년 폭력을 줄이고 싶어 한다. 백신의 위험성이 예방하려는 질병의 위험보다 확실히 적더라도, 아이들의 약물 부작용에 대한 염려는 타당하다. 다른 사람들이 느끼는 두려움이 정당하다고 인정한다면, 사람들은 대개 자기의 두려움을 줄여줄 수 있는 데이터를 더 열린 마음으로 살펴볼 것이나.

4. **좋은 데이터에 집중한다:** 사람들이 통계가 아닌 일화나 감정적 호소에 더 솔깃해지는 것은 인간 본성의 불행한 요소다. 게다가 통계 중의 일부는 어차피 꽤 부정확하기도 하다. 하지만 시간이 지남에 따라 좋은 데이터가 이길 수 있다. 실제로 시간이 지날수록 사람들은 반대되는 이야기에 매력을 느낄 수 있

---

* 이는 백신 접종 반대 운동, 지구온난화 부정론, 큐어논 등에 대해 이른바 '엘리트'라는 사람들이 사용한 최악의 전략 중 하나였다. 조롱은 효과적인 설득 전략이 아니다.

다. 우리 모두가 무언가에 대해 겁에 질렸지만 사실이 아니라고 밝혀졌다는 생각은 그 자체로 흥미로운 이야기이며, 사람들은 점차 이에 반응하게 될 것이다. 충분한 정보를 바탕으로 주장을 펼칠 준비를 하자.

5. **리더에게 책임을 묻는다:** 대중을 비이성적이라고 비난하면 오히려 역효과가 날 수 있다. 하지만 정치인이나 과학자가 잘못된 정보를 퍼뜨린다며(자주 일어나는 일이다), 그들에 대한 책임을 물을 수 있고 또 물어야 한다. 예의를 지키되, 잘못된 정보와 그 출처를 지적하면 대중이 속고 있다는 사실을 깨닫는 데 도움이 될 수 있다.

6. **끈기와 인내심을 가진다:** 가용성 폭포와의 싸움은 여러 해에 걸친 힘든 일인 경우가 많다. 기회가 있을 때마다 데이터 중심의 메시지를 계속해서 반복할 준비가 되어 있어야 한다. 증거를 믿지 않으려는 사람들에게 반격당할 각오도 해야 한다. 진척되는 일이 하나도 없다고 느껴지는 순간이 올 것이고, 많은 순간에 그렇게 느낄 것이다. 우정에 금이 갈 수도 있고, 심지어 경력이 위험에 빠질 수도 있다. 그래도 계속하자. 나의 경험으로 보아, 가용성 폭포는 좋은 증거 앞에서 약해지고 결국 사라진다. 하지만 용기와 끈기가 필요하다. 진흙탕 싸움을 벌이지 말고, 차분하고 합리석으로 데이터를 계속 제시하면 점차 사람들이 귀를 기울일 것이다.

화장지에 대한 탐구는 궁극적으로 우리 자신에 대해 뭔가를 알려준다. 우리는 스스로를 합리적이고 증거에 집중하는 사람이라고 생각하고 싶어 한다. 하지만 그렇지 않을 때가 더 많다. 조금 더 놀라운 사실은, 여러분이나 내가 우연히 가용성 폭포를 알아챘다고 해도 거기에 휩쓸려 급류에 몸을 맡긴 채 내내 한숨만 쉬게 될 수도 있다는 것이다. 하지만 조만간 이성적인 판단이 우세해지고, 순조롭게 갈 수 있다는 사실에 위안을 삼을 수 있다. 적어도 다음 폭포를 만날 때까지라도 말이다!

CHAPTER 3
당황하지 말 것

 코로나19 때문에 화장지를 구하려고 이리저리 뛰어다녔다고 사람들은 조금 엉뚱하게 자기 비하를 하기도 한다. 하지만 코로나19가 많은 사람에게 치명적인 피해를 입혔다는 사실은 의문의 여지가 없다. 이 글을 쓰는 현재 미국의 코로나19 공식 사망자 수는 약 91만

4,000명에 이르렀다. 인도와 같은 나라에서는 사망자가 급증하고 있으며(인도에서는 사망자 수가 실제보다 적게 집계될 수 있다), 라틴아메리카의 많은 국가가 황폐화되었고, 유럽은 여전히 수렁에 빠져 있다. 전 세계 사망자 수는 약 579만 명이며, 이 책이 출간될 때까지 사망자 수는 크게 늘어날 것으로 보인다. 물론 놀라운 성공 사례도 있었다. 대만, 한국, 싱가포르, 뉴질랜드 등 일부 동아시아 및 태평양 국가는 피해가 그리 크지 않았다. 미국, 영국, 러시아, 독일의 기업들은 기록적인 시간 내에 백신을 생산했다.* 코로나19는 수많은 경제적 문제를 일으켰으며, 특히 서비스 산업에서 일하던 사람들이 실업으로 고통을 받고 있다. 그러나 일부의 우려와 달리 대공황을 초래하지는 않은 것으로 보인다. 이 글을 쓰고 있는 현재 미국의 실업률은 약 6퍼센트로 역사상 가장 좋은 정도는 아니지만, 범유행으로 14퍼센트까지 치솟았다가 이만큼까지 회복되었다.

위기의 순간에는 사회가 하나로 뭉쳐 서로의 차이를 제쳐두고 공동의 선을 위해 노력해야 한다는 일반적인 인식이 있다. 예를 들어 9·11 테러를 기억할 만큼 나이가 많은 사람들은 9·11 이후 국기를 흔들며 애국심을 드러냈던 일을 기억할 것이다. 이는 조지 W. 부시 대통령과 행정부에 대한 광범위한 지지로 이어졌다. (5장에서 살펴보겠지만, 여러 가지 면에서 그리 좋은 일은 아니었다.) 하지만 이것은 좋은 목표를 향해 나아갈 때 유용한 문화적 연대 의식을 제공했다.

* 이 목록에서 중국을 제외했는데, 현재 중국 백신의 효과에 대한 의문이 제기되고 있기 때문이다.

코로나19에서는 비슷한 일이 일어나지 않았다. 미국에서 코로나19는 광범위한 문화 전쟁의 일부가 되었고, 미국만큼 격렬하지는 않지만 다른 서구 민주주의국가에서도 같은 현상이 나타났다. 우파는 시민의 자유가 공격당한다면서 울부짖었고, 좌파는 이를 우파가 교육을 받지 못한 얼뜨기라는 증거로 이용했다. 세계보건기구WHO와 질병통제예방센터CDC의 메시지는 혼란스럽고 모순되며 때로는 정치적인 술수가 개입했고, 마스크의 효과나 집단 면역을 달성하는 데 필요한 숫자와 관련하여 진실을 가린다는 비난을 받기도 했다.[1] 정치인들도 도움이 되지 않았다. 특히 미국의 트럼프 대통령은 시소처럼 오락가락하는 메시지로 마스크 착용을 받아들이기 어렵게 했고, 때로는 자외선 치료나 살균제 주사 따위의 별난 치료법을 들고나오기도 했다.[2] 우리가 이에 대해 뭐라고 말하든, 전 세계의 대부분은 코로나19의 위기를 잘 관리하지 못했다. 어쩌면 이렇게도 골고루 실수할 수 있었을까?

어휴! 정말 얼마나 나쁠 수 있을까?

공중 보건 메시지가 제대로 작동하려면 몇 가지 핵심 요소가 갖추어져 있어야 한다. 첫째, 공중 보건 당국은 더 많은 대중과 소통할 수 있는 효율적인 메커니즘을 갖춰야 한다. 오늘날과 같이 초연결 사회에서 이는 큰 문제가 되지 않는다(물론 너무 많은 커뮤니케이션이 일어나다 보면 보건 당국이 다른 수많은 쓰레기 때문에 혼란을 겪을 수도 있다). 둘째, 공중 보건 당국은 대중의 신뢰를 얻어야 한다. 하지만 좋은 이유든 나쁜 이유든, 공중 보건 당국은 점점 더 대중의 신뢰를 잃어가고 있다. 이는 다양한 문화 전쟁과 전문가에 대한 의심(특히 정치적 우파는 대부분의 보건 전문가가 좌파로 기울어져 있다고 의심한다) 때문이기도 하지만, 공중 보건 담당자들이 스스로 저지른 상처도 꽤 많이 있다. 셋째, 공중 보건 당국은 대중에게 명확하고, 실행 가능하며, 합리적으로 일관성이 있고(때때로 데이터가 바뀔 수도 있다), 진실한 메시지를 전달해야 한다. 단기적인 이익이 있어 보여도, 대중에게 거짓말을 하거나 진실을 가리는 일은 거의 없어야 한다고 주장하고 싶다(두 번째 항목 참조). 공중 보건 관계자들은 특히 초기 몇 달 동안 코로나19 대응을 엉망으로 만든 책임이 있다.

    문제는 처음부터 불거졌다. 코로나19 범유행은 2019년 12월 중국 우한에서 시작되었다. 우한에서 퍼지기 시작한 바이러스는 사람이 뿌리는 비말을 통해 거의 전 세계로 퍼져나갔다. 억압적이고 권위주의적인 중국 정부는 처음에 이 질병에 국제적인 관심이 쏠리지 못하게 막으려고 했다.[3] 심지어 중국 정부는 코로나19 범유행의 발생을 알린 의사를 처벌하기도 했다. 다시 한번 말하지만, 우리라고 해서 중국 공산주의 정부보다 더 잘한다고 기대할 수 없다. 애초에 중국 정부가 진실을 말한다고 생각하는 사람은 아무도 없기 때문에, 중국 정부가 허위 사실을 퍼뜨린다고 해서 보건 당국에 대한 대중의 신뢰가 손상되지는 않을 것이다.

문제는 WHO(세계보건기구를 훨씬 더 멋진 영국 록 밴드와 혼동하지 않기 바란다)가 중국의 공식 입장을 무비판적으로 반복했을 때 발생했다. 2020년 1월 14일, 세계보건기구는 트위터에 "중국 당국이 실시한 예비 조사 결과 신종 코로나 바이러스의 사람 간 전염에 대한 명확한 증거를 찾지 못했다."라는 트윗을 올렸다. 1월 22일, 세계보건기구는 공중 보건 비상사태 선포를 거부했다.[4] 1월 말에야 이 기관은 코로나19를 국제적 비상사태로 선포했다. 하지만 중국이 행한 '특단의 조치'를 칭찬하고 중국과의 교역이나 여행에 대한 모든 제한 조치에 반대하는 등, 세계보건기구는 중국에 대해 야단스러운 찬사를 쏟아냈다.[5] 이 기관은 3월이 되어서야 코로나19가 범유행이라고 선언했다.[6]

세계보건기구는 초기에 코로나19에 충분히 단호하게 대처하지 못했지만, 초기 대응에 실패한 기관은 훨씬 더 많다. 그런데 세계보건기구는 공산주의 국가인 중국의 공식 견해를 왜 그토록 존중했을까? 이를 이해하기 위해서는 표면적으로 '과학'을 내세우는 조직이 실제로는 그렇지 않은 경우가 많으며, 세계보건기구와 같은 정치조직이거나 미국심리학회, 미국정신의학협회, 미국소아과학회와 같이 해당 직업을 홍보하기 위해 존재하는 전문가 조합이라는 사실을 인정해야 한다. 이런 조직은 과학적 '진실'에 소홀하기로 유명하며, 자기 단체를 홍보하거나 사회·정치적 목표를 위해 편리한 이야기를 '과학'으로 포장한다.[7] 다시 말해 그들은 이익 단체다. 그렇다고 해서 그들이 사악한 제국은 아니지만, 객관적인 진실의 중재자도 아니다.

세계보건기구의 여러 가지 문제는 회원국, 특히 중국과 같은 강대국의 영향력과 관련이 있다.[8] 간단히 말해 세계보건기구는 두 가지 문제를 안고 있다. 회원국이 주는 정보에 의존해야 하고, 게다가 회원국의 심기를 건드리고 싶어 하지 않는다. 이 기관은 다른 전염병에 대해서도 비슷한 문제를 겪어왔지만, 이 문제는 우리가 지금 보고 있는 질병에만 국한되지 않는다. 예를 들어 세계보건기구는 최근 논란이 되고 있는 '게임 장애'를 질병 분류에 포함시켰다. 이런 장애의 존재를 뒷받침하는 명확한 연구 증거가 거의 없는데도 말이다. 나와 이메일을 주고받은 세계보건기구 담당자들은 '아시아 국가들'(그들의 표현)의 압력을 받았다고 인정했다.[9] 즉 세계보건기구는 건전한 과학보다 정치에 따라 보건에 관련된 결정을 내린다.

2020년 1월 미국 트럼프 행정부의 중국 여행 금지 결정도 메시지를 혼란스럽게 했다. 이번에도 세계보건기구를 비롯한 공중 보건 당국자들은 이 조치를 크게 비난했다.[10] 물론 잠재적인 역효과가 일어날 수 있고, 금지의 여파로 엉뚱한 피해가 생길 수 있다는 염려도 일리는 있다. 실제로 처음에는 직관적으로 옳다고 여겨지는 조치가 상황을 개선하기는커녕 오히려 악화시킬 수 있다. 그리고 최선의 역학 조치가 무엇인지에 대해 말할 만큼 나는 이 분야의 전문가가 아니다. 그러나 처음에는 너무나 신중하게 대응하다 나중에 봉쇄 조치를 지지하면, 해당 기관의 신뢰성이 의심받을 수 있다. 바이러스가 발생한 지역에서 날아오는 비행기는 괜찮고, 배달된 피자는 살균제를 뿌리지 않으면 먹지 말라고? 이상하지 않은가? 물론 궁극적으로 여행 제한이 실제로 질병 확산을 늦추는 데 효과가 있다는 증거가 있지만, 이는 주로 검사와 접촉자 추적과 같은 여러 절차를 준비할 시간을 벌기 위한 수단으로 봐야 한다.[11]

공평하게 말하자면, 초기에는 내가 소속된 심리학계의 대응도 그리 영광스럽지 못했다. 심리학자 스튜어트 리치는 코로나19가 미국과 유럽으로 확산되던 초기에 저명한 심리학자들이 언론에 나와서 사실상 "코로나라고? 흥! 우리는 너무 쉽게 당황하는 경향이 있어."라고 말했던 여러 사례를 수집했다.[12] 심리학자들은 자기도 잘 모르는 주제에 대해 지나치게 자기 생각을 고집하는 경향이 있다. 이는 심리학이 '진짜 과학'이 아니라는 인식에 대한 심리학계 전체의 반응인 듯하다. 심리학자들은 자기가 얼마나 중요한 존재인지 보여주고 싶은 비이성적인 욕구를 느낀다(보통 다른 모든 사람들이 얼마나 멍청한지 지적하려고 노력한다). 불행하게도 우리의 연구 중 상당수는 실제로 쓰레기다. 이는 단순한 의견이 아니라 경험적으로 입증된 사실이다.[13] 몇몇 심리학자들은 사실상 인공적인 실험실 환경에서 수행된 연구를 가져와서, 결과가 흥미롭게 보이도록 그중 일부를 통계적으로 조금씩 건드리기도 한다.* 그런 다음에 실제 범유행에 적용하려고 시도하는 것이다. 불행하게도 이런 의견 중 상당수는 엄청난 범유

---

* 좀 더 확실하게 말하면, 나는 특정 연구를 비난하는 것이 아니라 이미 잘 입증된 현장의 일반적인 관행을 지적하는 것이다.

행으로 확산될 것의 충격이 그리 크지 않다고 주장하는 것이었다. 어쨌든, 누가 심리학자들의 말에 귀를 기울이겠는가? 이제 그 이유를 알 것이다. 농담은 제쳐두자. 문제는 대중 심리학자가 아닌 연구 심리학자가 입힌 상처다. 이는 심리학계의 신뢰성을 해친다. 이런 일이 한 번만 일어났다면 변명하기 쉬울지 모르지만 그렇지 않다. 불행하게도 심리학계와 미국심리학회 같은 전문가 단체는 대중의 오해를 부추기는 발언을 해온 오랜 역사를 가지고 있다.[14]

나는 심리학의 문제 중 하나는 기본적으로 "당신이 얼마나 명청한지 봐."라는 일종의 결과 중시의 편향이라고 주장하고 싶다. 특히 신문의 헤드라인을 장식할 때 이 연구 결과는 "X가 Y를 일으킨다고 생각하지만 사실은 그 반대다!"라는 일종의 반직관적인 냉철함으로 포장된다. 조잡한 과학과 헤드라인을 장식하는 멋진 연구 결과를 발표해야 한다는 압박이 결합되어, 심리학의 재현성 위기 중에서 적어도 일부가 이런 경향에 책임이 있을 수 있다. 게다가 대부분의 심리학자가 진보주의자라고 가정할 때[17], 심리학자들이 늘 비웃는[16] 보수주의자[15]가 그 '명청한' 사람이라면 훨씬 더 기분이 좋다.

이런 의미에서, 나는 심리학계가 2014년 아프리카에서 발생한 에볼라가 미국으로 확산된다는 우려가 '인종차별적'이라는 좌파 진영의 관점을 강조하려는 함정에 빠졌다고 생각한다.[18] 공정하게 말하자면, 특정 집단과 관련된 질병이 발생하면 해당 집단에 대한 배척이 일어날 수 있다. 이는 진화적으로 적응적인 행동이지만 사회적으로 추악하며, 해당 집단에 대한 고립, 편견, 심지어 폭력으로 이어질 수 있다.* 그러나 이런 반응이 비이성적이라고 비난하려는 충동은 그 자체로 좌파와 우파가 서로 도덕적이라는 과시의 결과일 수 있다. 2014년 에볼라 사태를 비롯한 대부분의 전염병이 미국에 큰 문제를 일으키지 않았다는 점에서, 심리학자들은 일종의 외삽 편향extrapolation bias에 빠졌던 것 같다. 그러니까 코로나19도 비슷할 것이라고 추측해, 겁에 질린 대중이 얼마나 멍청한지 다시 한번 지적한 것이다. 게다가 코로나19가 중국과 관련되어 있었기 때문에, 인종차별적인 일을 하지 말자고 덧붙여 강조하고 싶었을 것이다. 즉 사람들은 이전의 패턴이 무한정 유지될 것이라고 생각하기 쉽다. 특히 그렇게 믿는다고 말할 때 자신의 사회적 자본이 늘어난다고 생각하면, 이런 경향이 더 커진다.

마스크를 쓸 것인가, 말 것인가?

코로나19 때문에 정치적 종파주의가 나타난 것은 아니다. 그 뿌리는 수십 년 전으로 거슬러 올라가며, 좌우 양쪽 모두에 책임이 있다. 하지만 코로나19는 2020년에 일종의 기괴한 문화적 계기가 되어 나쁜 문화 전쟁(7장에서 살펴볼 인종과 치안, '취소 문화', 즉 이슈에 대해

---

* 예를 들어 HIV 발생 초기에 미국에서 남성 동성애자들이 배척당했다.

토론하지 않고 반대하는 사람들의 삶을 파괴하려는 일반적인 경향)을 악화시켰을 뿐만 아니라, 그 자체가 논쟁의 초점이 되기도 했다. 마스크 착용이 코로나19의 전파를 늦추고 수백만 명을 보호하는 핵심 위생 수칙이었을까, 아니면 개인의 삶과 결정권에 대한 정부의 개입을 확대하는 지렛대였을까?

물론 이 논쟁에서 두 가지 모두일 가능성에 대한 고려는 실종되어 버렸다. 먼저 분명히 밝히겠다. 나는 전염병학자가 아니다. 나는 일반적으로 마스크, 특히 N-95 또는 KN-95가 코로나19 확산을 방지하는 데 가장 유용한 전략 중 하나라는 의학적 합의를 믿고 있으며, 마스크 착용이 요구되는 공공장소에서 마스크를 착용했다. 따라서 의료 전문가가 아닌 나의 일반적인 의견은 마스크를 착용했어야 한다는 것이다. 그러나 공정하게 하자면, 정부 당국이 개인의 권리를 짓밟고 때때로 사람들을 더 심하게 괴롭히는 강압적인 접근 방식을 취한 것은 아닐까? 분명히 그러했다.[19] 이것들은 상호 배타적이지 않으며, 만약 우리가 사물을 합리적으로 바라볼 수 있다면(겉보기로는, 그러지 못하고 있다), 공중 보건과 개인의 자유라는 상충하는 이해관계를 가장 잘 관리하는 방법에 대해 합리적으로 논의하고 더 크게 염려하는 사람들을 설득할 수 있을지도 모른다. 물론 권위주의가 강화되어 명령을 잔인하게 집행할 수 있다면, 믿을 수 없을 만큼 효과적으로 전염병을 막을 수 있다(초기 실패를 겪은 중국이 대표적인 예다). 물론 그런 상황을 원하는 사람은 없을 것이다. 따라서 우리는 일부의 우려가 정당하다고 인정하면서, 생명을 구하는 건전한 정책을 위해 모두가 함께 노를 저을 수 있는 더 나은 방법을 찾아야 한다.

나는 올랜도에 살면서 땡볕에 땀에 흠뻑 젖은 마스크를 쓰고 다녔다. 따라서 마스크 착용이 불편하다고 누군가가 나를 설득할 필요는 없다. 그러나 우리가 가진 최선의 증거를 종합해볼 때, 특히 N-95 또는 KN-95 마스크는 분명히 코로나19 확산을 늦추는 가장 효과적인 수단 중 하나였다.[20] 그렇다면 왜 이것이 문화적인 논란거리가 되어 주로 정치적 우파로 하여금 분노의 시위를 불러일으켰을까? 나는 두 가지 이유가 있다고 주장한다. 첫째, 보건 당국이 마스크 착용의 효과에 대해 조기에 명확한 메시지를 전달할 수 있는 기회를 놓쳤다 (이 글을 쓰는 지금까지도 계속 미적거리고 있다). 둘째, 사람들은 더 이상 '과학'을 냉철하고 엄격한 데이터 분석으로 평가하지 않고 우리 편이 도덕적으로 우월하다는 신호의 일종으로 간주한다. 따라서 좌파는 생물학적 성차가 존재한다거나 인종이 경찰 총격에서 중요한 역할을 하지 않을 수 있다는 등, 그들의 금기에 부딪히기 전까지는 '과학을 믿는다'고 할 것이다. 반대로 우파는 지구온난화나 총기 규제와 같은 자신들의 금기에 부딪히기 전까지는 '과학을 믿는다'고 할 것이다.

과학자로서 말하자면, '과학을 믿는다' 또는 '과학은 진짜다'라는 말은 어차피 어리석은 생각이다. 과학은 종교적 교리처럼 고수해야 하는 불변의 완벽한 사실들의 집합이 아니다. 우리는 과학을 면밀히 검토해야 한다. 과학은 끊임없이 변하고 있으며, 많은 부분이 심각한 결함을 가지고 있다. 과학자들은 편향을 가지고 있으며, 심지어 널리 퍼져 있는 문화적 편향(분야에 따라 다르기는 하지만 과학자들은 정치적으로 좌파인 경향이 있다)을 공유하며, 이러한 편향의 많은 부분이 틀렸다. 그렇기는 하지만 과학은 여전히 '지식의 다른 길other ways of knowing'보다 낫다. 그것은 일화이며 '삶의 체험lived experiences'과 같은 서사이거나, 솔직히 말해 토착적인 지혜이며, 기독교의 창조론이나 어떤 부족들의 민담 같은 것이다. 다른 사고방식을 무시하거나 무례하고 잔인하게 대할 필요는 없지만, 과학과 냉철하고 엄밀한 데이터의 음미는 세계가 어떻게 돌아가는지에 대해 가장 객관적인 정보를 얻을 수 있는 최고의 방법이다. 따라서 과학에 대해 회의적인 소비자가 되는 것은 좋지만, 식당 메뉴처럼 세계를 알아가는 여러 가지 동등한 방법 중 하나로 과학을 취급해서는 안 된다.

현실은 대부분의 사람들이(심지어 많은 과학자들도) 과학 데이터의 비판적 소비자가 되는 데 서툴다는 것이다. 집 잔디밭에 '우리 집에서는 과학이 진짜임을 믿는다.'라는 팻말이 붙어 있다면, 그 집에 사는 사람은 과학적 지식이 부족하다고 거의 확신할 수 있다. 그렇다면 '과학은 진짜다'라는 말은 무슨 뜻일까? 과학이 용이나 산타클로스 같은 동화라고 주장하는 사람들의 비율은 얼마나 될까? (어린이들에게는 미안하다. 이 책은 어른들을 위한 책이니 이 책을 읽게 한 부모님 탓이다.) 사람들은 과학적 증거의 신뢰성에 대해 정당한 논쟁을 벌일 수 있고, 그들의 결론이 완전히 틀렸을 수도 있다. 그러나 이는 과학이 피터팬에 나오는 요정 가루라고 생각하는 사람이 있다고 말하는 것과 다르다. 우리가 '과학을 믿는다'고 말할 때의 진짜 의미는 다음과 같은 세 가지 질문에 따라 달라진다.

1. 과학은 내가 이미 사실이라고 생각하는 것을 확인해주는가?
2. 내가 속한 문화적 '부족'의 다른 사람들도 이 문제에서 과학에 동의하는가?
3. 과학은 나의 경험에 대한 나 자신의 인식과 모순되는가?

정치적 좌파나 우파에 속한 사람들은 누구나 과학이 마음에 들면 믿고, 그렇지 않으면 거부한다. 그들이 과학을 들먹일 때는 말 그대로 과학을 하겠다는 뜻이 아니며, 자신이 떠받드는 사회·정치적 세계관을 위해 '과학'을 편리한 몽둥이로 사용하겠다는 것이다.

첫 번째 질문은 확증 편향에 관한 것이다. 확증 편향이란 내 생각과 일치하면 받아들이지만 그렇지 않으면 외면하거나 불신하는 것이다. 이런 태도는 광범위하고 일반적으로 나타나며, 기본적으로 누구나 확증 편향을 가지고 있다. 이 편향은 다양한 형태로 나타날 수 있다.

확증 편향은 우리가 일화를 사용하는 방식에도 나타난다. 말하자면 확증 편향은 일화를 나쁘게 다루는 방식에서 드러난다. 일화는 증거가 **아니며,** 실제로 정보 출처로 거의 쓸모가 없다. 여기에는 몇 가지 이유가 있다. (무엇보다 일화는 신뢰도가 매우 낮다. 여기에 대해서는 금방 설명하겠지만, 일화만으로는 사건의 전체적인 면모를 알 수 없다.) 우리는 일반적으로 자신의 생각을 지지하는 일화에 주목하거나 다른 사람들에게 퍼뜨리고, 그렇지 않은 일화는 무시한다. 다큐멘터리도 마찬가지다. 특히 일화적인 이야기에 크게 의존하는 다큐멘터리는 신뢰성이 보장되지 않는다. 예를 들어 내가 연구하는 비디오 게임의 폭력성 분야에서는 액션 게임이 대량 살인을 부추긴다는 생각을 입증하려는 연구가 자주 발표된다. 그러나 이는 일화를 오용하는 흔한 사례일 뿐이다. 아동이 폭력적인 게임을 즐기면 해롭다는 믿음이 형성되어 있으면(실제로는 그렇지 않다[21]), 연구자들은 끔찍한 일을 저지른 청소년의 일화를 찾아낸다. 그런 다음에 고개를 흔들고 혀를 끌끌 차며 이렇게 말한다. "저기 봐, 젠장. 저런 짓을 한 건 바로 저놈들이었어. 비디오게임 때문에 저 녀석들은 끝장나버렸어." (나의 상상 속에서 이런 사람들은 늘 거친 말투를 쓴다. 어쩌면 나의 편향 중 하나일 것이다!). 하지만 2017년 10월 라스베이거스에서 열린 컨트리음악 축제에서 60명의 목숨을 앗아간 총기 난사 사건처럼 가해자가 64세 남성이거나 정년보장 심사에서 탈락한 뒤에 자기가 소속된 생물학과에 총기를 난사한 에이미 비숍처럼 44세 중년 여성이면(정년 보상은 악사들에게 임청나게 큰 문제다), 아무도 "봐, 그 사람들은 비디오게임을 하지 않았어!"라고 지적하지 않는다. 그렇다. 합리적인 사람들은 말투부터 정중하다. (내가 어떻게 편향을 조작하는지 보았는가?) 어떤 사람들은 일부 살인자들이 액션 게임을 열렬히 즐기는 사람들이었다고 믿는다. 버지니아 공대(2007)와 샌디 훅(2012) 학살 사건의 범인들이 그랬다는 것이다. 공식 조사 보고서에서 그렇지 않다는 결론이 났지만 그들의 믿음은 요지부동이다.[22]

일화나 '삶의 체험'과 같은 것들은 또 다른 일반적인 편향인 자기 고양적 편향self-serving bias 때문에 오해를 일으킬 수 있다. 이 편향은 성공하면 자기 덕분이라고 생각하고, 실패하면 자기가 어찌해 볼 수 없는 외부의 탓이라고 볼 때 발생한다. 따라서 나 자신과 관련된 사건에 대해 이야기할 때는 자신을 선한 사람(또는 나쁜 일이면 피해자)으로, 다른 사람들은 잠재적으로 나쁜 사람으로 보이게 하는 방식으로 말하는 경향이 있다. 친구들의 이야기를 듣다 보면 항상 내 주위에는 피해자만 있고, 가해자는 없다는 사실을 알아챈 적이 있는가? 이것이 바로 사람들의 말을 액면 그대로 믿으면 오류에 빠지게 되는 이유다.

확증 편향은 일화에만 적용되고 끝나지 않는다. 사람들은 과학적 연구도 확증 편향을 가지고 받아들인다. 다시 한번, 우리는 과학적 연구가 우리의 믿음과 일치하면 액면 그대로 믿고, 우리의 믿음과 다르면 무시하거나 혹독하게 비판하는 경향이 있다. 이는 교육을 받지 못한 사람만의 문제가 아니며, 과학자들도 다른 사람들과 마찬가지로 이런 경향을 보인다.

이런 경향은 두 번째 질문으로 이어지며, 소속된 사회 집단에 따라 증거에 대한 태도가 달라지는 경향과도 이어진다. 이는 **내 편 편향**이라는 현상이다(1장에서 소개했다). 이 경향도 우리 모두에게 공통적이며, 동료 집단을 편들고 상대 집단을 신랄하게 공격할 때 사회적 이점(사회적 자본이라고 부르겠다)을 얻기 때문에 강화된다. 마찬가지로 지능이 높다고 해서 이런 인지 편향에서 벗어날 수는 없으며, 매우 똑똑한 사람들도 인지능력이 떨어지는 사람들만큼이나 자주 이런 편향에 빠진다.[23] 이는 어느 한 쪽 정치적 견해를 가진 사람들만의 문제가 아니다. 자유주의자들은 자신들이 객관적 진리의 수호자라고 여기는 경향이 있지만(그래서 자기 집 뜰에 과학이 진짜라고 믿는다는 표지판을 세운다), 연구에 따르면 데이터가 자신의 세계관과 충돌할 때 자유주의자도 보수주의자만큼이나 과학을 부정할 가능성이 높다고 한다.[24]

사람들은 사회·정치적 노선을 따라 이른바 **메아리 방**echo chambers을 형성하는 경향이 있으며, 최근 몇 년 동안 이런 경향은 점점 더 커지는 것으로 보인다.[25] 메아리 방 안에서는 집단의 모든 구성원들 사이에서 동일한 신념의 메아리가 계속 울려 퍼져 완전히 쓰레기여도 사실로 보일 수 있다. 이 '사실'을 믿지 않는 사람들은 완전히 현실과 동떨어진 것처럼 보일 수 있으며, 그러한 사실과 모순되는 증거는 궁극적으로 이단으로 몰릴 수 있다. 집단의 구성원들이 실제로는 믿지 않는데도 그 신념을 단순히 앵무새처럼 따라 하는 경우도 있다. 최근의 사례가 폴 로시 사건이다. 한 엘리트 학교의 교사였던 그는 비판적 인종 이론CRT, critical race theory에 대한 학교의 관심이 높아진다고 이의를 제기했다. 비판적 인종 이론은 인종차별이 어디에나 존재하며 인종적 정체성은 우리가 누구이며 서로 어떻게 상호 작용하는지에 필수적이라는 믿음을 조장한다. 로시는 이런 이론이 아이들의 교육에 해로울 수 있다고 주장한다(7장에서 자세히 설명한다). 그는 공개서한에서 교장이 이 이론적 접근 방식이 해롭다고 동의하면서도 이를 장려했다고 주장했다. 교장은 이 주장을 부인했지만, 로시는 교장과의 대화를 몰래 녹음했다. 그는 교장이 실제로 비판적 인종 이론에 대해 염려했지만 학교에서 수백 명의 아이들이 이런 교육을 받았다는 사실을 증명했다.[26] 이것은 바로 '꼬투리 잡기' 사례이며, 교장이 자신의 신념을 지키지 않는다고 비난하기는 쉽다. 그런데 교장은 왜 그런 일을 했을까? 교육계에서 비판적 인종 이론에 매달리는 것은 유사종교를 믿는 것과 비슷하다. 이를 공개적으로 옹호하면 직장에서 쫓겨나기 때문에 사람들은 그렇게 하지 않는다. 간단히 말해, 사람들은 어떤 견해가 헛소리라고 확신하면서도 가끔씩 대중 앞에서 그 반대가 옳다고 외친다. 그들은 그렇게 해야 자신에게 유리하다고 생각하기 때문에 그렇게 한다.

이는 **헛소리 비대칭 요인**bullshit asymmetry factor이라는 또 다른 요인과 관련될 수 있다. 우선 간략하게 설명하면, 잘못된 정보가 퍼지고 나면 이 정보가 틀렸다고 대중을 설득하기가 훨씬 더 어렵다는 것이다. 예를 들어 사람들이 백신이 해롭다고 생각하거나 폭력적인 비디오게임이 공격성을 부추긴다는 믿음(향상된 방법론을 적용한 최신 연구로 그렇지 않다는 결과가 계속 발표되었지만 소용이 없다)과 같은 것이 이에 해당한다. 이 이야기는 일반 대중의 마스크 착용에 대한 공중 보건 메시지에 대해 논의할 때 다시 다루겠다.

위의 세 번째 질문에 대해서는, 사람들이 자신의 경험을 절대적으로 여긴다는 것이다. 발가락이 가려울 때 마법의 고약을 발랐더니 발가락이 나았다면, 그 약이 쓰레기라는 연구 결과가 아무리 많이 나와도 우연이 아니라 마법의 고약 덕분에 나았다고 여기는 경향이 있다. 사람들은 변화의 원인을 환경의 탓으로 잘못 생각하고, 자기 때문에 일어난 일도 환경 탓으로 돌리며, 사물을 잘못 기억하고, 의도적으로 왜곡하고, 무의식적으로 왜곡하며(위의 자기 고양적 편향을 보라), 일반적으로 자신의 삶을 포함한 여러 가지에 대해 믿을 수 없을 정도로 아는 게 없다. 예를 들어 목격자의 증언은 그가 범죄의 피해자일 때조차 신뢰할 수 없는 경향이 있음은 수십 년 전부터 잘 알려져왔다.[27] 그러나 사람들은 완고할 수 있으며, 데이터가 있어도 사건에 대해 자신이 기억하거나 인지했던 내용이 다른 어떤 데이터보다 더 정확하다는 믿음을 고수할 수 있다.

이제 자신이 알고 있다고 생각하거나 동료 집단과 동의하는 모든 것이 쓰레기일 수 있다는 걸 알았으니, 다시 마스크 문제로 돌아가보자. 지금까지 과학적 근거로 사람들을 설득하기가 얼마나 어려운지 살펴보았다. 그러나 공중 보건 당국자들이 축구를 배우는 세 살짜리 아이들처럼 공을 떨어뜨리고 허둥대거나 걸려 넘어지지 않는다면, 분명히 과학은 도움이 될 것이다. 하지만 **이 글을 쓰고 있는 이 순간에도** 공중 보건 당국과 정치인들은 마스크 문제에서 계속 실수하고 있다.

초기 오류는 공중 보건 당국이 일반 대중의 마스크 사용을 경시한 데서 비롯되었다. 처음에 세계보건기구[28]와 질병통제예방센터[29]는 일반 대중에게 마스크 착용을 권장하지 않는다고 조언했다. 세계보건기구는 "건강한 사람이라면 2019-nCoV 감염이 의심되는 사람을 돌볼 때만 마스크를 착용하라"고 말했고, 질병통제예방센터는 "건강한 사람에게는 코로나19를 포함한 호흡기 질환으로부터 자신을 보호하기 위한 마스크 착용을 권장하지 않는다"고 말했다. 돌이켜보면 이 조언은 비참하게 잘못된 것 같다. 공평하게 말하자면, 이는 주로 마스크의 유용성이 명확하지 않았던 범유행 초기에 나온 조언이었다. 그러나 문화적이고 실용적인 측면도 무시할 수 없다. 예를 들어 동양의 일부 지역에서는 건강한 일반인이 마스크를 써도 이상하지 않지만, 서양에서는 매우 낯선 풍경이었다. 나는 모든 숲에 인종차별이 숨어 있다고 보는 사람이 아니지만(요즘은 너무 흔한 일이다), 모든 문화는 지역적이고 다른 문화의 습관에 대해 배타적인 경향이 있다. 예를 들어 노란색과 주황색 바지를 입는 유럽 남자들의 습관이 다른 지역 사람으로서는 알아채기 어려운 이점이 있을지도 모른다. 누가 알겠는가? 사람들은 자신의 문화적 습관에 갇히기 마련이고, 거기에는 나쁜 의도가 전혀 없을 수도 있다.

한편으로 의료 종사자들만 마스크를 쓰게 하려는 의도가 작용했을 수 있다. 실제로 질병통제예방센터 사이트에서도 세계보건기구와 마찬가지로 이 점을 암시하고 있다.[30] 이 때문에 사람들은 당연히 혼란스러웠을 것이다(올바른 의심이었다). 마스크가 의료 종사자에게 그렇게 유용하다면 나에게도 도움이 되지 않을까? 알고 보니 올바른 판단이었다. 그 결과, 공중 보건 당국이 의료 종사자들이 쓸 마스크를 확보하기 위해 의도적으로 대중에게 마스크의 효과에 대해 거짓말을 했다고 추측하는 사람도 있다.[31] 잘못된 정보 중에 얼마나 많은 것이 의도적이었는지 나로서는 확신할 수 없지만, 그런 의도가 있었다면 치명적인 실수였다. 공중 보건 당국의 기만은 대중의 신뢰를 갉아먹는다. 대중은 공중 보건 당국이 자신과 가족을 보호하기 위한 정보를 제공하기를 바란다. 그런데 공중 보건 당국이 다른 면에서 필요하다고 해도 이에 반하는 조언을 한다면, 공중 보건 당국에 대한 신뢰는 급격히 떨어질 것이다.

약 1년 후, 공중 보건 당국은 또 한번 논란을 불러일으켰다. 2021년 5월, 질병통제예방센터는 백신을 접종한 사람은 해당 관할 구역에서 허용하는 한 마스크 없이 모든 활동을 재개할 수 있다는 새로운 지침을 발표했다.[32] 이 지침은 백신 접종을 받은 사람이 바이러스에 감염되거나 전염될 위험이 매우 낮다는 최신 증거에 따른 것이었다. 이 새로운 지침은 몇 주 전만 해도 질병통제예방센터가 백신 접종을 받은 사람은 실외에서 사람이 많지 않을 때만 마스크를 벗을 수 있다고 허용했던 것에 비해 큰 변화였기 때문에, 몇몇 사람들은 뒤통수를 맞은 듯한 당혹감을 느꼈다.[33] 실외 마스크에 대한 이 조언이 발표되자, 실외에서 사람들이 많지 않을 때도 마스크를 써야 한다는 사실을 몰랐던 많은 사람들은 깜짝 놀랐다. 이전의 메시지가 일반 대중에게 제대로 전달되지 못했던 것이다. 마스크 착용 지침의 갑작스러운 변화는 결국 사람들을 당황하게 했고, 많은 사람들이 질병통제예방센터 지침을 무시하거나 신뢰성을 의심하게 되었다.

백신을 접종한 사람은 마스크를 쓰지 않아도 된다는 발표가 나오자, 어떤 사람들은 백신 접종을 받지 않은 사람들이 접종을 받은 척

하면서 마스크 없이 돌아다닐 것이라고 걱정했다. 이는 사실일 수도 있지만, 나는 그런 농담을 하는 사람이 주로 그런 행동을 하지 않을까 의심한다. 물론 백신을 맞았는데도 여전히 고위험군에 속하는 사람들이 있을 수 있으며, 집단 면역의 목표는 분명히 가치가 있다. 동시에, 질병통제예방센터가 일반 대중에게 거짓말을 하거나 백신만 접종하면 더 이상 위험하지 않다는 데이터에 의존해야 한다는 생각은 그 자체로 정말 나쁜 생각이다. 질병통제예방센터와 여러 공중 보건 당국은 가장 정직한 정보를 제공해야 한다. 사람들이 그 정보를 오용한다면 나쁜 일이지만, 그것은 오용하는 사람들의 책임이다.

마스크는 폭정이다!

지나간 일을 되돌아보면서 이러쿵저러쿵 비판하기는 매우 쉽다(재미도 있다). 나의 주된 관심사는 공중 보건 당국이 어떤 실수를 저질렀는지 밝히는 것이 아니다. 대부분의 사람들은 급변하는 상황 속에서 당국이 약간의 실수는 할 수 있다고 이해하고 있으며, 새로운 정보가 들어오는 대로 조언이 업데이트될 것이라고 생각한다. 내가 염려하는 것은 공중 보건 당국의 일부 결정이 기만적으로 보일 수 있다는 점이다(예를 들어 의료진을 위해 대중에게 마스크를 쓸 필요가 없다고 발표한 것처럼). 보건 담당 관료들 자신이 이 문제를 거론하기도 했다.

미국에 제도적인 인종차별이 널리 퍼져 있다는 이야기가 2020년에 갑자기 퍼지자 보건 관료 1,288명이 이를 무비판적으로 받아들여, 코로나19 사회적 거리 두기 기간에 일어난 '백인 우월주의'에 항의하는 시위를 공개적으로 지지한다고 발표했다. 그들이 지지한 시위는 경찰 폭력(7장에서 더 자세히 설명하겠다)에 대한 잘못된 정보로 촉발된 것이었다. 나중에 질병통제예방센터는 고령자보다 의료 종사자, 식료품점 직원, 공공서비스 종사자 등 필수 근로자에게 백신을 우선적으로 접종하는 정책을 지지했다. 이 논리는 필수 근로자들 중에 소수민족이 더 많은 반면에 노인들 중에는 백인이 더 많기 때문인 것으로 보였다. 그러나 고령자는 코로나19로 죽을 위험이 훨씬 더 크다. 이 정책이 완전히 시행되었다면 모든 인종에서 고령층 사망자가 훨씬 더 많았을 것이다. 한 '인종 불평등'을 바로잡자는 빌미로 이런 제안을 한 사람은 윤리학 교수였다. 이는 똑똑한 사람들이 도덕적 원칙(이 경우 '공정함'[34])을 가장하여 끔찍한(그리고 인종차별적인) 결정을 내릴 수 있음을 보여주는 훌륭한 예다. 공중 보건 당국은 최신 데이터를 바탕으로 모든 사람에게 최선의 조언을 제공하려는 중립적이고 냉정한 전문가라는 대중의 신뢰를 떨어뜨린다. 이런 일이 일어나면 사람들은 더 이상 공중 보건 당국을 신뢰하지 않는다.

물론 공정하게 하기 위해 덧붙이면, 공중 보건 당국은 이렇게 휘청거리기도 했지만 대중에게 마스크가 도움이 된다는 점이 (이 조언을 전달하지 않았을 때의 잠재적 대가도) 확실해지자 마스크 문제를 명료하게 했다. 반대로 미국의 트럼프 대통령이나 브라질의 자이르 보우

소나루 대통령을 비롯한 일부 국가의 정치인들은 적어도 초기에는 코로나19와 마스크 착용에 대해 부정적인 태도를 보였기 때문에, 마스크에 관련된 올바른 메시지 전달을 방해했다. 결국 보수·진보의 선을 따라 나뉘었고, 보수적인 사람들이 마스크를 더 심하게 반대했다. 어떻게 이런 일이 일어났을까?

코로나19를 통해 심리학의 한 가지 교훈을 얻는다면, 아무리 똑똑한 사람이라도 누가 찬성하고 누가 반대하는지에 따라 사실에 대한 자신의 의견을 얼마든지 비합리적으로 왜곡할 수 있다는 것이다. 앞에서 보았듯이 이는 내 편 편향이며, 주장이 얼마나 옳은지 알려주는 데이터보다 누가 그 주장을 하는가에 따라 평가한다는 점만 살짝 추가되었다. 실제로 내 편 편향은 단순히 주변적인 관찰이 아니라 현재 의사 결정의 주요 동인으로 보인다. 이는 정치권 양쪽을 감염시키고 심지어 과학 학술지(정치적 좌파로 치우치는 경향이 있다)에서조차 말도 안 되는 주장을 이끌어내고 있다.

직설적으로 말하면 사람들이 항상 똑똑하지는 않으며(나도 예외는 아니다), 화를 낼 때 총명함이 더 흐려진다. 마스크가 폭정이라는 견해와 인종차별이 모든 숲에 숨어 있다는 견해는 모두 심화되는 양극화와 분노의 산물이며, 바닥에 쌓인 마른 장작더미처럼 때를 기다리다 코로나19와 같은 성냥불에 발화한 것이다.

더 나은 메시지 전달

공중 보건 당국과 정치인들이 코로나19에 대해 많은 메시지를 잘못 전달하고 대중이 비이성적인 멍청이들의 성난 군중으로 변했다면, 앞으로의 범유행에 대비해 이로부터 무엇을 배울 수 있을까? 사실 범유행의 역사를 살펴보면 과학은 사람들이 믿고 앞으로 나아갈 긍정적인 빛을 주지 못했다. 범유행은 일반적으로 혼란으로 이어지며, 코로나19는 이 추세가 현대에도 멈추지 않았음을 시사한다.

범유행은 또한 사람들을 분열시키는 경향이 있으며, 인종차별이나 소수집단에 대한 편견으로 이어지기도 한다. 가장 유명한 전염병인 14세기의 흑사병을 생각해보자. 역사상 최악의 전염병 중 하나인 흑사병은 유럽과 북아프리카 인구의 약 3분의 1에서 절반을 몰살했다고 추정된다. 일반적으로 이동하는 설치류가 옮기는 벼룩에 의해 전염된다고 알려져 있는데, 벼룩은 자기를 잡아먹으려고 하면 장의 내용물을 숙주에게 토해내어(역겹다는 걸 나도 알고 있다) 질병을 퍼뜨린다.[35] 그러나 당시에는 질병이 어떻게 퍼지는지 아무도 몰랐다. 따라서 흔히 소수집단, 특히 유대인(유대인에 국한되지는 않는다)이 우물에 독을 넣거나 다른 방식으로 질병을 퍼뜨린다고 생각했다. 이는 결국 그들에 대한 집단 학살로 이어졌다.[36] 코로나19 기간 동안 서방국가에서 벌어졌던 아시아 사람들에 대한 차별, 일부 중국인들이 자기 나라에 질병을 퍼뜨렸다면서 아프리카 사람들에게 저지른 인종차별

은 흑사병의 메아리라고 할 수 있다.[37]

그래서, 올바른 정보는 없고 불안하기는 하니까 명백한 답을 찾아 헤맨다. 어설픈 관찰에서 존재하지 않는 상관관계를 찾아낸 다음, 일단 마음을 정하면 공격적인 행동을 취한다. 그 결과는 비극적일 수 있다.

대중에게는 신뢰할 수 있는 보건 당국이 필요하다. 불행하게도 정부, 학계, 언론, 보건 당국 등 거의 모든 기관이 대중에게 신뢰를 잃고 있다. 솔직히 말해서 이런 상황의 대부분은 자초한 것이며, 학계와 과학 단체조차 점점 더 이데올로기화되고 양극화된 결과다. 공중 보건 당국은 어떻게 대중의 신뢰를 회복할 수 있을까?

정치적으로 치우치지 말아야 한다. 공중 보건 당국은 정치와 동떨어져 있지 않다. 나는 총기 폭력에 관한 의학연구소 회의에 참석한 적이 있는데, 한 토론자가 총기 폭력 연구를 정치로부터 보호해야 한다고 제안했다. 이 제안을 들은 청중들은 상당히 크게 웃었지만, 이상적으로 그의 주장은 정곡을 찌른 것이었다.

특히 데이터가 특정한 방향을 가리키는 것처럼 보이면, 공중 보건 당국은 정치를 옹호하고 싶은 유혹에 빠질 수 있다. 하지만 이는 나쁜 생각이며, 과학을 정치화하는 것이다. 정치를 옹호하기 위해 너무 적극적으로 나서면 나중에 과학적 증거가 바뀌었을 때 공중 보건 당국이 이를 인정하기 어려울 수 있다. 또한 정치에 발을 담그면 적이 생길 수 있으며, 이는 공중 보건 관계자에게 필요하지 않다. 1990년대에 질병통제예방센터 책임자는 총기가 다른 국가에 비해 높은 살인율과 관련된다는 데이터를 근거로 총기 규제를 옹호했다(미국은 유럽에 비해 폭행 비율이 높지 않지만 살인율이 훨씬 높다). 이 연구가 나오자 정부의 공화당원들은 총기 연구에 대한 연방의 지원을 중단했다. 공화당원들은 마음에 들지 않는 연구를 중단하는 데 냉소적이었을까? 물론이다. 그러나 질병통제예방센터 대표가 이 기관을 실질적으로 민주당의 날개로 만드는 정치적 입장을 취한 것은 잘못이다. 공중 보건을 맡은 사람은 정치적 목표 없이 객관적으로 사실을 전달해야 한다. 정치와 과학을 뒤섞으면 안 된다.

진실을 말해야 한다. 대중이 보건 당국자의 말에 귀를 기울이려면 당국자가 정직하다고 믿어야 한다. 마스크 문제에서 보았듯이, 보건 당국은 가치 있는 단기 목표를 달성하기 위해 진실을 왜곡하고 싶은 유혹을 느낄 때가 있다. 하지만 이는 장기적으로 보건 당국의 정직성에 대한 신뢰를 떨어뜨린다. 그리고 보건 당국이 거짓 정보를 공개하여 시스템을 교묘히 이용하려 한다는 생각이 퍼지면, 대중은 더 이상 보건 당국의 말을 듣지 않을 것이다. 공중 보건 담당자는 단기적인 결과가 바람직하지 않아도, 현재의 증거에 따라 이해되는 한 항상 최선을 다해 진실을 말해야 한다.

틀렸을 때는 인정하자. 미국심리학회와 같은 전문가 집단은 실수를 인정하기를 반사적으로 회피하는 경향이 있다. 이 학회는 폭력적인 비디오게임이 공격성과 관련이 있다고 계속해서 대중에게 알리려고 하지만, 이를 반박하는 연구 결과가 계속 나오고 있다. 이는 전형적인 '매몰 비용'의 사고방식이다. 미국심리학회는 극적인 주장으로 명성을 쌓았지만 (과학이 그들을 뒤에 두고 변한 다음에) 실패를 인정하면 굴욕이 될 것이다. 미국심리학회는 잠시 굴욕감을 견디기보다 버티기로 일관하고 있다. 이는 단기적으로는 만족스러울 수 있지만 의심할 여지 없이 이 단체와 심리학계 전체의 신뢰도 하락에 기여한다. 세계보건기구나 질병통제예방센터와 같은 공중 보건 기관도 마찬가지다. 때때로 그들은 단순히 일을 잘못 처리하기도 한다. 이럴 때는 솔직하게 실수가 어떻게 일어났는지, 앞으로 실수를 줄이기 위해 절차를 어떻게 개선할 것인지 설명하는 것이 가장 좋다.

문화 전쟁에서 어느 한편을 들지 않는다. 2020년 1,288명의 보건 관계자가 범유행 상황에서 대규모 인종 시위에 공개적인 지지를 표명한 것은, 특히 '제도적 인종차별'이라는 미심쩍은 논리에 따른 것이므로 보건 관계자의 객관성에 대한 대중의 신뢰에 큰 타격을 줄 수 있다. 당시 코로나19와 인종 및 치안의 복잡한 관계에 대해 알려진 사실에 반하면서 관심을 끌기 위한 의견 표명이었기 때문이다. 특히 보건 당국이 봉쇄 조치에 불만을 제기하는 우파의 시위를 비난한 지 얼마 되지 않았기 때문에(올바른 조치였다), 이 성명은 보건 당국이 중립적이고 객관적인 진실 전달자가 아니라 정치적으로 좌파, 심지어 극좌파에 속한다는 사실을 고통스럽게도 분명히 드러냈다. 나는 시위를 해도 되지만, 너는 안 된다는 것이다.

어느 한 정치적 부족에게 충성을 표명하면서 반대자들이 왜 내 말을 듣지 않는지 궁금해하는 것은 비이성적이다. 물론 완벽하고 이성적인 세상이라면 정치적 부족이 존재하지 않을 것이다. 어쨌든 이런 식의 행동은 그들을 더 크게 갈라놓을 뿐이다. 공중 보건 당국자들은 당파적 저격과 정치적 압력을 이겨내는 힘을 스스로 찾아야 한다. (세계보건기구, 나는 당신들을 지켜보고 있다.) 물론 그들도 인간이고, 우리 중 누구도 항상 잘할 수는 없다. 그러나 특히 공중 보건 담당자는 정치적 스펙트럼의 한쪽으로 기울어지기 쉽다. 그러므로 공중 보건 담당자의 공동체가 정치적으로 어느 한편으로 기울면, 사회적 압력이 발생하여 편향과 나쁜 메시지 전달로 이어질 수 있음을 잘 이해해야 한다. 다른 말로 표현하자면, 공중 보건을 맡은 사람이 트위터에서 '깜찍하게' 보이려고 노력해서는 안 된다. 당신들은 그럴 필요가 없다.

공평하게 말해서, 코로나19는 놀라운 성공 사례를 제공했다. 특히 과학은 믿을 수 없을 만큼 빠르게 안전하고 효과적인 백신을 생산했고, 우리가 기대했던 것보다 더 빨리 일상으로 돌아갈 수 있게 되었다. 코로나19는 흑사병처럼 변종에 의한 재발을 거듭하며 한동안 우리와 함께할 수 있다. 하지만 과학이 이를 따라잡아 매년 또는 몇 년에 한 번씩 추가 백신을 접종하고, 감염을 관리 가능한 상태로 유지하며, 감염이 발생했을 때 최악의 결과를 줄일 수 있다고 확신할 수 있다. 그러나 코로나19의 초기 몇 달은 자연을 길들이는 인류의 능력에서 파국적인 실패였다. 지도자와 개인이 고비마다 잘못된 의사 결정을 내렸기 때문에 전염병이 더욱 악화되었다. 범유행의 역사를 살펴보면 이런 상황은 대부분 예상된 것이었다. 하지만 이번 사례에서 교훈을 얻을 수 있기 바란다. 이 글을 쓰는 지금 이 순간에도 전 세계 대부분이 여전히 코로나19로 어려움을 겪고 있다. 백신이 개발되었지만, 인도와 같은 국가에서는 그 어느 때보다 심각한 발병이 일어나고 있다. 이 책이 나올 때쯤에는 상황이 달라지기를 바란다.

코로나19에 대한 이야기는 여기까지다. 이제 우리가 여전히 전자레인지의 위험성에 대해 농담을 하는 이유와, 이것이 어떻게 거의 확실히 환경에 해를 끼치는지 살펴보자.

CHAPTER 4
핵 공포

1980년대 초의 어느 때에 우리 가족은 전자레인지를 구입하여 당시의 현대에 합류했다.* 그때도 전자레인지가 완전히 새로운 것은

* 부분적으로만 그러했다. 나는 20대가 될 때까지 케이블 텔레비전의 즐거움을 누리지 못했다.

아니었다. 1940년대에 이미 시제품이 나왔고, 1955년에 최초의 가정용 전자레인지가 시판되었다. 이 작고 멋진 물건은 1,295달러로 상당히 비싼 가격에 판매되었는데,[1] 이 글을 쓰고 있는 2021년의 가치로 환산하면 13,000달러쯤 될 것이다. 따라서 대학 기숙사 방에 두기에 적합하지는 않았다. 합리적인 가격의 전자레인지는 1970년대에 이르러 널리 보급되기 시작했다. 미국 사람들의 전형적인 방식대로 나의 부모님은 10년 뒤에나 전자레인지를 구입했고, 그때서야 삶은 야채 통조림이 아닌 다른 음식이 있다는 것을 깨닫게 되었다.

문제는 전자레인지가 진짜로 안전한지 아무도 몰랐다는 것이다. 이 편리한 작은 기계가 내뿜는 마이크로파 때문에, 전자레인지를 사용하면 우라늄 덩어리를 집에 보관하는 것과 비슷하다는 이야기가 나돌았다. 이 두려움은 멍청한 노인들로부터 멍청한 아이들에게 전해졌다. 마이크로파를 너무 많이 쬐면 우리 몸의 일부가 조금씩 떨어져 나오거나 뼈가 빛나지 않을까 걱정했다. 하지만 피자를 금방 데워서 먹을 수 있었기 때문에 위험을 감수할 만했다.

한동안 사람들은 전자레인지를 사용하면 암에 걸릴 수 있다고 걱정했다(그래도 여전히 사용했다. 인간 행동에 대한 근본적인 교훈이 여기 어딘가에 있다). 수십 년에 걸친 연구 끝에 전자레인지는 전혀 해롭지 않다고 밝혀졌다. 고양이를 전자레인지로 말리는 것처럼 죽어 마땅한 어리석은 짓을 하지 않는 한 말이다. 사실 반려동물을 전자레인지에 넣는 짓은 거의 항상 고의적인 학대 행위다. 한 피고는 다른 고양이가 전자레인지의 문을 닫았다고 주장하면서 고양이의 죽음을 다른 고양이 탓으로 돌리려 했다.[2] 나는 충분히 이런 일을 할 만한 고양이들을 많이 알고 있지만, 그건 또 다른 이야기다.

전자레인지에서 마이크로파가 아주 조금 '누출'되지만(실제로 전자레인지를 켜면 '스마트' 텔레비전이 멍청해진다), 인체에 위험한 양보다 훨씬 적다. 영국의 자선단체인 <전기 안전 우선Electrical Safety First>은 전자레인지 누출의 영향이 있다고 해도 "가벼운 가열이 일어나는 정도"라면서 안심해도 좋다고 말한다. 흠, 그러니까 팝콘 봉지처럼 약간만 익는다는 거다. 안심이 되네. 하지만 농담이 아니다. 이런 것들은 확실히 안전하다.

이제 대부분의 사람들은 전자레인지를 걱정하지 않는다. 우리 사회는 50년 동안 그냥 요리를 해왔기 때문에(하하, 이젠 알았겠지? 미안하지만 책의 환불은 안 된다) 사람들은 대부분 안전을 확신하고 있다. 하지만 우리는 여전히 전자레인지가 우주 시대의 기술처럼 보였던 그 옛날에 썼던 기술 공포증의 언어를 가끔씩 사용한다. 미국에서는 먹다 남은 음식을 데울 때 여전히 빅보이나 팻맨*을 터뜨리는 것처럼 핵 공격을 한다고 말한다. 전자레인지와 원자력발전소는 완전히 동떨어져 있는데도, 사람들은 원자력과 막연하게라도 연관되면 뭐든지 두려움을 떨치지 못한다.

재미있는 점은 적어도 가까운 미래에 탄소를 배출하는 화석연료를 대체하여 기후변화를 줄이는 데 진정으로 진지하게 임한다면, 원

---

* 옮긴이 주- 1945년 8월 9일 히로시마에 투하된 두 번째 원자폭탄의 이름이며, 빅보이보다는 팻맨으로 불린다.

자력이 대안의 일부가 되어야 할 가능성이 높다는 것이다. 어떤 형태의 전력도 위험하지 않은 것은 없다. 원자력과 관련된 몇 가지 재앙에 대해 알아보겠지만, 화석연료의 피해와 비교하면 원자력은 긍정적이고 장밋빛으로 보인다. 그렇다면 우리는 왜 원자력을 그렇게 두려워할까?

석탄을 계속 태우자고?

20세기 중반, 런던에서는 대부분의 가정이 난로에 석탄을 태워 난방을 했다. 나쁜 아이들이 크리스마스에 선물 대신에 석탄을 받는다는 이야기가 여기에서 나왔다(동화책에 어울리는 내용은 아니다). 게으른 산타클로스가 벽난로에서 쉽게 찾을 수 있는 석탄을 말썽꾸러기 아이의 신발이나 양말에 넣어둔다는 것이다. 집집마다 이런 용도에 알맞은 물건이 있는데 썰매를 타고 전 세계를 다니면서 웃기기 위한 선물을 운반하는 수고를 할 이유가 없다는 것이다. 난방 연료로 석탄은 값이 싸고 (특히 영국에서는) 풍부하다는 장점이 있었다. 단점은 유독성 온실가스와 그을음을 내뿜는다는 점이다. 이 물질이 공기 중의 수증기와 섞이면 안개가 스모그로 변하는데, 20세기에 많은 도시가 스모그로 유명해졌다.

스모그는 보기에 흉할 뿐만 아니라 실제로도 매우 위험하다.

1952년 어느 겨울, 추운 날씨에 런던 시민들이 난방을 위해 석탄 난로에 불을 지폈을 때 스모그의 위험성이 분명해졌다. 그 후 불운한 이상기상 현상으로 도시 주변의 차가운 공기가 정체되어, 스모그가 바람에 흩어지지 않고 모이게 되었다. 1952년의 엄청난 스모그는 5일 동안 도시를 유독한 연기로 질식시켰다.[3] 연기가 너무 짙어 앞을 볼 수 없었고, 교통이 마비되었으며, 보도와 노출된 표면이 기름기로 얼룩졌다. 특히 호흡기 질환이 있는 노인, 아이, 폐 건강이 좋지 않은 흡연자에게는 치명적이었다. 병원은 부작용으로 고통받는 사람들로 북적댔다. 추정에 따르면 이 엄청난 스모그의 즉각적인 결과로 4천 명이 죽었다. 장기적으로 이 치명적인 안개 때문에 죽은 사람은 1만 2천 명으로 추정된다.

이 스모그 이후 런던은 석탄 난로에서 석유, 가스, 전기 등 다른 난방 방식으로 점차 전환했다. 바뀐 난방 방식도 주로 화석연료에 의존한다는 점은 다를 바 없지만, 주거 지역으로 직접 방출하는 연기는 줄어들었다. 하지만 전반적으로 화석연료를 태우는 것은 치명적인 사업이다. 물론 기후변화는 끝없는 문화 전쟁의 원인이기도 하다. 기후 운동가들이 마치 종말론자처럼 10년마다 지구 종말을 선언하는 것은 자기 발등을 찍는 일이라고 생각된다.[4] 내가 기후변화를 심각하게 보지 않는다는 뜻이 아니라, 호들갑스러운 선전을 끊임없이 계속하면 결국 대중이 지칠 뿐이라는 뜻이다.

화석연료의 사용은 기후변화 외에 사람들의 조기 사망에 기여한다. 이 수치는 놀랍게 느껴질 수 있으므로, 맥락을 잘 알아야 한다.

조기 사망이란 건강하던 사람이 스모그의 벽에 부딪힌 다음에 녹색으로 변해 눈을 뒤집고 쓰러진다는 뜻이 아니다. 폐활량이 줄어드는 폐기종과 같은 질환을 앓는 사람이 공기 중 미립자에 노출되어 상태가 악화되는 것을 의미한다. 즉 만성질환을 앓고 있어 원래 죽을 가능성이 높은 사람들이 대기 질 문제로 상태가 악화되어 더 빨리 죽는 것이다. 특정 상황에서 사망률이 증가하거나 감소하는 정도를 조사하여 조기 사망을 추정할 수 있다. 사악한 텔레비전 경영진이 너무 달콤해서 재앙이었던 1990년대의 드라마 <풀 하우스>의 속편 <풀러 하우스>를 제작한다고 하자.* 그해 미국의 사망률이 전년보다 증가한다. 텔레비전 경영진이 마침내 신의 축복받은 지혜로 정신을 차리고 <풀러 하우스>를 중단하면 사망률이 다시 낮아진다. 이 상황을 조사해서, <풀러 하우스>의 끔찍한 유독성으로 인해 미국에서 얼마나 많은 조기 사망자가 발생했는지 추정할 수 있다.

최근의 한 연구에 따르면, 대기오염이 특히 중국과 인도에서 매년 천만 명에 달하는 조기 사망의 원인이 될 수 있다고 한다.[5] 이 수치가 정확하지 않더라도 화석연료의 연소가 매년 수백만 명의 사망에 영향을 미친다는 핵심 결론에 동의하지 않는 사람은 거의 없다. 그러거나 말거나 우리는 눈 하나 깜빡이지 않고 화석연료를 계속 사용하고 있다.

반면 원자력은 1971년부터 2009년까지 5천 명의 사망자를 발생

---

* 옮긴이 주 - <풀 하우스>는 미국 ABC에서 1977년부터 1995년까지 방영되었고, <풀러 하우스>는 실제로 2016년부터 2020년까지 방영되었다.

시켰고, 화석연료 배출로 목숨을 잃을 수도 있었던 약 180만 명의 생명을 구했다고 추정된다.[6] 다시 말해, 화석연료는 매년 수백만 명의 사망을 초래하는 반면 원자력은 매년 수백만 명의 생명을 구하고 있다는 것이다. 그럼에도 불구하고 화석연료는 여전히 널리 사용되고 있으며, 일부 국가에서는 원자력발전소를 폐쇄하고 잠재적으로 화석연료로 대체하려는 움직임을 보이고 있다(물론 재생에너지를 늘리는 것이 목표라고 말하지만).[7] 화석연료 연소가 지구에 심각한 피해를 입히는데도 우리는 어떻게 원자력을 그렇게 의심하게 되었을까?

원자력의 나쁜 홍보

원자력은 처음부터 여론의 법정에서 불리한 싸움에 휘말렸다. 제2차 세계대전을 끝낸 두 개의 엄청난 폭탄과, 언제라도 지구상의 모든 생명체를 절멸할 것 같았던 수십 년간의 냉전과 관련되었기 때문이다. 무엇보다 한번 폭발하면 광대한 지역에 사람이 살 수 없고 근처에 있었던 사람들이 몇 년 뒤에 암에 걸려 죽어가는 석탄 폭탄 같은 것은 없다. 핵무기가 아니어도 사람들은 방사성물질이 죽음의 광선과 같은 효과를 발휘한다는 사실을 금방 깨달았다. 하루 종일 주머니에 석탄 덩어리를 넣고 다니면 주머니가 더러워질 뿐이다. 플루토늄 덩어리를 주머니에 넣고 하루 종일 돌아다니면 그 사람은 녹아서

끈끈한 액체 덩어리가 되어버릴 것이다. 처음에 방사성물질 취급의 안전 지침은 조금 느슨했고, 급성 방사선 피폭으로 죽은 정부 연구원 해리 대글리언과 루이스 슬로틴의 이야기를 들으면 소름이 끼칠 수 있다.[8] 간단히 말해, 방사선에 피폭되면 약간의 따끔거림, 작열감, 메스꺼움으로 시작해서 며칠 안에 말 그대로 몸이 무너져 내리는 단계로 진행될 수 있다. 영화 <차이나 신드롬>에서 나온 또 다른 믿음은 원자력발전소에서 노심용융이 일어나면 지구 중심부까지 내려갈 수 있다고 주장한다. 누가 그런 일이 바로 옆에서 일어나길 원할까?

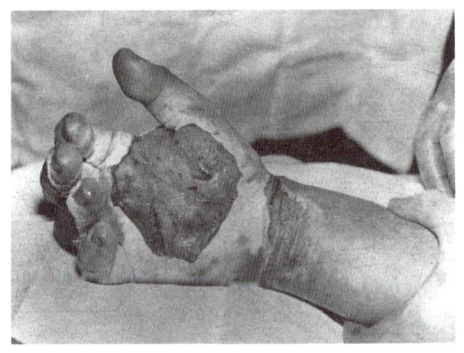

치명적인 방사선 노출로 해리 대글리언이 손에 입은 화상.
위키미디어 크리에이티브 코먼스.

이런 염려는 미국의 스리마일섬, 구소련의 체르노빌, 일본의 후쿠시마 등 세 가지 주요 원전 사고 때문에 더 커졌다. 각각의 사고를 차례로 살펴보자.

스리마일섬 사고는 1979년 3월 펜실베이니아주 미들타운 인근에서 발생했다.9 처음에 기계적 고장으로 밸브가 닫히지 않았고, 냉각수가 증기로 방출되었다. 냉각수가 부족해지자 원자로가 과열되기 시작했다. 그때부터 혼란이 벌어졌다. 발전소 내부의 작업자들은 무슨 일이 일어나고 있는지 몰랐고, 냉각수 손실이 진행 중이라는 사실도 알지 못했다. 따라서 그들의 결정은 초기 문제를 더욱 악화시켜 원자로 노심 중 하나가 과열되어 부분적인 용융을 일으켰다.

사고로 이어진 문제는 두 가지였다. 첫째, 제어 구역의 계측기와 표시 장치의 설계가 빈약하여 운영자가 무슨 일이 일어나고 있는지 알기 어려웠거나 오해할 만한 정보를 제공받았다. 이로 인해 초기 문제를 완화하기는커녕 악화시키는 부적절한 결정을 내리게 되었다. 둘째, 발전소 근무자들도 적절한 교육과 감독을 받지 못했기 때문에 잘못된 판단을 하게 되었다.

이 사고와 관련하여 다행스러운 점은 사망자가 없고, 적어도 정부의 공식 발표에 따르면 피해가 현장에 국한되었으며, 일반 대중에게 암이나 다른 건강에 관련된 눈에 띄는 영향은 없었다는 것이다. 스리마일섬 인근 주민들에게 노출된 방사선은 일반적인 흉부 엑스선보다 적은 수준으로 추정된다고 한다. 한 연구에 따르면 사고 후 몇 년 동안 스리마일섬 주변 지역에서 암 발병률이 아주 조금 상승했지만, 사고 때문인지 사고로 인한 스트레스 때문인지 아니면 사고로 인한 건강 감시의 변화 때문인지 불분명했다.10 현장의 빙제는 1993년에 공식적으로 완료되었다. 그렇지만 나는 건물 내부를 일부러 산책하러 가지 않을 것이다. 2019년 현재, 스리마일섬의 두 번째

발전소가 운영을 중단했다. 이 발전소는 사고와 관련이 없고, 화석연료를 사용한 전력 생산이 더 저렴하기 때문인 것으로 보인다.[11]

가장 유명한 원전 사고는 그로부터 몇 년 후인 1986년 4월에 일어난 소련의 체르노빌 사고일 것이다.[12] 나는 그때 고등학교에 다녔고, 이 사고와 그에 쏠린 관심을 기억한다. 소련의 많은 원자로는 최고로 설계되지 않았고, 체르노빌도 예외는 아니었다. 제대로 훈련받지 못한 직원과 불명확한 안전 지침도 사고의 원인이었다.

스리마일섬. 왼쪽의 작동하지 않는 냉각탑이 사고가 난 곳이다.
위키미디어 크리에이티브 코먼스, Z22.

원자로 근무자들이 유지 보수와 안전 점검을 하던 중에(정말 아이러니다), 원자로로 공급되는 냉각수 흐름이 줄어들었다. 연쇄 핵반응이 일어나고 냉각수 파이프에 증기가 축적되어, 결국 4호기가 폭발해 파괴되고 화재가 발생했다. 화재로 인해 방사성 연기가 대기 중으로 퍼져나갔고, 9~10일 뒤에야 겨우 진압되었다. 폭발로 두 명이 죽었고, 다른 근로자 28명이 용감하게 화재와 싸우다 급성 방사능 중독으로 죽었다.

36시간 후, 소련 관리들은 근처의 도시 프리피야티에 소개 명령을 내렸지만 주민들은 이미 방사능 중독의 영향을 호소하기 시작했다. 결국 체르노빌 주변 30킬로미터 구역이 폐쇄되고 22만 명 이상의 이재민이 발생했다. 2018년에 발표된 유엔 보고서에 따르면, 사고로 인한 방사능 노출이 인근 지역의 갑상선암 증가에 영향을 미쳤을 가능성이 있다고 한다. (방사성 요오드는 갑상선에 머무는데, 갑상선을 보통의 요오드로 '가득 채우면' 방사성 요오드가 흡수되지 않는다. 그래서 영화에서 방사능에 노출되었을 때 요오드를 마시는 등장인물이 나오는데, 전자레인지가 불안한 사람에게는 의사의 조언 없이 권장하지 않는다.)[13] 이 지역의 암에 미치는 영향은 완전히 추정하기 어렵고 경시해서는 안 되지만, 다행히도 처음의 우려보다 적다고 여겨진다. 그럼에도 불구하고 체르노빌 사고 이후 수십 년 동안 이 사고로 인한 조기 사망자 수 추정에는 논란의 여지가 있다.

소련은 다른 국가에 재난이 일어났다는 사실을 알리는 데도 소극적이었다. 스웨덴에서 방사능 수치가 증가하기 시작하고 나서야 전 세계가 이 사고를 알게 되었다. 초기 방사능 노출로 근처의 소나무 숲이 일시적으로 소실되었고, 그 지역에서 동물의 기형이 발생했다는 보고가 있었다. 하지만 인간의 간섭에서 벗어난 체르노빌 주변 지역에는 야생동물이 많이 서식하고 있다(몸속의 방사능 물질 수치는 여전히 높다). 가장 유명한 곳은 버려진 도시 프리피야티다. 이 지역은 방사능으로 오염되어 있는데(약 2만 년 동안 방사능이 남아 있을 것으로 예상된다), 피폭량이 낮아서 버려진 건물과 놀이공원을 둘러보는 일일 여행이 운영될 정도다.

명백한 사실을 말하자면, 원자력으로 인한 인명 피해가 크지 않다고 해도 2만 년 동안 사람이 살 수 없는 땅(약 3,000제곱킬로미터)이 생기는 것을 대수롭지 않다고 말하기는 어렵다. 체르노빌과 같은 사고가 드물게 일어난다고 해도 2만 년 동안 계속 쌓이면 얼마나 많을까? 물론 미국과 유럽에 건설된 대부분의 원자로는 체르노빌과 같은 구소련의 낡은 원자로와 다르지만, 이런 피해가 일어날 수 있다는 염려는 지어낸 것이 아니다. 인구밀도가 높은 지역에서 이런 일이 일어난다면 그 결과는 어마어마한 악몽이 될 수 있다.

사람들이 파국에 대해 잘 대응하지 못한다는 것은 체르노빌의 또 다른 결과에서도 분명하게 드러난다. 일부 증거에 따르면 소련, 동유럽, 심지어 멀리 떨어진 이탈리아 일부 지역에서도 낙태 비율이 증가했는데, 이는 사고 이후 유럽의 대기에 노출된 임산부가 기형아를 낳을지도 모른다는 막연한 공포가 일반 대중과 의사 모두를 위협한 결과로 보인다.[14, 15] 그러나 이 증거는 나라마다 다르며, 오스트리아와 같은 나라에서는 증거가 없다는 점에 유의해야 한다.[16] 방출된 방사선의 양은 임산부가 기형아를 낳을 가능성이 크게 높아질 정도로 많지 않았을 것이다. 그러나 많은 임산부들이 낙태를 선택했고(그 수는

1986년 이후 버려진 프리피야티 원자력발전소. 위키미디어 크리에이티브 코먼스, 키스 애덤스.

여전히 논란거리다), 이는 원자력 공포에 대한 비극적이고 불필요한 대응이었다.

주요 원전 재해 중 마지막은 쓰나미로 인해 원자로가 끔찍하게 파괴된 일본의 후쿠시마 사태다. 다른 재난과 마찬가지로 안전 지침에 문제가 있었다고 하지만, 후쿠시마 사고를 살펴보면 기막힌 우연이 너무나 많이 겹쳐 있기에, 신이 개입하지 않았다면 이런 사고가 일어날 수 있을까 하는 생각이 든다. 사건의 전말은 다음과 같다.[17]

2011년 3월, 해저 지진에 의해 일본 후쿠시마 원자력발전소 근처의 해안에 거대한 쓰나미가 덮쳤다. 후쿠시마 원전은 비교적 무사히 지진을 견뎠지만, 전력 공급에 문제가 생겨 원자로 냉각을 유지하기 위해 비상 발전기가 가동되었다(대부분의 원전과 마찬가지로 냉각수·증기 순환 시스템을 사용했다). 하지만 불행하게도 12미터에서 14미터 높이의 해일로 발전소가 물에 잠기면서 비상 발전기에 고장이 났다. 이로 인해 노심 과열과 용융이라는, 앞에서 자주 보았던 상황이 발생했다.

원자로 엔지니어와 근무자들이 용감하게 대처했지만, 여러 차례의 폭발로 방사성 증기가 대기 중으로 날아갔다. 당국은 후쿠시마 주변에 거주하는 15만 명 이상의 주민에게 대피 명령을 내렸다. 거의 2만 명의 사망자가 발생했다고 알려진 쓰나미로 인해 대피는 매우 힘들었다. (방사선 피폭으로 죽은 사람은 단 한 명에 불과했지만 쓰나미로 많은 사람들이 죽었기 때문에, 사람들은 원전 사고의 사망률이 실제보다 훨씬 높다고 생각할 가능성이 크다.) 많은 사람들이 쓰나미로 집과 가족을 잃었지만, 발전소 직원들과 응급 요원들은 재난을 막기 위해 용감하게 싸웠다. 방사능이 대기 중으로 방출되었지만 주로 발전소 주변의 대피 명령이 내려졌던 지역 안으로 제한된 것으로 보인다. 나행히노 유엔 과학위원회 보고서의 결론에 따르면 원자력발전소 주변에 사는 일반 대중의 방사능 노출은 미미했으며, 건강에 큰 영향을 미치지 않을 것이라고 한다.[18]

원자력은 얼마나 치명적일까?

거대한 방사성 가스 덩어리가 동네를 지나간다고 생각하면 두려운 것은 부인할 수 없는 사실이다. 그러나 우리는 석탄과 천연가스를 비롯한 화석연료에 비해 원자력 에너지의 인명 피해가 비현실적으로 크다고 생각하는 경향이 있다. 에너지에 따라 온실가스 배출량과 사망률을 추정할 수 있는 꽤 괜찮은 데이터가 있다는 것은 다행스러운 일이다. 고질라, 거대 개미, 암의 창궐 등 원자력에 대한 온갖 우려에도 불구하고, 원자력은 안전이라는 측면에서 화석연료보다 재생에너지에 더 가깝다.

내가 소개할 데이터는 옥스퍼드대학교와 비영리단체인 <글로벌 체인지Global Change> 데이터 연구소의 공동 프로젝트인 <데이터로 보는 세계Our World in Data>에서 수집한 것이다. 이 연구소는 학술 자료에서 데이터를 수집하여 대중이 자유롭게 사용할 수 있도록 공개한다. 이 자료는 과학적 연구 데이터를 사용하여 테라와트-시terawatt-hour당 사망자 수를 바탕으로 대기오염과 사고로 인한 에너지별 사망자를 분석한다. 이 방법은 에너지의 사용량을 고려하여 서로 비교할 수 있게 해준다. 이렇게 하지 않으면 많이 사용되는 에너지가 더 안전해도 단순히 더 많이 사용되기 때문에 사망자가 더 많다는 결과기 나올 수 있다. 에너지 생산량(즉 사용량)을 고려하면 각 에너지원의 피해 규모가 어느 정도인지 상대적으로 파악할 수 있다.

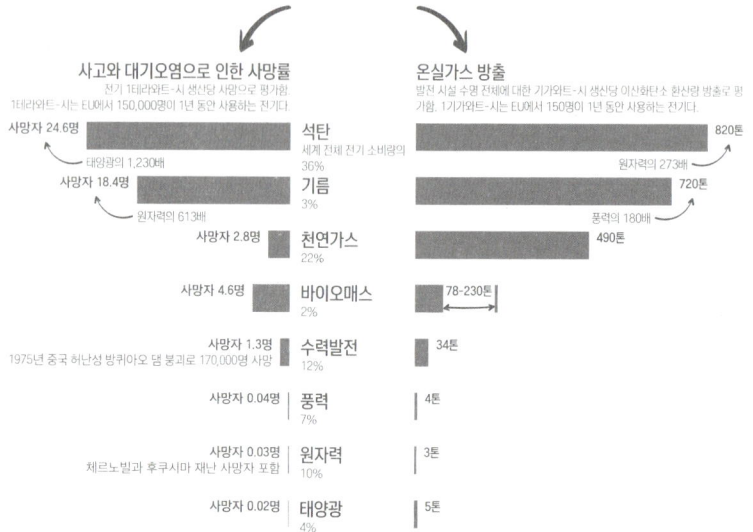

에너지원별 사망자 수. 데이터로 보는 세상, 크리에이티브 코먼스.

<데이터로 보는 세계> 수치에서 알 수 있듯이, 원자력은 수력, 풍력, 태양광과 같은 재생에너지와 동등한 수준으로 놀랍도록 깨끗하고 안전한 에너지다. 가장 큰 차이점은 원자력은 간헐적이지 않다는 것이다. 재생에너지는 바람이 불지 않거나 태양이 구름에 가려질 때도 있어 전력 공급이 일정하지 않지만, 원자력은 지속적으로 사용할 수 있다는 뜻이다. 다시 말하지만, 나는 나쁜 일이 **절대로** 일어나지 않을 것이라고 장담하는 것이 아니다. 체르노빌과 같은 사고는 원자

력 재해의 심각성을 분명히 보여준다. 하지만 불안한 마음에 원자력을 피하고 유해한 화석연료에 주로 의존하면 득보다 실이 더 크다.

그럼에도 불구하고 원자력에 대한 반대의 대부분은 환경 운동가들로부터 나온다! 예를 들어, 환경 단체인 <그린 아메리카>는 미국의 전력망에서 화석연료를 없애려는 노력에 대해 이렇게 말한다. "그러나 화석연료에서 똑같이 위험한 에너지원인 원자력 에너지로 전환한다면 모든 노력이 물거품이 될 것이다."[19] 원자력에 대한 염려는 핵폐기물, 원자력이 무기로 사용되거나 테러리스트의 표적이 될 가능성, 가난한 국가는 원자력발전소를 건설하기 어렵다는 점 등이다. 다른 활동가 단체의 사이트에도 이러한 기본적인 염려의 변형들이 나열되어 있다. 이런 염려 중 몇 가지는 합리적이지만, 그렇다고 원자력을 금지하기보다는 위험을 완화할 필요가 있다. (예를 들어 테러리스트의 공격은 당연히 걱정해야 하지만, 한 가지 극단적 가능성으로 간주하고 대비하면 된다. 사용을 포기할 필요는 없다.) 사고, 암 발병 위험, 온실가스 배출에 대한 우려는 원자력이 안전하고 깨끗하다는 과학적 데이터에 의해 이미 해결되었다고 할 수 있다. 물론 기후변화 문제에 원자력을 적용한다고 해서 재생에너지를 더 잘 활용할 수 있는 방법을 찾는 데 방해가 되어서는 안 된다. 이런 생각은 전형적인 '전부 아니면 전무' 식의 인지 오류다. 원자력을 수용하면 재생에너지에 대한 투자가 방해를 받는다는 것이다. 하지만 두 가지를 모두 할 수 없다는 증거는 없다. 실제로 원자력과 재생에너지는 경쟁 관계가 아니다. 경쟁의 대상은 화석연료이며, 여러 대안이 있다는 것은 긍정적인 요소다. 고귀한 명분(재생에너지 사용의 확대)에 매달리다 보면 고집에 빠지기 쉽고, 이 목표를 위해 다른 모든 것을 사회에서 제거해야 하는 제로섬게임의 대상으로 간주하기 쉽다.

하지만 균형적으로 볼 때 원자력이 화석연료보다 안전하고 깨끗하며, 적어도 현재로서는 재생에너지보다 잠재적으로 더 쉽게 구현할 수 있다면, 왜 그렇게 많은 반대가 있을까? 그 이유 중 하나는 우리가 위험을 잘 평가하지 못하기 때문이다. 왜 그런지 살펴보자.

우리가 위험을 (잘못) 평가하는 방법

겸허한 자세로 시작하겠다. 이전 장에서 코로나19 초기에 심리학자들이 사람들이 질병의 위험을 과대평가하고 있다는 주장을 자주 했다고 말했다. 그 심리학자늘의 말은 틀렸다! 어떤 것들은 진짜로 큰 위험이라고 밝혀진다. 원자력발전소가 폭발하여 지구 중심부에 구멍이 뚫린다면 나는 이 장을 쓴 것을 정말 후회하게 될 것이다(약간 수정된 재판을 기대하라). 밖에 나가서 운석에 맞을 확률은 매우 작지만, 당신이 운석에 맞지 않는다고 장담하지는 못한다.[20] 사람들이 위험을 평가하려고 할 때 결코 잘하지 못한다는 것은 핵심이 아니다. 그보다는 사람들이 위험을 평가하는 능력이 항상 신뢰할 만하지는 않으며, 작은 위험을 너무 크게 보고 큰 위험을 무시할 수 있다는 것이다.

가장 기본적인 수준에서, 우리가 많은 것을 걱정하는 이유는 우리가 그렇게 진화했기 때문이다. 초기 인류 중에서 어떤 상황에 대해 긴장하는 사람은 야생 곰을 쓰다듬어도 괜찮다고 생각한 멍청한 바보들보다 더 잘 살아남는 경향이 있었다. 살아남은 사람들은 이 두려움을 자손에게 물려주었고, 짜잔! 이렇게 해서 일종의 진화된 두려움이 인류에게 보편화되었다. 어린아이들이 어둠을 무서워하는 것도 이런 예다. (성인이 되어서도 어둠은 여전히 위협으로 인식되기 때문에, 대부분의 훌륭한 공포 영화에서는 밝은 조명을 쓰지 않는다) 왜 아이들은 어둠 속에 괴물이 숨어 있다고 생각할까? 말하자면, 옛날에 그랬기 때문이다. 인간은 어둠 속에서 잘 보지 못했고, 밤에 안전한 곳을 떠나 방황하던 어린 호미니드(초기 인류의 다양한 종)는 퓨마의 먹이가 되는 경향이 있었다.

동물에 대한 두려움도 마찬가지다. 모든 뱀은 아니지만 많은 뱀이 독을 가지고 있으므로, 뱀을 잡거나 다루기를 두려워하는 것은 정상이다. 나는 방울뱀이 흔한 텍사스주 러레이도에서 8년 동안 살았는데, 방울뱀이 짝을 짓는 계절에 밤에 밖에 나가면 신경이 곤두선다. (그래도 보통의 방울뱀은 트위터의 키보드 투사들보다 더 너그럽고 인내심이 많다.) 일부 거미류와 거의 모든 전갈은 독이 있으며 벌레도 질병을 옮기는 놈이 있기 때문에, 곤충과 거미류에 대한 공포증도 흔해졌다. 높은 곳(사람은 다른 유인원처럼 나무에 매달리지 않는다), 물(수영을 못한다), 폐쇄된 장소(탈출할 수 없다), 피(피를 본다면 좋은 징조가 아닐뿐더러

세균이 전염될 수 있다)에 대한 두려움도 흔해졌다. 간단한 이유는 초기 호미니드가 이런 것들로부터 도망치는 편이 유리했기 때문이다. 평생의 어느 한 시점에 공포증을 가지는 비율은 전 세계적으로 3에서 15퍼센트에 이르며, 동물, 고소공포증을 비롯해서 앞에서 본 다른 공포증 몇 가지가 가장 흔하다.[21] 진화적으로 멀지 않은 과거에는 이런 것들 중 상당수가 명백히 치명적이었다는 사실을 기억하자.

하지만 현대사회는 상당히 달라졌고 이런 위협 중 상당수가 사라졌다. 혹시 바퀴벌레를 죽을 듯이 두려워하는 사람을 알고 있는가? (혹시 당신이 그런 사람인가?) 대학 생물학과를 제외하면 대놓고 바퀴벌레를 좋아하는 사람은 거의 없다. 반면에 바퀴벌레가 금방 기관총이라도 꺼내 휘두를 것처럼 기겁을 하고 비명을 지르며 도망치는 사람을 우리 대부분은 적어도 한 사람, 어쩌면 훨씬 더 많이 알고 있을 것이다. 그에 비해 미국에서 바퀴벌레 때문에 죽는 사람은 얼마나 될까? 비슷하게 생긴 벌레 때문에 죽는 사람을 모두 합친 수를 말할까? 내가 실제로 찾아본 결과, 2012년 어떤 남자가 우승 상품으로 왕비단뱀이 걸린 바퀴벌레 먹기 대회에서 바퀴벌레를 폭식하다가 질식하여 죽은 사건이 유일한 사례였다.[22] 맹세코 내가 지어낸 이야기가 아니다. 하지만 따라 하지 말기 바란다. 그 외에도 건강 정보에 따르면 바퀴벌레가 음식과 접촉해 살모넬라균과 같은 일부 질병을 전염시킬 수 있으며, 몇몇 사람들에게 알레르기나 천식을 일으킬 수 있다.[23] 이는 우리가 바퀴벌레를 두려워하는 이유에 대한 힌트일 것이다. 질병을 옮긴다는 것이다. 피자 상자를 방치하지 말고(그렇다, 우리가 자는 동안에 바퀴벌레가 한 입 먹을 것이다), 가끔 집안에 스프레이를 뿌려주면 괜찮을 것이다. 하지만 미국에서 실질적으로 바퀴벌레 대재앙은 없다. 독사를 껴안으려고 해서는 안 되겠지만, 미국에서 독이 있는 동물에 물려 죽거나 심각한 부상을 입는 사례는 매우 드물다. (오스트레일리아는 다른 이야기이다*!) 한 연구에 따르면 미국에서 매년 약 157명이 동물에 의해 죽는다고 한다.[24] 가장 큰 가해자는 말벌, 벌, '기타 특정 동물'(곰, 표범, 악어, 심지어 사슴에게 공격당하는 사람도 있다고 의심된다), 개의 순서였다. 조사 기간 동안 쥐도 두 사람을 죽였다!

당신이 어떤 해에 157명의 사람들 중 한 명이 된다면 분명히 끔찍한 일이다. 하지만 일반적인 공포증이 아닌 자동차 공포증과 비교해보자. 어떤 사람들은 사고를 당하고 나서 심리적인 외상 후 스트레스 장애PTSD 같은 불안을 겪을 수 있지만, 이를 제외하면 자동차 공포증은 매우 드물다. 하지만 2019년 미국에서 자동차 사고로 죽은 사람은 약 3만 6천 명에 이른다.[25] 이는 **감소** 추세다. **좋은 소식**이다! 매년 미국에서 감전으로 죽은 사람의 데이터는 작업장 사망자와 소비자 사망자로 나뉘어져 있어 조금 더 까다롭지만, 정부 추산에 따르면 매년 40~70명의 소비자[26]와 300~400명의 근로자[27]가 감전 사고로 죽는다. 이는 자동차 사고에 비해서는 높지 않지만 여전히 동물

---

* 농담이 아니다. 뱀, 곤충, 거미에 물리는 사고는 오스트레일리아뿐만 아니라 열대 지방과 저개발 국가에서도 여전히 심각한 문제다. 참조: White, J. (2000). Bites and Stings from Venomous Animals: A Global Overview. Therapeutic Drug Monitoring, 22, 65-68.

사망률의 두 배 이상에 달하는 수치다. 그렇다면 우리는 왜 전기와 자동차를 두려워하지 않을까? 짧은 대답은 이것들이 최근에 나왔고, 종 전체의 공포증을 진화시키기에 충분한 시간이 지나지 않았다는 것이다. 따라서 우리의 두려움 중 일부는 단순히 진화에 의한 것이다. 여기에는 다른 사람에 대한 두려움(역사적으로 매우 흔한 사망 원인은 다른 호미니드였다)도 포함되며, 이는 인종 문제를 논의할 때 다시 언급할 것이다.

생물학에 의해 우리가 어떤 것을 다른 것보다 더 두려워하게 된다면, 문화에 의해서도 때때로 우리는 그렇게 될 수 있다. 이런 현상이 어떻게 발생하는지, 적어도 미디어가 풍부한 현대사회에 대해 설명하려고 시도한 이론 중 하나가 배양 이론cultivation theory이다. 6장에서 살펴보겠지만 미디어 효과 이론은 논란의 여지가 있으며, 일반적으로 픽션 미디어는 우리가 흔히 생각하는 것보다 어린이를 포함해서 사람들에게 미치는 영향이 훨씬 적다. 배양 이론도 같은 암초에 부딪혔다. 예를 들어 <로 앤 오더Law and Order>를 많이 본다고 해서 범죄가 주변에 흔히 널려 있다고 생각하지는 않는 듯하다.[28] 하지만 정보는 사회집단을 통해 개인에게 전달되며, 여기에는 논픽션 미디어(마을의 원로 또는 뉴스 미디어)와 픽션 미디어(모든 시대에 있는 사실이라고 믿기 어려운 이야기들) 사이에 약간의 차이가 있는 것 같다.

기본적인 요점은 **다른 정보가 없을 때** 우리는 전혀 알지 못하는 새로운 것에 대한 의견을 형성하기 위해 전문 지식의 출처로 보이는 것에 의존한다는 것이다. 따라서 새로운 것이 우리 환경에 나타나면,

우리는 그것을 두려워해야 할지 말아야 할지 전문가에게 물어본다. 문제는 우리가 멍청이를 전문가로 잘못 알기도 하고, 심지어 진짜 전문가도 잘못을 저지른다는 것이다.

유전자 변형 생물체GMO의 경우를 생각해보자. 대부분의 사람들이 그렇듯이 나도 개인적인 전문성 측면에서 이 분야에 대해 전혀 알지 못한다. 관련 연구를 한 적도 없고, 관련 연구 보고서도 읽지 않았으며, 화학자나 식물학자도 아니다. 하지만 신문을 읽기는 한다(부끄럽게도 요즘은 주로 온라인으로 읽는다). 잘 모르는 사람들을 위해 설명하자면, 유전자 변형 생물체는 대개 식용작물이나 동물을 DNA 변경 기술로 조작한 것으로, 질병이나 가뭄에 더 강하고 영양가가 높으며 더 빨리 자라는 등의 형질을 얻을 수 있다. 농작물의 효율성을 높이면 식량 부족 문제를 해결하고 식품의 영양가를 높일 수 있다는 점에서 기본적으로 좋은 아이디어다.

엄밀히 말하면 우리가 먹는 대부분의 식품은 수백 또는 수천 년에 걸친 선택적 재배를 통해 '유전자 변형'이 가해진 것들이다. 당신은 칠면조가 야생에서도 그렇게 생겼을 것이라고 생각하는가?* 하지만 새로운 유전자 변형 생물은 유전자를 편집하거나, 유전자를 제거하거나 추가하거나, 한 동물의 유전자를 다른 동물에게 넣는 등의 방법으로 만들 수 있다. 반딧불이의 생체 발광 유전자를 삽입하여 야광 생쥐를 만든 과학자들의 이야기를 들어보았을 것이다.[29] 정말 멋

---

* 사실 닭은 가축화되지 않은 야생의 사촌과 거의 비슷하게 생겼다. 물론 확실히 더 뚱뚱하다.

CHAPTER 4. 핵 공포

진(?) 일이다!

그러나 다시 한번 말하지만, 어쩌면 이는 우리가 가진 자연스러운 공포 성향에 약간 위배될 수 있다. 우리가 먹는 음식은 어둠 속에서 빛나서는 안 되는데, 과학자들이 쥐에게 이런 이상한 실험을 하고 있다면 우리가 먹어야 할 유전자 변형 식품에는 무슨 짓을 하고 있을까? 약간 조심스럽기도 하고, 유전자 변형 생물체에 대해 잘 알지 못하기 때문에 우리는 전문가를 찾는다. 적어도 이것이 기본적인 생각이다. 문제는 누가 전문가인지 판단해야 한다는 것이다. 우리는 자격을 갖춘 사람을 찾지만, 확신이 강한 사람에게 감명을 받는 경향이 있다. 따라서 우리는 때때로 자신감이 부족해 보이고 주저하는 과학자를 신뢰하지 못하고, 반대로 자신감에 넘쳐 있는 떠돌이 바보에게 속는다.*

유전자 변형 생물체가 대표적이다. 온라인과 뉴스 미디어를 통해 수많은 전문가들이 유전자 변형 생물체의 위험성을 경고하는 강연을 하고 있다. 한 가지 예를 들면, <그린 아메리카> **30는 유전자 변형 생물체에 대해 다음과 같이 말한다. "인간에게 암, 이상한 질병, 불임이 증가하는 것은 놀라운 일이며 모두가 그 이유를 계속 궁금해 한다. 어쩌면 우리는 가능한 원인을 찾기 위해 너무 멀리 볼 필요 없이 우리가 어떤 종류의 음식을 몸속에 집어넣고 있는지 다시 한번 살펴보기만 하면 될 것이다." 반면에 연구 결과에 따르면, 유전자 변

---

* 물론 '자신감에 넘치는 떠벌이 바보'와 '과학자'는 상호 배타적이지 않다.
** 옮긴이 주 - 환경 인식과 윤리적 소비를 강조하는 미국의 비영리단체다.

형 식품은 대체로 안전하고 건강에 큰 문제가 없다.[31] 물론 유전자 변형 식품은 전체적인 범주이며, 각 제품의 안전성은 개별적으로 조사해야 한다. 하지만 유전자 변형 식품은 암, 불임 등을 일으킨다는 우려에도 불구하고 대체로 긍정적인 영향을 미치는 것으로 보인다.

여기서 문제는 유전자 변형 생물체가 어쩐지 이상하고 부자연스럽게 느껴진다는 것이며, 유전자 변형 기술의 위험을 경고하는 목소리를 어렵지 않게 찾을 수 있다는 것이다. 간단히 말해, 두려움은 증거 기반의 이성적이고 깊은 사고를 쉽게 덮어버릴 수 있다.

이는 배양 효과(편집자 주-미디어가 대중의 마음에 무언가를 심거나 자라게 하는 효과)가 엄청나게 강력하지는 않음을 말해준다. 배양 효과는 사전 지식이 없고 권위자의 주장을 확인할 능력이 없을 때만 작용하는 경향이 있다. 문제의 대상에 대해 걱정이 많거나 나쁜 일(범죄를 당하는 등)을 겪은 사람도 영향을 받기 쉽다. 정보의 출처가 신뢰할 수 있는 곳이어야 하며, 픽션 미디어는 거의 영향이 없다. 그럼에도 불구하고, 미국에서는 뉴스 미디어가 러시아, 갱 폭력, 유전자 변형 생물체, 비디오게임, 경찰, 트럼프·바이든 대통령(어떤 뉴스를 보는지에 따라 다르다), 또 다시 러시아를 두려워해야 한다고 알려주면서 배양 효과가 계속 커지고 있다. 이런 것들 중 대부분은 우리가 전혀 모르는 것들이기 때문에(나에게는 폭력적인 비디오게임을 제외하고), 뉴스 미디어가 새빨간 거짓말을 해도 그대로 믿게 된다.

하지만 뉴스 미디어는 중립적이고 아무런 포장을 하지 않는 진실의 출처가 아니다. 그들은 시청률로 돈을 벌면서 점점 더 양극화되고 있다. 그러나 양극화를 잠시 무시하고, 뉴스 미디어는 평범한 이야기보다는 참신하고 화려한 이야기에 집착하는 경향이 있다. 앞에서 본 가용성 휴리스틱이 여기에 더해지면, 위험에 대한 사람들의 인식이 왜곡될 수 있다. 원자력발전소 하나가 노심용융을 일으켜 방사능 구름이 생겨났지만 사망자는 극소수인 사건이 석탄 화력발전소와 대기오염으로 인한 수많은 사람들의 조용한 죽음보다 더 많은 주목을 받는다. 사실 원자력은 원자폭탄으로 세상에 알려졌기 때문에, 1950년대부터 거대한 개미, 거미, 게 괴물, 번개를 뿜는 도마뱀 등이 원자력의 마스코트가 된 것은 당연한 일이다.

생각을 바꿔봐

사람의 위협 식별 능력은 "송곳니가 삐죽 나온 줄무늬 짐승이 저기 있는데 내가 도망쳐야 할까?" 하던 시절과 거의 똑같다는 점을 기억하자. 이것은 원자력을 비롯해서 현대의 여러 문제를 다루기 위한 것이 아니다. 따라서 우리는 경험적 데이터를 보여주면 지루해하지만, 일화에 흥미를 느끼고 개별 사건에서 패턴을 빠르게 파악한다. 또 다른 문제는 우리의 신념이 자주 감정에 얽매여 있어서, 눈앞에 틀렸다는 증거가 펼쳐져 있는 멍청한 생각도 놀랍도록 멋진 생각으로 느낄 수 있다는 것이다.

이런 종류의 두려움에 대한 비합리적인 반응을 볼 수 있다. 예를 들어 어떤 물건이 있는데, 이것을 파주즐(편집자 주-저자가 만든 의미 없는 낱말)이라고 부르자. 이것은 아주 흔하고 구하기 쉬운 물건이라고 하자. 아이들은 파주즐을 좋아하고, 부모에게 항상 사달라고 조른다. 하지만 잠깐만! 캔자스에 사는 어떤 남자가 의문의 죽음을 맞이했는데 그 방에 파주즐이 있었다. 중국에서 어떤 여자가 죽었는데, 그녀는 유명한 파주즐 애호가였다. 우연일까? **그렇다!** 하지만 뉴스 미디어가 부추기면서 이 사건들 사이에 명확한 인과관계가 없는데도 사람들은 패턴을 가정하는 경향이 있다. 사람들은 화를 내면서 조사를 요구하거나 심지어 금지를 요구한다.

그런 다음에 나와 같은 샌님 과학자들이 모여서 연구하기 시작했다. 불행하게도 과학은 느리게 굴러가고, 몇 년이 걸린다(놀랄 것도 없이, 서두르면 당연히 더 많은 실수가 일어난다). 몇 년간의 데이터 분석과 동료 검토를 거친 뒤에 마침내 결론이 발표되었다. 파주즐은 어린이에게 절대적으로 무해하고 안전하다. 이제 모두들 안도의 한숨을 쉰다. 그런가?

글쎄, 그런 사람도 있을 수 있다. 하지만 이 결론을 보고 **화를 내는** 사람들이 얼마나 많은지 알면 놀랄 것이다. 과학자들은 '빅 파주즐'과 한통속인 게 분명하다. 누군가의 자녀가 학교 성적이 나쁜데 과거 어느 때에 그 아이에게 파주즐을 사줬으니(할아버지나 할머니가 사줬다면 더 좋을 것이다), 분명 연관성이 있을 것이다. 또 뭐가 있을까? 사람들은 자신의 눈으로 본 것을 과학으로 설명할 필요가 없다!

사람들이 신념을 형성하고 그 신념에 감정적으로 매달리게 되면, 데이터를 가지고도 그 신념을 흔들기가 매우 어려워진다. 물론 생각을 바꿀 수도 있지만, 그러기 위해서는 인내심과 끈기가 필요하다. 그러나 대부분의 사람들은 그런 능력이 없다. 예를 들어 백신에 대한 논쟁에서 백신 접종에 찬성하는 사람은 반대자를 멍청하고 이기적인 사람이라고 성급하게 몰아붙였다. 그 판단이 올바른지와 무관하게, 이는 분명히 사람을 설득하기에 좋은 방법이 아니다. 사실, 사람들의 신념이 틀렸다고 정면으로 반박하거나 망신을 주면 그 사람은 자기 신념에 **더** 매달리게 된다. 그 자리에서 바로 믿음을 바꾸도록 강요하기보다는 사람들이 왜 그렇게 믿는지 경청하고 증거를 제시하는 것이 더 효과적이다. 사람들은 체면을 살릴 기회가 필요하며, 그렇지 않으면 수치심을 피하기 위해 고집을 부리는 경향이 있다.

그렇다면 화석연료를 사용할 때의 피해에 비해 원자력의 위험이 아주 작은데(물론 확률이 0은 아니며, 원자력발전소 사고가 적어도 국지적으로 많은 문제를 일으킬 수 있다고 확실히 한나고 해도) 많은 사람들이 원자력에 반대하는 이유는 무엇일까? 근본적으로 원자력이 나쁘다고 **믿고 싶기** 때문이다. 어떤 것이 폭탄이 되기도 한다면 당연히 엄청나게 위험할 것이다. 또는 그들이 상당한 도덕적 확신을 투입했거나, 활동가들의 경우 그 신념에 여러 해를 바치기도 한다. 여기에 **매몰 비용**이 관련한다. 매몰 비용이란 개인의 시간, 에너지, 돈, 평판, 도덕적 정체성이 그 신념에 묶여 있다는 뜻이며, 이를 포기하면 그 사람이 심각한 혼란을 겪을 수 있다. 인간 신념의 이러한 근본적인 측면은 상당한 증거에도 불구하고 잘못된 생각이 지속되는 이유의 큰 부분을 차지한다.

원자력의 파국

스리마일섬, 체르노빌, 후쿠시마는 원자력과 관련된 세 가지 큰 파국이었다. 다행히도 직접적이거나 간접적인 사망자 수는 상당히 적었던 것으로 보인다. 그러나 원자력의 진정한 파국은 우리가 이 으스스한 에너지원을 감정적으로 혐오하기 때문에 화석연료 발전의 오염으로 훨씬 더 많은 사람이 죽었을 수도 있다는 것이다. 이것은 나쁜 일이다. 그러면 개인은 어떻게 해야 할까? 여기에는 좋은 의도의 법칙이 개입했을 수 있다. 선의의 환경 운동가들이 기후변화를 줄일 수 있는 에너지원을 차단하기 위해 적극적으로 노력했을 수도 있고, (기술적인 문제나 단순한 정치적인 이유로) 화석연료를 성공적으로 대체할 가능성이 부족한 청정 재생에너지를 위해 버티고 있을 수도 있다.

그렇다고 나쁜 사람이 개입했다는 뜻은 아니다. 이것은 예측 가능한 나쁜 결말을 맞이하는 정상적인 인간의 의사 결정일 뿐이다. 우리는 괴수가 우리 집 뒷마당을 밟고 지나가거나 방사성 폐기물로 인해 청소년들이 성난 액체 괴물로 변하기를 원하지 않는다. (위생 습관 때문에 이미 몇몇 청소년들이 그렇게 되지 않았는가?) 일단 무언가를 두려워하게 되면, 우리는 고집스럽게 그렇게 될 수 있다. 심지어 합리적으로 규제하고 보호하기만 하면 그 무서운 것이 실제로 그렇게 나쁘지 않다는 좋은 소식을 전하려고 하면 화를 낼 수도 있다.

기후변화가 파국이라면, 원자력에 대한 우리의 혐오는 분명히 이 파국을 더욱 악화시키고 있다. 하지만 더 많은 원자력발전소 건설을 추진하려는 움직임은 보이지 않는다. 두려움이 우리를 방해하고 있을 뿐이다. 두려움은 우리가 정말 어리석은 짓을 하게 만들 수 있다. 이를 염두에 두고 9·11 테러와 그 비참한 여파를 살펴보자.

CHAPTER 5
하늘의 공포

2001년 9월 11일 아침을 나는 아직도 생생히 기억한다.* 그것은 내 인생을 결정한 사건이나 되는 것처럼 충격적이었다. 그때까지 대

* 나는 인간의 기억이(아무리 선명한 기억이라 해도) 실제로는 상당히 빈약하다는 것을 알면서 이렇게 썼다. 그러니 모든 회상은 조금 의심하면서 받아들여야 한다.

학원에 다니던 나는 올랜도 근교 윈터파크에서 침실이 하나 있는 아파트에 살고 있었다. 지금의 아내는 당시 나의 여자 친구였다. (나와 결혼하는 것이 좋은 생각이라고 어떻게든 설득해서 그 무렵에는 약혼한 상태였다.) 아침에 준비하는 시간을 줄여 잠을 최대한 많이 자는 데 전문가가 된 나는 동부 표준시로 오전 8시 30분쯤 일어났을 것이다. 아침도 먹지 않고(지금도 먹지 않는다) 샤워, 양치질, 옷 입기, 이메일 확인 등의 간단한 일을 되는대로 빠르게 해치우는 습관은 이른 아침에 하는 일과로 요즘도 계속 반복하고 있다.

1990년대에는 아메리카 온라인AOL 이메일 계정을 쓰는 것이 멋있었다. 지금은 사회적 왕따가 되었지만, 나는 게을러서 계정을 바꾸지 않았다. AOL은 이메일을 확인하는 동안 중요한 뉴스를 항상 눈앞에 띄워 주었다. 오전 9시쯤 되었을 때 비행기가 세계무역센터 쌍둥이 빌딩 중 하나에 충돌했다는 아침 뉴스가 나왔다. 처음에 나는 작은 개인 비행기일 것으로 생각했다. 최근에도 소형 비행기가 대형 빌딩에 충돌하는 사고가 한두 번 있었는데, 조종사의 자살이었을 것이다. 작은 비행기는 대개 자기 자신을 제외하고는 큰 피해를 입히지 않는다. 비극이긴 하지만 작은 비극이라고 생각하며 나는 차에 올라타 첫 수업을 듣기 위해 15분 동안 운전해서 캠퍼스로 향했다.

그 사이에 세상이 완전히 바뀌었다. 수업하러 가는 길에 지나친 건물 중 한 곳에는 공공 대형 텔레비전이 있었고, 그 아래에 사람들이 모여 있었다. 그 작은 비행기는 작은 비행기가 아니라 승객들로 가득 찬 여객기로 밝혀졌다. 그 무렵 두 번째 비행기가 이미 세계무

역센터의 다른 쌍둥이 빌딩에 충돌했고, 두 빌딩이 모두 불타고 있었다. 곧이어 또 다른 여객기가 펜타곤에 충돌했고, 네 번째 여객기는 승객들이 통제권을 되찾으려다 펜실베이니아의 들판에 추락했다. 근본주의 이슬람 단체인 알카에다의 테러리스트들이 이 끔찍한 공격의 배후로 지목되었고, 결국 미국 시민 3천여 명이 죽었다.

이 단일 사건이 정치, 전쟁, 국제 관계, 심리, 공공 정책 측면에서 미국에 미친 영향은 너무나 크다. 냉전 종식 이후를 살아온 나에게도 9·11은 오늘날 우리가 겪고 있는 어려움에 더 큰 영향을 미치고 있는 것으로 보인다. 9·11의 이야기는 사실상 두 파국이 잇달아 일어난 것이다. 하나는 미국을 난폭하게 공격하면 어떻게든 중동의 상황이 (적어도 그들이 바람직하게 생각한 결과와 일치하는 방향으로) 개선될 것이라고 믿었던 소수의 사람들이 내린 결정 때문에 일어났다. 또 하나는 미국이 허둥대면서 비이성적이고 파괴적으로 대응하면서 일어났다. 두 번째 파국은 돈과 자원의 상당한 지출, 수많은 사망자, 미국의 국제적 위상 약화, 개인의 권리를 약화시키는 공공 정책으로 이어졌다. 이러한 치명적인 의사 결정의 실패를 하나씩 차례로 살펴보자.

그들은 무슨 생각을 하고 있었을까?

이 절에서는 테러리스트의 머릿속으로 들어가보려고 한다. 물론 이렇게 하면서 모든 테러리스트의 목표나 역할이 같지는 않다는 점을 인정해야 한다. 여기서는 9·11 테러를 일으킨 근본주의 조직인 알카에다에 초점을 맞출 것이므로, 예를 들어 오사마 빈라덴과 같은 조직 지도자와 9·11 테러 당시 실제로 자살한 개별 테러리스트 사이에는 의심할 여지 없이 상당한 심리적 차이가 있다(빈라덴 자신은 자살을 결심하지 않은 것 같다). 테러 행위는 어느 정도까지 그것을 사용하는 조직의 목표를 달성하는 데 효과적인 수단일까?

이는 큰 질문이며, 가장 쉬운 대답은 '상황에 따라 다르다'다. 일반적으로 테러리즘은 많은 사람들에게 공포를 일으켜 움츠러들게 하며, 이를 통해 조직의 힘과 통제력을 강화하려는 목적으로 사용된다. 이는 물론 단기적으로 효과가 있겠지만, 분노와 반발을 부를 수도 있다. 알카에다는 1980년대 아프가니스탄에서 소련과 벌인 게릴라 전쟁 때부터 테러를 시작했다. 소련을 아프가니스탄에서 성공적으로 몰아낸 빈라덴과 그의 동조자들은 이 노력을 전 세계적 성전으로 확대하려고 했다. 그들의 목적은 외부의 모든 영향력, 특히 미국을 이슬람 지역에서 몰아내고, 서방의 지원을 받는 부패한 지역 정권을 무너뜨리는 것이었다.[1] 논의를 위해 상황을 단순화하면, 기본적으로 알카에다는 중동에서 미국의 존재를 제거하려고 했다. 이를 위해 그들은 1998년 케냐와 탄자니아 주재 미국 대사관에 대한 자살 트럭 폭탄 테러, 2000년 해군 구축함 USS 콜에 대한 자살 보트 폭탄 테러로 17명의 수병을 죽이는 등 폭탄 테러와 공격을 감행했다.[2] 9·11 공격은 이러한 테러의 연장선에서 일어난 엄청나게 극적인 사건이었다.

"외국 세력이 우리나라에 너무 많은 영향력을 행사하고 있다"는 걱정 자체는 전혀 비합리적이지 않다(물론 알카에다가 이 지역에 대해 가졌던 근본주의적 전망은 공포의 쇼였겠지만). 중동 정치는 나의 전문 분야가 아니기 때문에, 미국의 투자가 줄어들면 중동 지역이 더 좋아질지 어떨지에 대해서는 언급하지 않겠다(확고한 견해가 있는 사람들도 대부분 잘 모를 거라고 나는 생각한다). 하지만 알카에다의 전술이 궁극적으로 목표를 달성했는지는 살펴볼 수 있다. 두 차례의 대규모 전쟁(이라크와 아프가니스탄), 셀 수 없을 만큼 많은 드론 공습, 미국의 지원을 받는(열광적이든 아니든) 정권의 지속적인 생존,3 이슬람 혐오의 전 세계적인 증가, 수십만 명의 사망자, 미국뿐 아니라 러시아의 시리아 내전 개입, 빈라덴의 사살과 알카에다 자체의 무력화 등등을 겪은 후 알카에다가 표면적인 목표와 비슷한 성과를 달성했다고 정직하게 말할 수 있을까? 미국에 대해서도 똑같이 말할 수 있다. 실패의 규모는 조금 작을지 몰라도, 군사 개입 이후에 '평화롭고 민주적인 중동'이라는 미국의 전망은 거의 무익했고, 돈, 명성, 생명만 희생시켰음이 입증되었다. 알카에다가 도자기 가게에 들어온 성난 황소처럼 단순히 미국의 화를 돋우려고 했다면 임무를 달성했다고 할 수 있다. 그러나 이러한 알카에다의 전략은 중동 지역 주민들에게 전혀 도움이 되지 않았다고 확신하게 말할 수 있다.

알카에다의 전략은 역사(진주만?)와 인간의 심리를 근본적으로 잘못 읽은 것이었다. 공격을 받으면 사람들은 겁을 먹고 굴종하기보다 걷잡을 수 없이 분노하는 경향이 있으며, 자주 어리석음을 동반한다. 사람들을 자극하는 것은 불꽃 튀는 온라인 전쟁에서 훌륭한 전략이 될 수 있지만, 현실 정치에서는 그렇지 않다. 폭력으로 목표 달성에 절대로 성공할 수 없다고 주장하지는 않겠지만(폭력이 이길 수 있다는 것을 우리는 알고 있다), 폭력은 '반대편'의 저항을 키울 수 있는 위험한 전략이다.

그렇다면 왜 알카에다는 미국 민간인에 대한 극적인 테러 공격으로 어떻게든 (적어도 그들의 전망으로는) 중동 상황을 개선할 수 있다고 생각하는 근본적인 오산을 했을까? 다시 말하지만, 테러 조직의 지도자뿐만 아니라 실제로 테러 공격을 수행하는 하수인들이 어떤 성격을 가졌는지 살펴볼 필요가 있다.

먼저 자살 테러리스트부터 살펴보자. 밤에 소파에서 일어나 침대에 가서 자도록 동기를 부여하기도 어려운데, 어떻게 평범한 사람이 비행기를 타고 건물로 날아가거나 몸에 두른 폭탄을 터뜨리도록 설득할 수 있을까? 짧은 대답은, 그렇지 않다는 것이다. 테러 단체는 정신 건강에 문제가 있는 사람들의 약점을 악용하여 자살 테러리스트를 특별히 모집한다고 밝혀졌다.

조금 다른 이야기를 하면, 테러리스트 단체는 때때로 동의 없이 개인을 악용한다. 어린이나 인지 장애가 있는 사람에게 폭탄을 착용시켜 공공장소로 보내는 것이다. 이는 잔인할 정도로 효과적인 전략이다. 사람들은 어린이나 인지 장애를 가진 사람을 의심하지 않는 경향이 있고, 그들은 자기가 폭탄을 갖고 있다는 걸 모르기 때문에 경찰, 군인, 보안 요원이 의심할 만한 행동을 하지 않는다. 하지만 지금은 이런 사람들의 이야기가 아니다. 여기서는 테러 행위를 위해 **알면서 의도적으로** 자살하는 사람에 대해 살펴보려고 한다.

자살은 일반적인 행동이 아니다. 즉 인간은 일반적으로 생존을 위해 프로그래밍되어 있으며, 자기 파괴는 생존을 위해 유전적으로 프로그래밍된 방향이 아니다. 우울한 동물은 때때로 음식을 거부하거나 다른 방식으로 죽음에 이르는 행동을 하기도 하지만, 진정한 자살은 주로 인간에게만 있는 독특한 현상으로 보인다.[4] 인간의 모든 자살이 정신 질환 때문에 일어나지는 않는다. 예를 들어 일본 제국부터 소비에트 러시아에 이르는 문화권에서는, 수치를 당했을 때 명예를 회복하기 위한 수단으로 자살을 허용해왔다. 수치심이 자해와 자살의 핵심 요소 중 하나라는 상당한 증거가 있지만,[5] 자살보다는 자해에 대한 증거가 더 명확하다.[6]

위기의 순간에 이타적인 사람이 자기희생으로 죽는 사례가 있다. 부모가 위험에 처한 자녀를 구하기 위해 죽을 수도 있고, 1950년대 전쟁 영화에는 영웅적인 군인이 전우를 구하기 위해 수류탄에 몸을 던지는 클리셰가 자주 나온다. 하지만 이런 행동은 진짜로 자살이라고 볼 수 없다. 죽으려는 의도가 아니라 다른 사람의 생명을 구하려는 행동이기 때문이다. 수류탄이 불발탄으로 밝혀진다면, 영웅적인 **군인은 크게 기뻐**할 것이다.

그렇다면 왜 집단 간 갈등에 대해 위험하지만 합리적인 대응책으로 전쟁터에서 군인들과 싸우지 않고(전쟁이 '합리적'이라고 가정한다면)

어린이들이 가득 탄 스쿨버스를 폭파하면서 자기도 죽는 일을 저지를까? 글쎄, 자신들에게 직접 해를 끼치지 않은 무고한 사람들을 죽이고 자기도 목숨을 끊는 행동을 하는 사람들이 또 있다. 바로 학교 총기 난사범을 포함한 대량 살인의 가해자들이다. 이들과 자살 테러리스트는 공통점이 많다고 알려졌다.

범죄학자 애덤 랭크퍼드는 이 분야에서 중요한 연구를 많이 해왔다. 심리적으로 자살 테러리스트와 대량 살인의 가해자는 매우 유사하다.[7] 먼저, 자살 테러리스트는 다른 사람을 위해 자신의 목숨을 영웅적으로 희생하는 순교자가 아니다. 분명히 그들은 가장 기본적인 의미에서 자살하는 사람이다. 자살 테러리스트는 일반적인 대량 살인범과 마찬가지로 분노, 우울, 낙담 또는 자신의 인생이 싫어서 죽고 싶어 한다. 이것이 이들이 매우 위험한 이유 중 하나다. 전형적인 자기 보호 본능이 꺼져 있는 것이다.

대량 살인의 가해자는 세 가지 기본 특성으로 대표된다. 첫째, 반사회적 행동과 사고 패턴이 오래 지속되는 경향이 있다. 이들은 화를 잘 내고 불쾌해하는 사람이다. 둘째, 그들은 대개 자살 우울증이나 정신증psychosis과 같은 심각한 정신 질환을 앓고 있는 경향이 있다.[8,9] 만성 정신 질환을 앓고 있다고 해서 누구나 총기 난사를 하지는 않지만, 정신 질환과 대량 살인 사이에 아무런 연관성이 없다는 말은 명백한 우화다. 실제로 정신증과 같은 특정 유형의 정신 질환은 폭력 범죄의 위험을 3~5배까지 높인다.[10] 선의의 운동가들이 아무리 횡설수설해도 말이다. 셋째, '불만 수집가'라는 용어가 사용될 정도로 불만을 품고, 그 불만을 다른 사람들보다 더 많이 반추하는 경향이 있다. 이들은 자신의 삶이 잘못된 것을 남 탓으로 돌리는 경향이 있다. 결국 이들은 자신의 삶은 사실상 끝났다고 생각하지만, 특정 개인이든 사회 전체든 책임이 있다고 생각하는 사람들에게 복수를 하고 싶어 한다. 그들의 동기는 자신의 죽음을 위한 전주곡으로 최대한 많은 고통을 가하는 것이다. 이는 생각할 수 있는 것 중에서도 가장 악랄한 행위다.

자살 테러리스트도 거의 같은 상황에 있으며, 가장 큰 차이점은 끔찍한 폭력 행위를 저지르기 전에 특정한 이데올로기적 목표를 향해 분노를 표출한다는 것이다. 모든 대량 학살 가해자가 이데올로기적 성향이 있는 것은 아니지만(실제로 대부분은 그렇지 않다) 많은 사람들이 테러로 이어질 수 있는 인종차별주의, 성차별주의, 근본주의적 신념과 같은 혐오 이데올로기에 잘 끌려든다. 우리는 근본주의자들이 사람을 어떻게 모집하는지에 대해(근본주의 이슬람, 극우 백인 민족주의 단체, 극좌 단체 등) 많이 이야기하지만, 그들은 일반적으로 정상적으로 기능하는 개인의 관심을 끌지 못한다. 테러 단체는 분노를 이용해 화가 나 있고 자살 충동을 느끼는 사람들을 끔찍한 폭력 행위로 유도할 수 있다.

따라서 "왜 9·11 테러범들은 민간인을 죽이는 일이 중동에 도움이 된다고 생각했을까?"라고 묻는다면, 우리는 근본적으로 그들의 동기를 잘못 이해하고 있는 것이다. 그들이 의로운 투쟁과 이슬람이라는 명분을 내세웠다고 하지만, 사실은 자신의 고통에 어떤 식으로

든 기여했다고 생각되는 사람들을 해치고 싶어 하는 분노한 개인이었다. 세상의 문제를 해결하려는 것이 아니라, 무언가를 파괴하는 것이 목적의 전부였다.

오사마 빈라덴과 같은 테러 지도자는 어떤 인물일까? 무엇이 그들을 그런 존재로 만들었을까? 이 분야의 연구는 몇 가지 문제로 어려움을 겪고 있다. 첫째, 가장 명백한 문제이지만 테러 지도자들은 심리 평가를 할 수 있을 만큼 자신을 드러내는 일이 드물다. 둘째, 테러리즘의 정치적, 사회적 맥락은 조직마다 다르기 때문에 연구 결과를 일반화하기 어렵다. 셋째, 정당한 저항과 '테러리즘' 사이의 경계를 구분하기 어려울 수 있다. 테러리즘이라는 명칭 자체가 정치적이어서 자원의 사용, 법 집행의 강화, 군대의 동원, 개인의 자유에 대한 정부의 통제 강화를 정당화하는 수단으로 이 명칭이 이용될 수 있다.

빈라덴의 사례는 흥미로우며, 많은 것을 설명해준다. 빈라덴은 사우디아라비아의 특권층 가정에서 태어나 엄격한 교육을 받았고, 근본주의 이슬람 사상가들과 접속했다. 이 사상가들은 이슬람 세계가 서구의 영향력에서 벗어나야 하고, 이슬람 원칙에 따라 통치하는 범이슬람 국가를 건설해야 한다고 생각했다. 1979년 소련이 아프가니스탄을 침공하자 빈라덴이 뛰어들었고, 소련에 저항하는 전사들을 위한 병참 지원과 병력 모집을 맡았다. 결국 소련은 1989년 아프가니스탄에서 철수했고, 이 나라를 정복하려는 노력은 실패로 끝났다. 그러나 아프가니스탄 사람들에게도 이 전쟁은 큰 성공이 아니었다. 그들은 잔인하고 억압적인 탈레반 정부의 통치를 받게 되었다.

빈라덴은 서구에 대한 맹렬한 언사 때문에 고국인 사우디아라비아에서 인기가 떨어졌다. 1990년에 이라크가 쿠웨이트를 침략하고 잠재적으로 사우디아라비아도 노릴 것이라는 그의 예측은 맞았지만, 사우디가 미국에게 도움을 요청하여 빈라덴이 증오하던 서방 이교도의 영향력을 자청해서 끌어들이자 그는 경악했다.

눈에 띄는 점은, 초기 목표가 모호하지만 합리적일 수 있다는 것이다. 그들을 착취하는 외부의 영향으로부터 이슬람 세계를 해방시키자는 것이 목표였다. 물론 대부분의 사람들은 빈라덴이 구상한 근본주의 정권을 원하지 않겠지만, 조국을 외부의 통제에서 해방시키려는 열망은 이해할 수 있다. 그러나 아프가니스탄에서 성공할 때의 짜릿함과 고국에서 무시당한 좌절감이 둘 다 빈라덴을 점점 더 극단적인 전술로 몰아넣어, 군사 목표와 민간인 모두를 때리게 했을 수도 있다.

또한 많은 사람들이 자국의 정치나 강대국의 간섭에 좌절했다. 어떤 사람들은 평화적으로 항의하고, 어떤 사람들은 조용히 지나가려고 노력한다. 일부는 '공정한 게임'이라고 할 수 있는 군사적 또는 정치적 목표만을 겨냥한 반란을 일으키기도 한다. 빈라덴처럼 민간인 표적까지 노리면서 잔인한 폭력을 휘두르는 사람들은 무엇이 다를까? 빈라덴의 세계관이 매우 경직되어 있을 뿐만 아니라 엄청나게 웅대하다는 점에서 몇 가지 단서를 찾을 수 있다. 빈라덴은 자신과 추종자들이 전 세계적인 성전을 벌이면서 세계적으로 강력한 세력이 될 것으로 생각했다. 다시 말해, 그는 약간의 나르시시스트였다.

테러리즘이 목표를 달성하는 경우가 거의 없다는 점을 고려할 때, 테러리스트가 성공할 것이라고 생각하려면 나르시시스트가 되어야 할 것이다.[11]

현재 테러 지도자의 명확한 '프로파일'을 얻기는 어렵다.[12] 테러 지도자들은 (빈라덴처럼) 예상보다 높은 사회경제적, 교육적 계층에 속하는 젊은 미혼 남자(예외적으로 여자도 있지만)인 경향이 있다. 그러나 이 외에도 테러 지도자를 일반 대중과 구별하는 정신 질환이나 성격 특성의 명확한 패턴을 파악하는 일은 거의 성과가 없었다. 그러나 몇몇 증거에 따르면 테러리스트 조직에 포섭된 사람은 흥분에 대한 기대감, 조장된 불만, 그것들을 풀어버릴 기회에 동기를 부여받는다고 한다.[13] 이런 조직은 열정과 이데올로기적 헌신은 높고 비판적 사고는 낮은 젊은이들을 노린다.[14]

다른 학자들은 나르시시스트적 성격 특성과 굴욕감 사이의 상호작용을 지적하기도 했다.[15] 나르시시스트적 성격과 편집증적 성격(타인의 동기를 악의적으로 보는 경향) 특성의 조합은 테러 지도자들 사이에서 흔히 나타난다는 연구 결과도 있다.[16] 이런 특성과 굴욕감(자신의 거창한 세계관이 명백히 타락한 세력에게 위협받고 있다는 느낌)을 결합하면, 이러한 개인은 민간인을 잔인하게 쓸어버리는 것조차 정당하다고 느낄 수 있다. 목적이 수단을 정당화한다는 것이다. 이런 사람은 상습 범죄자에게서 볼 수 있는 진정한 의미의 사이코패스는 아니다. 그렇지만 그들의 성격 유형은 도덕적 잘못을 피해자 탓으로 돌리면서 결단력과 회복력을 얻는다. 이런 생각은 빈라덴과 같은 인물의 성장 과정과 세계관에도 잘 맞는 것으로 보인다.

본질적으로 테러 지도자들은 세상에 대해 거창한 전망을 가지고 있으며, 이 전망에서 자신들이 저지르는 폭력이 정당하다고 느낀다. 이는 다시 역경에 직면했을 때 상당한 도덕적, 개인적 회복력을 제공하고, 자신의 잔인한 행동에 대한 정당성을 부여한다. 결과적으로 테러리스트들은 위험하고 파괴적인 행동 패턴을 지속한다. 테러리즘이 목표 달성에 성공하는 경우가 거의 없다는 점을 고려할 때, 이는 근본적으로 비합리적인 행동이다. 빈라덴과 마찬가지로, 그들은 거의 필연적으로 그들이 고양시키려 했던 바로 그 공동체에 이득보다 훨씬 더 많은 피해를 입힌다.

9·11을 망치기

테러리스트의 편에서 상황을 본다는 것은 이상하지만 눈곱만큼이라도 알카에다를 호의적으로 본다면, 세계를 향한 그들의 장대한 목표는 망가졌지만 최소한 미국이 일련의 비참한 결정을 하도록 부추겼다고 할 수 있다. 미국의 비참한 결정은 단순히 중동 지역을 더욱 분열시킨 것 외에 세계에 대해 알카에다뿐만 아니라 미국의 의도조차 거의 관철하지 못했고, 상당한 불행을 초래했다. 그러나 9·11 테러는 일반 대중과 의사 결정권자 모두가 파국에 제대로 대응하지 못한 중요한 역사적 사례다. 그래서, 무엇이 잘못되었을까?

지금은 기억조차 하기 힘들겠지만, 9·11 테러 이후 미국은 전 세계적으로 상당한 지지를 받았다. 미국은 잔인한 테러를 당했고, 공격으로 죽은 사람들은 무고한 민간인이었다. 미국인에 대한 찬사를 아끼지 않는 것으로 유명한 프랑스의 한 주요 신문 헤드라인은 "우리는 모두 미국인이다."라고 선언했다.17 1914년 프란츠 페르디난트 대공이 죽었을 때의 오스트리아와 마찬가지로 미국도 광범위한 동정심을 얻었다. 그리고 미국도 오스트리아처럼 비이성적인 결정과 쓸데없는 전쟁으로 이 동정심을 날려버렸다.

공격 직후의 몇 달, 심지어 몇 년 동안 미국인들은 (이 글을 쓰는 지금) 내 인생 전부인 50년 중에서 그 어느 때보다 단결했다. 성조기가 사방에 휘날렸고, 심지어 많은 자동차도 성조기를 달고 달렸다. 부시 대통령의 지지율은 하룻밤 사이에 급상승했다. 사람들은 자발적으로 군인들의 노고에 감사를 표했다. 모든 사람이 동참했고 반대하는 목소리는 대부분 잠잠해졌다.

예외적인 사람들은 극단적인 정파로 몰렸다. 가장 유명한 사람은 콜로라도대학교의 워드 처칠 교수였다. 그는 9·11 테러 희생자를 '작은 아이히만'에 비유하며 미국이 외국에 대해 여러모로 개입했기 때문에 공격을 받아 마땅하다고 주장하는 에세이를 썼다. 처칠은 심하게 따돌림을 당했고, 결국 학문적 부정행위로 조사를 받고 해고되었다. 이후 재판에서 배심원단은 부당 해고라면서 처칠의 편을 들었지만, 나중에 내려진 법원은 판결은 그에게 불리했다. 처칠의 에세이는 혐오스럽다. 하지만 그가 정치적 동기에 의해 부당하게 해고되었고, 이런 처사가 학문의 자유를 침해한 것임은 분명하다. 그럼에도 불구하고 그에 대한 반응이 격렬했다는 것은 당시 미국이 얼마나 잘 단합했는지 보여준다. 만약 그가 지난 몇 년 동안에 에세이를 발표했다면, 점점 더 허무주의에 빠져가는 진보 좌파로부터 광범위한 찬사를 받았을지도 모른다는 생각이 든다. 유감스럽게도 처칠은 자신의 시대보다 한참 앞선 사람이었다.

9·11 테러 직후인 2001년 10월, 미국은 알카에다의 근거지였던 중앙아시아 국가 아프가니스탄에 대한 공습을 시작했고, 결국 아프가니스탄을 점령했다. 이 경우에 미국은 전쟁을 정당화하는 합리적인 명분을 가지고 있었을 것이다. 9·11 테러에 대한 보복으로 알카에다를 파괴하는 것은 무리한 일이 아니었다. 미국이 이 목표에만 집중하고, 전쟁에 대한 명확하고 전략적인 결과를 염두에 두고 있었다면, 목표가 달성된 후에 철군할 계획을 세웠다면, 오늘날 세계는 많이 달라졌을 것이다.

그런데 미국은 아프가니스탄이 아닌 다른 곳으로 눈을 돌렸고, 아프가니스탄 임무에 제대로 투자하지 않았으며, 2003년에는 9·11 테러에 아무런 역할도 하지 않은 이라크를 침공했다. 이제 물어보아야 한다. 도대체 무슨 일이 벌어진 걸까? 미국은 어떻게 그런 끔찍한 실수를 저질렀을까? 이 전쟁, 즉 이라크 전쟁은 미국이 얻은 국제적 지지를 날려버렸고, 막대한 자원과 인명을 희생시켰으며, 이라크에는 분파들 사이의 폭력과 불안정한 정권을 남겼고, 부시 대통령 팀

이 전망으로 내세운 민주주의의 빛나는 등대는 거의 찾아볼 수 없게 되었다. 또한 미국은 개인의 자유를 제한하고 감시 국가의 핵을 구축하는 방향으로 나아갔으며, 그 영향은 오늘날에도 여전히 남아 있다. 어떻게 해서 열정적인 '애국심'이 그렇게 잘못된 방향으로 흘러갔을까?

사회집단은 결속력이 너무 약해도 위험하지만, 너무 강해도 위험하다. 이 글을 쓰는 지금 미국(그리고 서구의 많은 지역)은 사회적 결속력이 너무 약한 상황을 경험하고 있다. 사람들은 당파로 분열되어 점점 더 서로를 혐오하고 적으로 간주하고 있다. 이는 사회의 건강에 전혀 도움이 되지 않는다. 그러나 9·11 테러 이후 몇 년 동안은 그 반대의 상황이 벌어졌다. 정부에 대한 반대와 의문 제기는 금지되었고, 심지어 부끄러운 일로 여겨졌다. 우리는 대통령과 지도자들을 믿었고, 이는 중대한 실수였다. 왜냐하면 그들이 완전히 허풍쟁이라고 밝혀졌기 때문이다.

9·11과 같은 사건에 대한 사회의 반응을 논의하기는 매우 복잡하고, 고려해야 할 중요한 요소가 많다. 예를 들어 9·11 테러와 코로나19는 미국(그리고 더 큰 세계)에 똑같이 심각한 위협이지만, 9·11 테러 이후의 광범위한 사회적 단결은 코로나19 이후의 극심한 양극화와 크게 달랐다. 그렇다면 미국 사회는 왜 이렇게 다르게 반응하여 한 번은 단결하고 다른 한 번은 양극화되었을까?

여기에는 그 시점에서 사회의 근간을 이루는 여러 정치적 요인, 기존의 사회적 결속력(2001년에는 민주당과 공화당이 2020년과 달리 서로를 근본적인 악으로 보지 않았다), 정치 지도자의 자질과 카리스마, 위협의 성격 등 많은 이유가 있다. 외부의 위협이 있을 때 사회집단은 더 긴밀하게 단결하는 경향이 있지만, 2020년처럼 사회가 이미 여러 경쟁 집단으로 분열되어 있을 때는 이런 일이 일어날 가능성이 매우 낮다. 리더십도 중요하며, 조지 W. 부시는 그가 가진 결점과 무관하게(그에게는 많은 결점이 있었다) '아뿔싸' 하는 당혹감을 매력적으로 표현하면서 슬픔에 빠진 미국인들을 결집할 수 있었다. 그러나 도널드 트럼프가 가진 폭발적인 당파성으로는 사람들을 결집할 수 없었다.

조지 W. 부시에게 국가를 통합하는 매력이 있었다면, 불행히도 그것을 잘 활용할 수 있는 전략적인 능력이 없었다. 아프가니스탄에 대한 초기 침공은 성공했지만 불완전했고, 알카에다와 탈레반 지지자들은 지하로 숨어들어야 했다. (알카에다 지도자 오사마 빈라덴을 추적하여 마침내 사살하는 데는 10년이 걸렸고 새로운 행정부가 들어서야 했다.) 그러나 2003년 부시 행정부는 이라크로 전쟁의 방향을 전환했다. 이라크는 중동에서 오랫동안 미국의 골칫거리였지만, 9·11 테러와는 아무런 관련이 없는 나라였다. 이는 9·11 테러로 일어난 치명적인 실수 중 하나였다.

이라크는 군사 독재자 사담 후세인이 통치하는 나라였다. 다른 독재자들과 마찬가지로 후세인은 자국민을 억압하고 살해했을 뿐만 아니라, 다른 나라의 정복에도 눈을 돌렸다. 그는 이웃 이란과 장기간에 걸친 전쟁을 벌였지만, 결국 교착상태에 빠졌다. 이 전쟁이 끝나자 그는 부유한 쿠웨이트를 침공하여 걸프전을 일으켰다. 이는 본질적으로 이라크가 전 세계와 전쟁을 벌이는 것이었다. 조지 H. W. 부시(조지 W. 부시의 아버지)는 다국적 연합군을 이끌고 후세인을 쿠웨이트에서 몰아냈지만, 그를 완전히 제압하지는 못했다. 그 뒤로 10년 동안 미국과 후세인 사이의 갈등은 해결되지 못한 채 산발적인 공습이 이어졌고, 후세인이 대량 살상 무기(화학, 생물학, 핵무기)를 보유할지도 모른다는 은밀한 위협이 남아 있었다. 또한 후세인은 자국민을 학살했는데, 특히 저항하는 시아파 무슬림 집단(후세인과 집권층은 주로 라이벌 관계에 있던 수니파 무슬림이었다)에 독가스를 사용했다. 그래서, "좋은 사람이었다면 그런 일을 당하지 않았을 것"이라고 생각할 수도 있다.

하지만 후세인은 분명히 9·11과 아무 관련이 없었다. 그는 세속적인 통치자였고 종교 광신자가 아니었으며, 알카에다와 좋은 관계를 맺지 않았다. 평균적인 미국인들은 알카에다와 이라크의 관계, 수니파와 시아파의 차이 같은 것들을 거의 이해하지 못했다. 의심할 바 없이, 미국인들에게 중동에서 벌어지는 일은 하나의 큰 혼란으로만 보였다. 게다가 미국 정부 지도자들이 무엇을 알고 있었는지도 불분명하다. 정책을 책임지는 사람들 중에 누군가는 사담 후세인과 오사마 빈라덴 사이에 큰 간극이 있다는 것을 알고 있었을까?

분명한 것은 부시 행정부가 9·11 테러가 일으킨 분노를 이용하여 이라크와 전쟁을 시작했고, 마침내 후세인을 축출했다는 것이다. 부시 행정부는 후세인과 알카에다 사이의 잠재적 연관성을 암시했고, 후세인이 언젠가 미국에 대해 핵무기를 사용할 수 있다면서 사람들에게 겁을 주었다. 가장 악명 높은 말은 다음과 같다. "하지만 우리는 총구에서 나는 연기가 버섯구름이 되기를 원하지 않는다."[18] 다른 면에서는 뛰어난 능력을 과시했던 콘돌리자 라이스 국무장관이 한 이 말은 미국 시민에게 이라크 전쟁의 필요성을 설득하는 데 공포가 어떻게 사용되었는지를 가장 잘 요약한다. 사실 후세인은 유엔의 핵사찰단에 협조하지 않았고, 핵무기를 보유할 수도 있다고 암시하기도 했다. 어쩌면 후세인은 대량 살상 무기에 대한 공포가 자기 나라에 대한 추가 침략을 억제하는 역할을 한다고 생각했을 것이다. 그렇다면 그는 엄청나게 잘못된 판단을 한 것이다.

미국이 이라크 전쟁을 일으킨다는 결정을 부추기는 여러 가지 유리한 요인이 있기는 했다. 첫째, 중동의 실제 상황에 대한 일반 대중의 광범위한 무지(경멸적인 표현이 아니라 현실을 말하는 것이다)가 사담 후세인의 과거 침략과 결합되어 후세인이 9·11 테러의 악역이었다고 믿기 쉽게 되었다. 둘째, 테러에 대한 광범위한 공포가 있었다. 공포와 공황의 시기에 사람들은 강력한 권력의 보호를 받고 싶어 하지만, 이 과정에서 안전을 위해 개인의 자유를 희생할 위험이 있다. 셋째, 다수 의견에 동의하면 보상하고 거부하면 처벌하는 집단사고 groupthink의 심리적 과정이 작동했다. 따라서 임박한 이라크 전쟁에 비판적인 의견을 말하면 애국자가 아니라거나, 우리 군을 성원하자는 물결에 밀려 이기주의라는 혐의를 덮어쓸 수 있었다. 나아서 비판하면 망신당하고 사회적 지위를 잃을 수 있기 때문에, 대부분의 사람들은 불안한 마음을 접어둔 채 합의에 따르게 되었다.

집단사고는 잘 알려져 있고 많은 연구가 이루어져 있다.[19] 집단사고는 한 집단이 합의를 추구하는 과정에서 비판적 사고, 합리적 의심, 대안적 견해를 억제하는 경향을 말한다. 이런 경향은 자연적으로 발생하기도 하지만, 합의에 순응하면 보상하고 도전하면 처벌하는 식으로(망신을 주거나 따돌려서) 집단이 강제할 수도 있다. 집단사고는 인위적으로 집단의 의사 결정에 영향을 줄 수 있고, 그렇게 해서 파국적인 의사 결정이 내려지기도 한다. 집단사고를 줄이기 위해서는 집단의 하급 구성원이 리더보다 먼저 발언하게 하거나(그렇지 않으면 하급 구성원은 인정받기 위해 리더의 말을 앵무새처럼 따라 하는 경향이 있다), '악마의 대변인' 역할을 하는 사람을 특별히 지정하거나, 소집단에서 먼저 토론한 뒤에 대규모 토론을 하거나, 만장일치로 결정된 사항은 거부하는 등의 방법을 쓸 수 있다.[20] 어떤 결정이 **도덕적**이라는 인식은 (부도덕한 사람만 반대할 것이기 때문에) 집단사고를 증가시킬 수 있다.

자기가 집단사고에 기울어져 있는지 스스로 알아차릴 수 있다. 여기에는 집단에 영향을 받지 않는 나는 생각(당연히 바른 것이 더 많은 지지를 받을 것이다)과 도덕성(반대하는 사람은 부도덕하거나 악하다)의 감정이 관련된다. 집단에 반대하는 사람들에게는 천박하거나, 우둔하거나, 무지하거나, 사악하다는 고정관념을 씌운다. 집단의 결정에 반대하는 주장은 약하고 허술한 형태로 제시된다. 사람들이 자신의 의심을 자기 검열하기 시작하고, 일부 구성원은 다른 구성원을 감시하거나 감시하라고 지시받기도 한다.

학자들은 집단사고의 사례로 특정한 파국을 조사했다. 1986년 미국 우주왕복선 챌린저호의 폭발 사건이다. 이 사건은 충분히 예측하고 예방할 수 있었다.[21] 우주왕복선이 이륙 중 폭발했다. 로켓 부스터 중 하나에 결함이 있었고, 발사 당일 플로리다가 비정상적으로 추워서 이 장치가 불안정해졌다. 모든 승무원이 죽었으며(폭발 후 바다에 떨어질 때 충격으로 죽은 것으로 추정된다), 그중에는 우주에서 수업을 진행하기 위해 선발된 교사 크리스타 매콜리프도 있었다. (그녀의 반 학생들도 이륙 장면을 텔레비전 실황중계로 지켜보았고, 담임 선생님의 죽음을 지켜보았다.) 엔지니어들은 로켓 부스터에 결함이 있다고 나사NASA에 경고하려고 했지만, 나사는 자체적으로 정한 발사 기한에 쫓기고 있었다. 로켓 부스터에 대한 하급 엔지니어들의 우려는 묵살되었다. 우주왕복선이 안전하다는 확신은 비현실적이었다. 나사 의사 결정권자들은 안전을 확신하고 있었고, 그 결과는 재앙이었다.

집단사고는 민간 부문에서도 재앙을 부를 수 있다. 1985년 코카콜라가 '클래식' 제조법을 버리고 '새로운' 단맛을 도입하기로 한 결정이 대표적인 예다. 새로운 제조법이 시음회에서 호평을 받기는 했지만 코카콜라 경영진은 '클래식' 코카콜라에 대한 브랜드 충성도 문제를 무시했다. '뉴 콜라'가 출시되었을 때 일반적으로 호평을 받았지만 브랜드 충성도가 높은 열성적인 소수가 반대의 목소리를 높였다. 코카콜라사는 이런 반응에 전혀 대비하지 않은 듯 보였는데, 성공을 확신했기 때문일 것이다. 그런데 신기하게도 회사 내부의 사회적 압력에 의해 회사가 공황 상태에 빠진 것 같았다. 실제로 뉴 코카콜라가 꽤 잘 팔리고 있었는데도, 회사 내에서 뉴 코카콜라를 지지하지 못하게 하는 암묵적인 분위기가 형성되었다. 결국 회사는 79일 만에 '클래식 코카콜라'로 되돌아갔다. 이 회사가 뉴 콜라를 클래식 콜라와 함께 팔거나(클래식 콜라의 판매를 완전히 중단하지 않고) 비판적인 의견에 대한 대응 계획이 있었다면, 이렇게 참담한 실패는 없었을 것이다. 코카콜라가 의도적으로 논란을 일으켜 클래식 콜라에 대한 관심을 유도해 판매를 늘리려고 했다고 의심하는 관점도 있지만, 대부분의 사람들은 이 사건이 실패로 끝났다고 인정한다.[22]

집단사고는 이라크 침공 계획뿐만 아니라 사회 전반에 걸쳐 작동한 것으로 보인다. 부시 대통령 팀은 이라크를 침공하면서 대성공을 기대했고(결국 실패했다. 후세인은 9·11 테러에 관련이 없었고, 대량 살상 무기도 없었다), 미군이 이라크인들에게 두 팔 벌려 환영받을 것이며(실패!), 소규모 점령군으로 이라크의 평화를 유지할 수 있고(실패!), 민주주의가 쉽게 확립될 수 있을 것이라고 생각했다(실패!). 침공 자체는 순조롭게 진행되었고, 미군은 예상대로 이라크 군대를 쉽게 무너뜨렸다. 그러나 초기에 이라크의 질서를 유지하기에는 주둔 병력이 너무 적었다. 박물관부터 탄약고까지 모든 것이 약탈당했다. 이라크 내 수니파와 시아파 무슬림, 북부의 쿠르드 민족 간의 고질적인 갈등이 끓어올랐다. 역내의 악의적인 세력들, 특히 이란이 미국을 괴롭힐 기회를 찾아냈다. 미국은 이라크 군대를 해체하기로 결정했다. 과거 적대국이었던 미국의 입장에서는 이해할 수 있는 결정이었지만, 이라크 군대가 그대로 있었으면 미국의 통제권 유지에 도움이 될 수 있었다. 게다가 군대에서 쫓겨난 젊은이들은 미국의 처우에 분개한 대규모 무장 세력으로 바뀌었다.

이렇게 해서 이라크에서 대규모 내전이 벌어졌고, 잔인한 테러, 고문, 살인이 횡행했다. 미군은 불안정한 새 이라크 정권을 지원하려 했지만, 이라크 내 여러 집단 사이에서 많은 폭력이 발생했다. 후세인은 이라크인들에게 체포되어 잔인하게 처형되었지만, 그때 후세인은 이미 세력을 잃고 뒷전으로 밀려난 뒤였다. 이라크 내전으로 미국은 수천 명의 목숨을 잃고 1조 달러 이상의 손실을 입었다. 이라크인은 훨씬 더 많이 죽었다. 그 결과 이라크 정권은 여전히 불안정하고, 미국에 대해 겨우 '우호적'인 태도를 취하고 있다. 중동은 부시 행정부가 기대했던 민주적 유토피아로 변모하지 못했다.

이러한 집단사고는 행정부뿐만 아니라 국민 전체에 퍼져 있었다. 뉴스 미디어는 대체로 부시 행정부의 이야기를 그대로 따라갔다. 비판적인 사람들은 수모를 당했다. 유명한 사례로 컨트리음악 밴드 딕시 칙스는 부시 대통령을 비판한 후 경력이 크게 손상되었다.[23] 교훈을 얻지 못한 딕시 칙스는 2020년 조지 플로이드가 살해된 후 도덕적 공황에 빠져 밴드 이름에서 '딕시'를 삭제했지만, 이에 대한 자세한 내용은 7장에서 설명한다. 이런 방식의 사회적 집단사고는 토론을 억압하고 일종의 '군중심리'를 형성할 수 있다. 대다수의 시민이 무언가 잘못되고 있다고 인지하더라도 결과에 대한 두려움 때문에 말을 하지 못하고 군중이 득세한다.

애국자 법

불필요한 전쟁으로 군대, 경제, 다른 문화에 끼친 피해를 무시하더라도 미국의 대응은 시민의 자유에 상당한 피해를 입혔다. 애국자 법Patriot Act이라는 의심스러운 이름의 법안은 정치 선전의 좋은 예다.

9·11 테러 직후에 통과된 애국자 법은 미국을 돕고 테러리스트와 싸우는 데 도움이 될 것 같았다. 실제로 이 법은 연방 정부의 자국민 감시 권한을 크게 확대했지만, 국외에서 벌어지는 테러와의 전쟁에는 거의 효과가 없었다.[24] 이 법은 미국인의 전화, 이메일, 금융 기록에 대한 전례 없는 감시를 허용했고, 종종 최소한의 사법적 감독이나 책임도 묻지 않았다.[25] 이 법에 따라 경찰의 권한이 크게 강화되고 '테러' 범죄의 처벌이 늘어났으며, 정부는 '국내 테러'에 점점 더 집착하면서 '테러' 구성 요건을 확대했다. 오바마 행정부가 들어선 뒤인 2015년에 '자유법Freedom Act'으로 대체되었지만, 이 법 때문에 시민의 자유가 위협당할 수 있다는 우려는 여전히 남아 있다.

이 법과 그 영향은 두 가지 흥미로운 현상을 지적한다. 첫째, 이름 짓기의 강력한 선전 효과다. 둘째, 사람들이 위협으로 인식되는 상황에 대응하여 개인의 자유를 포기하는 정도다.

애국자 법과 자유법은 모두 명백한 선전 효과를 가지고 있다. 애국심이나 자유에 반대하는 사람이 누가 있을까? 이런 법에 대한 비판은 도덕적 결함으로 쉽게 몰아갈 수 있다. 그래서 지금 애국주의에

반대하고 테러리스트의 편에 서겠다고? 법안이나 법률의 이름은 종종 무의미하며, 실제로 그 법이 가진 많은 문제점을 숨길 수 있다. 정치인들은 "아이들을 생각하자", "고양이를 사랑한다" 등의 구호를 앞세워 누군가의 특별한 이익을 노리거나, 시민의 자유에 대한 실질적인 위협 또는 단순히 여러 가지 멍청한 아이디어를 숨긴 법안을 만들어낸다. 이는 형사 사법에 초점을 맞춘 법안과 법률이 실제 범죄 피해자의 이름을 따서 명명될 때 많이 나타난다. 법안 자체가 믿기지 않을 만큼 빈약한 사고로 고안되어 가혹하거나 잔인한 내용이 들어 있어도, 끔찍한 범죄의 피해를 입은 아동의 이름을 딴 법안에 반대할 사람은 아무도 없을 것이다.[26]

여기서도 수치심을 교묘하게 이용하는 전략이 숨어 있다. 반대하는 주장을 펼치려면 예상 가능한 도덕적 공격의 돌팔매와 화살을 기꺼이 견뎌내야 한다. 이것이 함정이 될 때가 많다. 법안의 이름 너머를 보지 못하는 대중의 표를 잃을 만큼 용감한 정치인은 드물기 때문이다. 법안의 이름이 '강아지 학대 금지'라면, 이 법안이 실제로 강아지와 다른 많은 사람들에게 끔찍한 내용임을 알아도 어떤 정치인이 반대표를 던지겠는가.

이는 정치인만의 문제가 아니다. 압력단체도 소외된 집단이나 중요한 도덕적 대의를 보호한다는 명분으로 경직된 이데올로기, 반자유주의 또는 그저 나쁜 아이디어라는 프레임을 씌우는 전술을 사용하는 일이 많다. '지구를 구하자'는 구호를 내세우는 아이디어가 끔찍하거나 비효율적이어도 반대하기는 어렵다. 압력단체들은 자신들

CHAPTER 5. 하늘의 공포

의 견해에 대한 비판을 인종차별주의, 성차별주의, 파시스트, 반환경주의 등으로 재빨리 낙인찍어 수치심을 이용해 준수(실제로는 공모)를 강요할 수 있다. 예를 들어 생물학적인 젠더는 분명히 존재하며, 크게 두 가지가 있다(둘 중 어느 쪽에도 속하지 않는 소수도 존중하며, 그들을 배제하지 않는다). 두 젠더에 속한 사람은 행동과 태도에 차이가 있으며, 이 차이를 인정하는 것이 건강 관리에도 분명히 중요하다. 이 사실을 뒷받침하는 풍부한 과학적 근거가 있다. 그러나 의료 현장에서 이런 견해를 공공연하게 드러내는 사람은 위험에 빠진다. 이런 예는 많이 있다. 최근에 어떤 교수는 '임신한 여성'이라는 용어를 사용했다가 학생들에게 사과해야 했다. 트랜스남성(여성에서 남성으로 전환한 사람)도 임신할 수 있지만, 이런 사람을 배제했다는 이유로 학생들이 불쾌감을 느꼈다고 항의했기 때문이다.[27] 이런 상황에서 사람들은 '성전환 혐오'라는 말을 들을 수도 있다는 두려움과 수치심으로 점점 더 복잡한 용어를 만들고 사상 검열을 하게 된다. 자기가 느끼는 젠더 정체성이 타고난 젠더와 다른 사람도 있지만, 생물학으로 그 이유를 설명할 수 있다.[28] 그렇지만 이런 사실이 모든 젠더를 공정하게 대해야 한다는 압박감에서 벗어나게 할 수는 없다.

이를 **이데올로기 포획**ideological capture이라고도 한다. 간단히 말해, 이는 기관이나 권위자가 망신당할 것을 너무 두려워하여 이데올로기적이고 반과학적인 헛소리를 반복할 때 일어난다. 이것은 공산주의 체제하의 자아비판을 연상시킨다. 사람들의 생계와 사회적 평판을 위협하면 사실이 아니라고 뻔히 알면서도 거의 아무거나 실토하고, 사상 범죄를 용서해 달라고 빌기 시작한다. 이에 대한 내용은 7장에서 더 자세히 살펴보겠다.

애국자 법의 또 다른 흥미로운 측면은 테러 위협을 줄이기 위해 미국인들이 전례 없는 법적 권리 축소를 기꺼이 감내했다는 점이다. 앞에서 말했듯이, 공동체는 외부의 위협이 있으면 일반적으로 하나로 뭉쳐 집단사고에 매달린다. 게다가 사람들은 가부장적인 당국에게 더 많은 권한을 부여하기에 급급해지며, 당국이 자신들을 보호해 주기를 바란다. 이는 어린 시절 겁이 나면 엄마의 치마 속으로 숨어 버리는 행동과 다르지 않다. 다만 엄마와 달리 정부는 시민의 이익을 위해 언제나 진심을 다하지는 않는다.

외부의 어떤 세력이 우리를 위협한다는 공포를 빌미로 시민의 자유를 억압하는 것은 시대를 막론하고 권위주의 정부의 전술이었다. 인지된 위협은 내부(주로 유대인, 이민자, 다른 민족, 공화당 또는 민주당, 노동당 또는 토리당 등) 또는 외부(러시아, 테러리스트, 자본가 등)에서 비롯될 수 있다. 사람들은 외부의 위협(실제든 상상이든)에 대해 당국에 더 큰 통제권을 넘겨주어 대응하려는 자연스러운 경향이 있다. 우리는 안전을 지키기 위해 무엇을 해야 하는지 지시받기를 원한다. 하지만 그렇게 하여 정반대의 결과를 얻는 일이 많다.

진정으로, 이것이 우리가 기억해야 할 궁극적인 교훈이다. 공포와 위기를 맞을 때 우리는 자주 최선의 이익이 아닌 결정을 내리게 되고, 권력을 추구하는 사람들은 이를 이용한다. 9·11 이후에 그러했듯이, 우리는 이 패턴을 반복하면서 위기를 더욱 악화시킨다. 20

년이 지나 이 글을 쓰는 지금까지도 미국과 전 세계는 그 고통스러운 결과를 안고 살아가고 있다.

적절한 위기관리에는 어떤 균형이 있는 것 같다. 우리는 코로나19 이후처럼 혼란과 파벌 싸움에 빠지기를 원하지 않는다. 9·11 이후처럼 우리 스스로가 집단사고에 함몰되는 것도 원하지 않는다. 우리는 정부와 압력단체가 우리의 감정을 조작하기 위해 사용하는 선전 전술에 경각심을 가져야 한다. 우리는 '임금님의 새 옷'에 현혹되지 않도록 수치심에 대해 유연성을 키워야 한다. 우리는 나쁜 아이디어나 정책에 대해 건설적으로 비판할 수 있는 능력을 유지하면서 함께 일하는 방법을 찾아야 한다. 다시 말해, 미국의 언론 자유와 적법한 절차를 포함한 건국 원칙을 기억해야 한다(적어도 미국 독자들은). 파국의 시기에 우리는 이러한 기본을 너무 쉽게 잊는다.

지난 20년 동안 우리는 이 패턴을 극복할 수 있다는 낙관적인 전망을 내놓지 못했다. 제2차 세계대전이나 민권운동 등 우리의 빛나는 순간조차 위기에 대한 인간의 추악한 반응으로 가득 차 있다. 하지만 나는 우리가 과거의 실패로부터 배우고 계속 발전할 수 있다고 낙관한다. 실패를 조명하고 미래의 위기 상황에서 이를 기억하면 우리에게 도움이 될 수 있다.

CHAPTER 6
학교 총격

    2019년 워너브라더스는 호아킨 피닉스가 주연을 맡은 <조커>를 개봉했다. 영화의 주인공은 정신 질환을 앓으면서 사회적으로 고립된 젊은이로, 사회의 도움을 받지 못하고 외면당하자 통제 불능의 폭력을 휘두른다. 빼어난 각본과 연기에 시각적으로도 놀랍도록 훌륭한 영화였지만, 이 영화가 어떤 메시지를 주는지 걱정스럽다는 진보적인 영화 평론가들(요즘에는 다른 종류의 평론가가 있을까?)의 주옥같은 리뷰가 폭포처럼 쏟아졌다. 무엇보다 백인 남자 이야기이다. 비자발적인 독신으로 살던 주인공이 사회로부터 원하는 것을 얻지 못하자 폭력을 휘두른다. 이것이 정말 우리가 해야 할 이야기일까? 백인 대량 살인범은 이미 충분히 많지 않은가?

공포의 많은 부분은 인셀incel, 즉 비자발적 독신involuntarily celibate에 초점을 맞추며, 데이트를 하지 못하는 젊은 남자가 여자들에게 분노감을 키운다. 많은 평론가들이 공포에 짓눌려 이 영화가 전국의 극장에 충격을 가하는 인셀 군대를 불러일으킬 것이라고 걱정했다. 심지어 어떤 평론가들은 거의 폭력을 원하는 것 같았고, 내 말이 맞을 테니 두고 보라는 듯한 태도를 보였다. 스테퍼니 재커렉은 <타임>에 실린 경멸적인 리뷰에서 아서 플렉을 "인셀의 수호성인"[1]이라고 불렀고, <슬레이트>의 샘 애덤스도 "이 영화가 세상에 분노한 불만 많은 젊은이들에게 위로나 이해가 아니라 빈정을 위한 각본을 제공하는 일종의 인셀 선언문이 될 수 있다는 우려를 미리 보여주는 영화"라고 주장했다. 또한 애덤스는 이 영화를 보면서 자의식에 빠져드는 상황을 경계해야 한다면서 이렇게 덧붙였다. "극장 옆자리에서 누군가가 자신의 분노를 정당화하기 위해 나의 분노를 이용할지 모르기 때문에, 너무 많은 감정을 느끼면 위험하게 여겨진다."[2] 데이비드 에를리히는 "잠재적으로 유독하고", "심오하게 위험하다"고 말했지만 그 의미의 해독은 독자의 몫으로 남겨두었다.[3] <벌처>의 데이비드

에델스테인은 <조커>가 "인셀을 위한 찬가"라고 말하며 슈퍼 히어로 영화와 2012년 콜로라도주 오로라 총격 사건과 같은 대량 총격 사건 사이의 연관성을 암시했다.[4] 평론가들은 공통적으로 영화의 디스토피아적 분위기에서 드러나는 엘리트적 오만, 정신 질환을 앓는 백인에 대한 동정, 영화가 대변할 듯한 불만이 가득한 젊은이에 대한 조롱과 무시를 드러내고 있다. 또한 그들의 리뷰는 영화에서 영감을 받은 **단 한 사람만 경청했더라면** 연결고리가 완전히 명확했을 텐데 하는 느낌으로 폭력에 대한 두려움을 표현한다. 이렇게 위험한 영화를 보지 말라고 설득하려는 시도에도 불구하고(어쩌면 부분적으로 이 시도 덕분에) 영화는 큰 성공을 거두었다. 그렇다면 <조커>를 본 사람이 이 영화의 영향으로 저지른 폭력 사건은 몇 건이나 될까?

정확히 0건이다.

무슨 일이 있었을까? 왜 그렇게 많은 평론가들이(대부분이 진보적인 사람들이다) 이 영화가 위험하다고 자신 있게 주장했을까? 왜 그들은 이 영화가 폭력을 부추긴다고 절대적으로 확신했을까? 그리고 그 결과는 왜 그렇게 크게 틀렸을까?

우리는 미디어와 기묘한 관계를 맺고 있다. 우리는 미디어를 좋아하며, 싫어하는 척하면서도 섹스와 폭력 장면까지 좋아한다. 그러나 미디어는 경계에 부딪히면서 관습에 도전하기도 한다. 우리는 특히 아이들이 미디어를 가까이할 때 긴장한다. 따라시 세상에 잘못된 것이 있으면 그것이 무엇이든 미디어를 쉬운 희생양으로 삼을 수 있다. 이는 새롭지 않다. 플라톤의 대화편에 등장하는 아테네의 원로들은 오늘날의 심술궂은 노인네들과 매우 흡사하다. 자기가 젊었을 때는 그렇지 않았는데, 요즘 젊은이들은 어른을 공경하지 않는다고 불평한다. 그들은 당시에 새롭게 유행하던 연극을 탓했지만, 2,500년이 지난 지금 우리는 고등학생들에게 그 연극의 대본을 읽으라고 강요하고 있다. 아테네 사람들은 청소년들의 비행을 부추긴다는 이유로 소크라테스를 처형했다(내가 가끔 농담 삼아 말하지만, 소크라테스는 기본적으로 당시의 폭력적인 비디오게임과 같았다). 20세기는 라디오부터 포르노까지, <던전 앤 드래곤>부터 <해리 포터>에 이르기까지 모든 미디어에 대한 도덕적 공황이 무르익었다. 거의 모든 장르의 음악이 검열의 대상이 되었다. (나는 아직도 1980년대 의회 청문회에서 AC/DC부터 신디 로퍼, 프린스에 이르는 가수들이 사탄주의, 폭력, 자살, 청소년 섹스를 부추긴다고 확신했던 정치인들을 기억한다.*)

우리는 이 도덕적 공황을 되돌아보며 웃을 수 있다. 어떤 바보들이 라디오나 만화책을 두려워했는가? 그러나 우리는 역사에서 배우지 못하는 것 같다. 비디오게임의 공포 이후로 부모, 징지인, 활동기, 일부 학자들은 소셜 미디어와 스마트폰 따위의 새로운 미디어를 정신 질환과 자살의 원인으로 지목해왔다(사실은 그렇지 않다). 왜 우리는 이런 일을 계속할까?

대량 살인의 사례 하나를 살펴보면서, 이러한 사건에서 우리의 인지가 무너지는 다양한 방식을 살펴보자. 2018년 2월, 19세의 남자

---

* 40년이 지나서, 어떤 학자들은 10대들이 섹스를 충분히 하지 않는다고 걱정하기 시작했고 그것을 미디어 탓으로 돌린다. 농담이 아니다.

(이름은 밝히지 않겠다)가 플로리다주 파크랜드의 한 고등학교에 들어와 총을 쏘기 시작했다. 범행이 끝났을 때 학생과 교직원 17명이 죽고 17명이 다쳤다. 총격범은 현장을 빠져나갔지만 한 시간 뒤에 체포되었다. 총격범은 오랫동안 정서적, 행동적 문제를 겪었고, 과거에 이 학교에 다니다가 대안 교육기관으로 보내진 적이 있었다. 그는 기괴하고 위협적인 행동을 한 전력이 있었다. 불행하게도 정신 건강 관리 시스템이나 법 집행 기관은 그에게 장기 입원 정신 건강 치료를 받도록 조치하지 않았다. 그렇게 했다면 비극을 막을 수 있었을지도 모른다.

    총격이 벌어지는 동안 경찰과 학교의 대응은 혼란에 빠져 있었다. 학교 관계자들은 총격이 시작되었을 때 누가 봉쇄를 승인할 수 있는지도 모르고 있었다. 당시에 이 학교를 담당한 부보안관은 총격범을 제압하기 위해 건물 안으로 들어가지 않고 계속 밖에 있었다. 다른 경찰이 도착했지만, 그들도 건물 내부로 들어가지 않고 외부를 둘러쌌다. 또한 그들은 구급대원들이 초기에 건물 안으로 들어가지 못하도록 막았다. 총격 사건이 항상 그렇듯이, 이 사건도 총기 규제를 둘러싸고 전형적으로 양극화된 논쟁을 촉발하였다. 진보 진영은 총격 사건을 총기 규제 의제로 활용하고, 보수 진영은 이를 막으려고 했다. 트럼프 대통령을 비롯한 몇몇 공화당 정치인들은 총기 규제에 대한 차단 전략으로 폭력적인 비디오게임이 잠재적인 원인이라고 언급했다. 실제로 대통령의 발언 때문에 워싱턴 DC에서 청문회가 열렸고, 나는 이 문제에 대해 증언을 했다.

이 총격 사건에는 사회와 개인이 저지른 몇 가지 심각한 오류가 얽혀 있으며, 이 오류가 참사를 악화시켰다. 첫째, 명백히 정신 장애가 있는 사람이 장기 입원 정신 건강 치료를 받지 못했다. 심지어 여러 사람이 그를 잠재적 위협으로 지목했는데도 말이다. 둘째, 총격 사건 당시 경찰관 개개인이 혼란에 빠져 생명을 구할 수 있는 조치를 취하지 못했다. 셋째, 사회는 총격 사건의 원인을 이해하려고 노력하는 과정에서 도덕적 공황에 빠져 효과적인 대책을 세우지 못했다.

파국이 닥쳤을 때 사람들의 행동 방식

먼저 파크랜드 총격 사건이 일어났을 때 일부 경찰관이 했던 행동부터 살펴보자. 이 경찰관들은 공개적인 수모와 비난을 견뎌냈기 때문에, 나는 조금 염려하는 마음으로 이 문제를 다룬다. 많은 독자가 그들이 당연히 비난받아야 한다고 생각할 수 있지만, 나는 이에 기여하고 싶지 않다. 따라서 나의 발언은 도덕적 우월감을 과시하거나 비난 여론에 가세하려는 의도가 아니라, 실수의 밑바탕에 있는 인지 과정을 이해하려는 시도로만 해석해야 한다.

많은 사람들이 자신이 슈퍼 히어로가 될 기회를 기다리는 영웅이라고 상상한다. 불타는 건물이나 물에 빠진 아이가 내 앞에 있기만

하면 공을 세워 영웅이 되리라는 상상 말이다. 영웅이 된다는 생각은 너무나도 유혹적이어서 스스로 위기를 만들어내는 사람도 있다. 가장 유명한 예는 소방관에 의한 방화일 것이다. 자기가 불을 지른 뒤에 영웅적으로 뛰어들어 불을 끄는 것이다. 소방관 방화범은 대부분 어려운 가정환경에서 태어나 학업 성적이 나쁘거나 직장에서 실적이 떨어지고 정신 건강에 문제가 있으며, 소방 활동을 영웅이 되고 지루함에서 벗어나기 위한 수단으로 여긴다. 가장 유명한 사례로 1980년대 로스앤젤레스를 중심으로 여러 번 불을 질렀고, 가게에 불을 질러 4명의 사망자를 내기도 한 소방관 존 오르가 있다. 그는 결국 화재 현장에 남긴 지문 때문에 체포되었다. 그는 불을 지르는 소방관에 관한 소설도 썼다! 그는 유죄판결을 받았고, 종신형을 선고받았다.[5]

파크랜드 총격 사건에서는 이 학교를 담당했던 부보안관 스콧 피터슨에게 관심이 집중되었다. 앞에서 보았듯이 피터슨은 총격 사건 당시 범인을 제압하기 위해 건물 안으로 들어가지 않고 건물 밖에 있었다. 피터슨은 수사관에게 처음에는 폭죽 소리인 줄 알았고, 총소리라고 확인한 뒤에는 바깥에서 소리가 난다고 생각했다고 진술했다. 그러나 공식 조사 보고서는 이 설명을 반박한다.[6] 피터슨이 건물에 접근했고, 다른 사람들에게 했던 말의 내용으로 보아 총소리가 학교 건물 내부에서 난다는 것을 어느 정도 알고 있었디. 그는 총격 사건에 대응하여 '코드 레드' 또는 학교 봉쇄를 요청하지도 않았다. 피터슨의 행동은 그가 스트레스를 많이 받았으며(그렇지 않은 사람이 어디 있을까?) 분명히 충격을 받은 사람임을 나타낸다. 다른 경찰이 도착했고, 한 경찰관이 그에게 무슨 일이 벌어지고 있는지 물었다. 그는 이리저리 걸어 다니면서 이렇게 대답했다. "모르겠어요. 모르겠어요…. 맙소사, 믿을 수가 없어요." 어쩌면 이것이 핵심 단어일 것이다. 피터슨은 왜 법 집행 절차와 훈련에 따라 건물에 진입하여 총격범과 교전하지 못하고 무너져 내렸을까?

피터슨은 실제로 자신이 받은 훈련에서 총격 발생 지역 밖에 머물면서 특수 기동대가 도착할 때까지 그 지역을 봉쇄하도록 배웠다고 주장했다. 1999년 콜럼바인 사건 이후 이런 방식은 경찰의 표준이 아니었다. 조사 보고서에 따르면 피터슨은 경찰관 단독으로 총격범과 대치하는 등 최신 대응 지침을 잘 훈련받았다고 한다. 피터슨은 1980년대 후반부터 경찰관으로 근무해왔는데, 혹시 위기의 순간에 예전에 배웠던 내용이 떠올라 최신 교전 훈련에서 배운 내용을 갑자기 잊어버리지는 않았을까? 그럴 수도 있다.

공식 조사 보고서는 그의 경험에서 한 가시 딘짐을 인정했다. 보고서의 행간을 조금만 읽어보면, 학교 전담 경찰관이 다른 직무보다 비교적 편한 자리임을 알 수 있다. 학교 폭력이라고 하면 손이 부들부들 떨릴 지경이지만, 미국의 학교는 실제로 매우 안전하다. 학교 내 폭력은 드물게 일어날 뿐만 아니라, 1992년부터 적어도 2017년까지 크게 감소했다.[7] 즉 학교 전담 경찰관은 살인, 가정 폭력, 심각한 폭행 등을 다른 경찰관들만큼 많이 처리할 필요가 없다. 따라서 인위적인 훈련을 받을 때 말고는 실제의 대처 능력을 유지하기 어렵다. 훈련과 경험은 스트레스가 많은 상황에서 개인이 얼어붙지 않도록 하는 데 매우 중요하다. 28년 동안 학교 전담 경찰관으로 일해온 피터슨은 스트레스가 높고 잠재적으로 목숨이 위태로운 실제 상황에 대처할 준비가 되어 있지 않았을 수 있다.

훈련과 경험은 위기 상황에서 판단을 내리는 데 도움이 될 수 있다. 위기에 닥치면 우리는 낯선 상황에 마주친다. 피터슨이 "믿을 수 없어."라고 했던 말에서 알 수 있듯이, 나에게는 일어나지 않을 것 같았던 아주 드문 일이 눈앞에 펼쳐진다. 목표는 불분명한데 순간적으로 수많은 판단을 해야 하며, 이 모든 요인이 나쁘게 작용한다. 훈련을 잘 받으면 최선의 대처 방법이 어느 정도 몸에 익어서, 머리로 생각할 필요 없이 몸이 어떻게 해야 할지 알려준다. 위기 상황에 뛰어나게 대처하는 사람도 있지만, 훨씬 더 많은 사람들이 공포에 휩싸여 어쩔 줄 몰라 하고 공황에 빠진다. 이런 상황에서는 누구나 판단 불능 상태에 빠져 '헤드라이트 앞의 사슴'처럼 행동할 수 있다. 잘 훈련되어 있으면, 믿기 힘든 상황이 눈앞에 펼쳐져도 머리로 생각할 필요 없이 몸이 알아서 잘 대처할 수 있다.

경험을 통해 위기 상황에서 감정적 반응을 줄일 수 있는데, 이를 둔감화desensitization라고 한다. 둔감화란 반복되는 상황에 대해 감정적 반응이 약해지는 것을 말한다. 둔감화는 나쁜 의미로 사용되기도 하는데, 격렬한 미디어 논쟁에서 자비 없는 세상 속에서 휘정내는 좀비화된 젊은이들의 모습을 상상할 때 더욱 그렇다. 하지만 둔감화는 반드시 나쁘다고 할 수 없으며, 어떤 사람에게는 도움이 되기도 한다.

일반적으로 공포나 슬픔과 같은 감정이 올바른 판단에 방해가 될 수 있기 때문에, 우리는 응급 구조대원들이 무감각해지기를 원한다. 실수로 나의 팔이 잘려나갔다면, 나는 출동한 응급 의료 요원들이 이 광경을 보고 충격을 받아 빙글빙글 맴돌기를 원하지 않는다. 아마 나 자신이 그렇게 할 수는 있을 것이다(출혈로 의식을 잃지 않는다면). 나에게는 냉정하게 대응하고, 어떻게 해야 할지 알고, 괜찮을 거라고 안심시켜주고, 최선의 도움을 줄 수 있는 사람이 필요하다. 이렇게 침착한 대응은 스트레스가 많은 사건을 되풀이해서 겪었을 때만 할 수 있다.

다행히도 학교 총격 사건은 굉장히 드물게 일어난다. (뉴스 미디어의 관심으로 인해 우리는 그 빈도를 과대평가하는 경향이 있다. 가용성 휴리스틱이 작동한다는 것을 이제는 독자들도 기억할 것이다.) 이는 학교 전담 경찰관 중에서 학교 총격이라는 특정 시나리오를 경험한 사람은 거의 없다는 뜻이다. 훈련이 도움이 될 수 있다. 일반적인 경찰관들은 순찰을 돌다 다른 형태의 폭력을 목격하거나 다른 위기 상황에 자주 대처해야 한다. 학교 총격과 같지는 않지만 이런 일을 여러 번 겪으면 정서적으로 둔감해져 새로운 위기 상황에서 공황이나 혼란의 위험을 줄일 수 있다. 파크랜드 총격 사건의 공식 보고서에 따르면 피터슨은 이런 수준의 경험이 없었기 때문에, 사실상 위기 상황에 대한 감정적 반응을 줄일 수 있는 기회를 얻지 못했다. 그 결과 대부분의 사람들이 그러하듯 혼란과 공황에 빠져 우유부단하게 행동했다.

나의 의도는 피터슨을 비난하려는 것이 아니라(이미 많은 사람들이 비난하고 있다), 그의 행동이 도덕적 약점의 징후라기보다 평범한 사람들이 위기의 순간에 보일 수 있는 정상적인 반응이라고 지적하는 것이다. 물론 우리는 법 집행관에게 더 많은 것을 기대한다. 그들은 위기 상황에 대처하는 훈련을 받아야 했고(공식 조사에 따르면 그는 훈련을 받았다), 압박감 속에서도 침착함을 유지할 수 있는 경험이 있어야 한다(조사에 따르면 그는 그런 경험이 없었다). 물론 나는 스콧 피터슨의 무슨 생각을 했는지 모르기 때문에 어떤 판단도 내리지 않겠다. 하지만 피터슨이 학교 전담 경찰관으로서 비상사태에 대비하기에 충분한 경험이 없었을 가능성이 높다는 공식 보고서의 지적이 옳다고 생각한다. 그렇다고 해서 학교 전담 경찰관으로 오랫동안 근무했던 사람이 모두 똑같은 방식으로 대응할 것이라는 말은 아니다. 개인적·심리적 요인, 훈련과 경험의 조합에 따라 경찰관마다 다른 결과가 나올 수 있다. 하지만 학교 전담 경찰관이 위기 상황에 대한 적절한 경험을 쌓도록 하면 더 많은 학교 전담 경찰관이 생사를 결정해야 하는 긴급 상황에서 더 잘 대처할 수 있을 것이다.

미디어에 대한 도덕적 공황

비디오게임이나 영화와 같은 미디어는 학교 총격이나 다른 대량 살인 사건에 아무런 역할을 하지 않는다는 명백한 증거가 있음을 알

앉다. 그런데 왜 사람들이 학교 총격에 대해 항상 비디오게임과 미디어를 비난하는지 살펴보자. 사실 미디어가 사람들을 타락시킨다는 불평은 (젊은 세대 탓하기와 함께) 적어도 고대 그리스까지 거슬러 올라가는 익숙한 관행이다. 외부의 힘이 젊은이를 타락시킨다는 생각은 역사적으로 모든 부모들의 공통적인 두려움인 것 같다.

최근 수십 년 동안에 우리는 점점 더 도덕적 공황으로 기울어져 가는 것을 보았다. 그중 많은 것들은 나중에 살펴볼 미디어를 둘러싼 도덕적 공황만큼 영향력이 크지는 않다. 예를 들어, 몇 년 동안 무서운 광대가 학교를 스토킹한다는 믿음과 관련된 도덕적 공황이 있었다. 광대를 보았다는 이야기가 잠시 동안 여러 곳에서 떠돌았지만 대부분 괴담으로 판명되었고, 실제로 스토킹을 하는 광대는 나타나지 않았다.[8] 얼마 지나지 않아 어떤 으스스한 인물이 십대의 자살을 부추긴다는 '모모 챌린지' 공황이 있었다. 그러나 이로 인해 자살한 청소년이 있다는 증거는 희박하다고 밝혀졌다.[9] 오늘날 청소년들이 이전 세대에는 없었던 극단적인 행동을 한다는 생각을 바탕으로 하는 도덕적 공황도 많이 있다. 여기에는 청소년들이 낯선 사람을 주먹으로 때려 한 방에 쓰러뜨리면 점수를 얻는 '녹아웃 게임'이나 '레인보 섹스 파티'와 같은 것들이 있다. 이 흥청망청한 축제에서는 십대 소녀들이 각각 다른 색의 립스틱을 바르고 소년과 돌아가면서 구강성교를 함으로써 소년에게 무지개를 그려준다는 것이다. <오프라 윈프리 쇼>에서 공개되었지만, 이런 일이 진짜 있었다는 증거는 거의 밝혀지지 않았다.[10] 이상하게도 최근 몇 년 동안 비디오게임, 스마트폰,

소셜 미디어 사용으로 인한 사회적 고립을 염려하면서 일부에서는 청소년들이 섹스를 너무 적게 한다고 불평하는 분위기로 바뀌었다. 어떻게 해도 아이들이 이길 방법은 없다.

도덕적 공황이 언제나 청소년들을 향하지는 않지만, 청소년을 대상으로 흔히 일어난다는 것을 알 수 있다. 19세기 후반부터 20세기까지 소설과 텔레비전의 폭력, 롤플레잉 게임인 <던전 앤 드래곤>에 이르기까지 도덕적 공황은 다양한 형태로 나타났다. 1940년대에 저명한 <소아과학저널>에 실린 라디오의 위험성에 관한 논문은 내가 가장 좋아하는 사례다.[11] 최근에는 사람들이 스마트폰과 소셜 미디어가 청소년 자살을 부추긴다고 염려하고 있다(실제로는 그렇지 않다[12]). 이런 공황들 중 몇 가지(20세기 초 영화, 1950년대 만화책, 1980년대 록 음악, 1990년대와 그 이후의 비디오게임)는 의회 청문회에까지 등장했다.

미디어의 영향에 관한 가장 유명한 청문회 시리즈는 1980년대에 의회에서 열린 노래 가사에 관한 청문회일 것이다. 이 청문회는 미디어에 반대하는 압력단체인 부모음악자원센터PMRC, Parents Music Resource Center에 의해 추진되었다. 1985년에 시작되어 당시 상원의원이었고 나중에 부통령이 된 앨 고어의 아내 티퍼 고어가 주도한 이 단체는 1980년대 록, 팝, 랩에서 점점 더 많이 사용되는 섹스, 오컬트, 폭력, 욕설에 초점을 맞췄다. 티퍼 고어는 <이상한 나라의 앨리스> 이야기를 기발하게 재해석한 톰 페티의 뮤직비디오 <더 이상 여기 오지 마Don't Come around Here No More>에서 부분적으로 영감을 받았다고 한다. 물론 이 영상은 기괴하게도 앨리스가 케이크로 변하고 다른 사람들이 먹으면서 끝난다. 아마도 이 때문에 고어의 딸이 겁에 질렸고, 이 영상이 식인을 부추긴다는 혐의를 받게 되었다.[13] 부모음악자원센터는 또한 섹스, 오컬트, 폭력이 들어간 최악의 노래를 골라 '추잡한 15곡'을 선정했다. 이 단체는 머틀리 크루, 블랙 사바스와 같은 밴드는 물론(충분히 그럴 만하다), 음악 산업의 역사적인 슈퍼 빌런으로 볼 수 없는 프린스와 신디 로퍼도 표적으로 삼았다. 예를 들어 신디 로퍼는 '쉬밥She Bop'에서 자위행위를 농담으로 언급해서 지목되었다(뮤직비디오를 보기 바란다). 이 단체는 이 노래가 청소년들의 자위행위를 부추긴다고 생각한 것 같다(마치 그 일을 위해 신디 로퍼의 도움이 필요한 것처럼). 어떻게든 그들은 의회가 이 모든 허접한 것들에 주목해 청문회를 열도록 했다(상원의원과 결혼한 것이 도움이 되었을 것이다).

청문회의 대부분은 여전히 온라인에서 찾아볼 수 있으며, 그때를 회상하면서 보면 꽤 재미있다. 가장 멋진 모습은 트위스티드 시스터의 리드 보컬인 디 스나이더가 분장을 하지 않고도 별난 외모로 증언에 나서서, 의회와 부모음악자원센터가 많은 노래의 가사를 잘못 해석했으며 정부의 노력이 불필요한 검열일 뿐이라고 설득력 있게 지적한 것이다. 그럼에도 불구하고 정부의 규제를 두려워한 음악 업계는 음반에 '노골적인 가사explicit lyrics' 스티커를 붙이는 데 동의했고, 이는 오늘날까지 이어지고 있다. 당연히 무언가가 위험하거나 금지되었다고 알려주면, 사람들은 그것을 더 찾게 된다. 어쩌면 이 스티키를 붙이는 것보다 음반 판매에 더 성공적인 수단은 없었을 것이다. 압력단체도 미리 알았으면 더 좋았을 것이다. 여러 세대에 걸쳐, 최근에 나온 무서운 것들로부터 '아이들을 구하기 위해' 많은 에너지를 낭비해왔다. 하지만 도대체 왜 우리는 이런 일을 하고 있을까? 엉뚱한 일에 정신이 팔려 치러야 하는 비용도 문제지만, 이 이야기는 나중에 다시 하도록 하겠다.

미디어와 기술에 대한 도덕적 공황이 일어나는 이유를 묻는다면 대답하기 어렵다. 한 가지 분명해 보이는 것은 세대와 나이가 관련이 있다는 것이다. 직설적으로 말하자면, 공황에 빠지는 사람은 주로 기성세대라는 뜻이다. 이것이 도덕적 공황이 사라지는 한 가지 방식을 제공한다(솔직히 말하자면, 사람들에게 그렇지 않다는 연구 데이터를 보여주는 것보다 더 강력한 방식일 것이다). 사람들이 죽으면서 특정 문제를 걱정하는 세대는 결국 사라지고, 공황도 함께 사라진다. 공황이라는 말에 호응하는 사람이 없으면 공황을 부추겨 이익을 얻는 정치인, 뉴스 미디어, 학자들은 (실제로 그렇게 이익을 얻는다) 대개 자신이 얼마나 잘 못했는지 인정하지 않고 슬며시 다른 주제로 넘어간다.

예전의 부모음악자원센터 청문회에서도 이를 확인할 수 있다. 오늘날 트위스티드 시스터가(프린스와 신디 로퍼는 말할 것도 없고) 폭력과 섹스를 조장한다고 걱정하는 사람은 아무도 없다. 이들의 콘서트에 가보면 요즘 팬의 평균 연령은 104세 정도이다. (아직 살아서 공연을 하고 있다면 말이다. 프린스의 명복을 빈다.) 1980년대 음악의 팬들은 이제 노년층이다. 그래서 우리는 그 음악에 대해 걱정하지 않고, 새로운 것을 걱정한다.

한 가지 가능성은 이러한 도덕적 투쟁이 사실은 우리 자신의 유한성에 대한 염려라는 것이다. 우리는 특정 시기(나의 경우는 1980년대)에 성장하고, 적어도 문화적으로는 많은 사람들이 그 시기에 갇혀 있다. 1980년대 음악, <던전 앤 드래곤>, <스타워즈>는 언제나 우리에게 대중문화의 전형이 될 것이다. 하지만 세월이 흐르면서 이런 것들은 점점 사라지고, 배우와 가수는 세상을 떠나며, 젊은 세대는 그들에 대해 거의 들어본 적도 없다(사인펠드가 누구였지?). 상황이 변하고, 대중문화가 변하고, 더 큰 사회적 내러티브(미국의 역사와 문화를 해체하고 '탈식민화'하려는 깨어 있는 노력 같은 것 말이다. 그러나 여기에 대해서는 나중에 다루겠다)가 변하고, 이로 인해 사람들은 우리가 소중히 여기는 것은 아무것도 없으며, 우리가 사라지면 우리 자신에 대해 아무것도 남지 않을 것임을 깨닫게 될 수 있다. 우리 자신의 유산이 위협받고 있으므로, 우리는 인간다운 두려움과 분노로 반응한다. 세대마다 주기적으로 일어나기에 뻔히 예측되시민 무능히게도 그로부터 배울 수 없다는 사실은, 이것이 급격한 사회 변화에 대한 일종의 선천적 반응임을 시사한다. 인생의 한 시기인 10대 시절에 도덕적 공황의 대상이 되는 경험을 했다고 해도 부모나 조부모가 된 뒤에 도덕적 공황을 피하지는 못하는 것 같다.

이런 전투에는 권력을 둘러싼 투쟁의 측면도 있을 수 있다. 사회적 지위는 (인간뿐만 아니라 다른 유인원 사회와 사회성을 가진 포유류 사회에서도) 중간 나이의 성년이 차지하는 경향이 있다. 젊은이들이 공격적으로 지위를 빼앗으려고 자주 노력하지만 말이다. 궁극적으로 노년층은 더 이상 지위를 놓고 경쟁할 수 없으며, 대부분의 경우 거의 완전히 지위를 잃는 경향이 있다.* 따라서 대중문화와 기술을 둘러싼 투쟁은 세대 간의 지위 싸움을 대신하는 일종의 대리전이 될 수 있다.

마지막으로, 단순히 나이가 들면서 모방을 통한 학습 능력이 떨어져 새로운 기술이 위협이 될 수 있다는 문제도 있다. 한 가지 예로 일본원숭이 암컷인 이모의 이야기가 있다. 이 이야기는 과학의 훌륭한 기원 이야기가 자주 그렇듯이 조금은 신화적인 성격을 띠고 있으므로, 최대한 충실하게 표현하려고 노력하겠다. 간단히 설명하자면 일본원숭이는 일본 연안의 작은 섬에 살고 있으며, 그곳의 온천에 몸을 담그는 것으로 유명하다. 1960년대에 연구자들은 이 원숭이들에게 먹이를 주기 시작했는데, 특히 고구마를 가져다주었다. 원숭이들은 고구마를 흙이 묻은 채로 먹었지만, 이모라는 이름의 진취적인 젊은 암컷이 고구마를 개울물에 씻어 흙을 제거하는 방법을 알아냈다. 이모가 알아낸 이 독특한 행동을 다른 원숭이들도 따라 하기 시작했다. 이는 사람이 아닌 영장류도 문화적 정보 전달을 한다는 증거이며, 그 자체로도 매우 멋진 일이다. 하지만 더 중요한 것은, 이 원숭이를 모방한 놈들이 대부분 가까운 친척이거나 비슷한 또래이거나 어린 원숭이라는 점이다. 이 원숭이와 친척이 아닌 늙은 원숭이들은

---

* 어떤 사회에서는 노인이 일반적인 지위를 유지하는 예외가 있지만, 나의 느낌은 이런 서사가 "고귀한 야만인" 신화에 의해 과장되는 경향이 있다는 것이다.

고구마를 씻는 행동을 따라 하지 않는 경향이 있었다.[14]

물론 고구마 씻는 원숭이에서 오늘날 **음악과 헤어스타일로 아이들을** 못살게 구는 노인으로 일반화하는 것은 지나친 추측일 것이다. 하지만 노년층이 변해가는 문화에 적응하기 어렵기 때문에 변화에 더 적대적으로 반응하고, 이는 방해가 되고 위협적으로 보일 수 있다는 한 가지 실마리가 될 수 있다. 결국 우리 시대에는 고구마를 더러운 채로 먹었는데, 그것도 우리에겐 좋았다!

불행하게도 새로운 미디어의 유해성을 과장하는 경향은 정치의 복잡성에도 작용할 수 있다. 파크랜드 총격 사건 이후, 많은 공화당 정치인들이 총격 사건의 잠재적 원인으로 비디오게임을 지목하기 시작했다. 트럼프 대통령도 직접 나서서 게임을 비난했다. 트럼프 대통령은 비디오게임 업계 대표들을 백악관으로 불렀고, 그들은 액션 비디오게임의 인기가 치솟는 동안에도 청소년 폭력이 80퍼센트 이상 감소했다고 대통령에게 설명했다. 다행스럽게도 트럼프 대통령은 그 후로 관심을 잃은 듯하다.

그럼에도 불구하고 이 문제는 그해 여름에 교육부 장관 베치 디보스가 이끄는 학교안전위원회 청문회로 이어졌다. 나는 증언을 요청받은 학자 중 한 명이었고, 증거를 통해 비디오게임이 대량 살인의 원인에 어떤 역할도 하지 않았다는 점을 위원회에서 설명했다. 다행히도 위원회는 나의 말을 경청했고, 보고서에서는 비디오게임이나 기타 미디어가 중요한 원인이라는 결론을 내리지 않았다.[15]

그렇다면 처음에 왜 그렇게 많은 공화당 의원들이 이 문제를 제

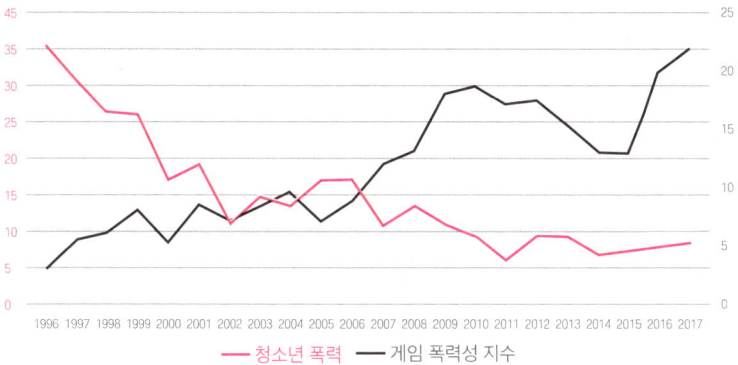

미국 정부의 청소년 폭력 데이터(childstats.gov). 폭력적인 게임 데이터는 ESRB 콘텐츠 등급에 맞게 조정된 IMDB 기준 상위 5개 베스트셀러 게임의 판매량으로 산출했다. 저자가 작성한 그래프.

기했을까? 부분적으로는 유권자 중 상당수가 비디오게임을 좋아하지 않는 노년층이기 때문일 수 있다. 즉 정치인들은 청중을 상대로 연기를 하는 경향이 있다. 청중이 죽으면 그들은 멈춘다. 또한 비디오게임 문제는 총기 규제에 대한 관심을 분산하며, 공화당원들은 일반적으로 수정 헌법 2조 지지자다. 정치인들이 비디오게임으로 사람들의 주의를 분산할수록 총기 규제에 대한 관심은 줄어들게 된다. 이는 냉소적이고 어쩌면 치사한 짓이지만, 정치는 이런 식으로 돌아가기도 한다. 단순히, 유권자들이 한 번에 두 가지 이상의 이슈에 집중하기는 매우 어렵다(또는 어떤 이슈든 오래 집중히기도 매우 어렵나). 따라서 비디오게임 논란으로 잠시나마 문제를 회피할 수 있다면 더할 나위 없이 좋을 것이다.

CHAPTER 6. 학교 총격

공화당 의원들에게 공평하게 하자면, 비디오게임이 위험하다는 주장은 역사적으로 초당파적인 이슈였다. 실제로 2005년 의회에 게임 중독 방지 법안을 제출할 당시(다행히 통과되지는 않았지만) 힐러리 클린턴은 비디오게임이 아동의 공격성에 미치는 영향을 흡연과 폐암에 비교했다.[16] 게임이 '디지털 독digital pioson'이라는 따위의 얼빠진 발언은 수십 년 동안 계속되어왔다. 그러나 2018년이 되자 미국은 양극화가 심화되어 한쪽에서 어떤 입장을 취하면 다른 쪽에서 반사적으로 반대 입장을 취했다.

그래서 트럼프가 비디오게임이 대량 살인의 원인 중 하나라고 선언하자 놀라운 일이 벌어졌다. 미국의 절반이 갑자기 그것이 사실이 아니라고 깨달은 것이다! 트럼프의 발언은 특히 진보적인 언론과 진보적이고 혁신적인 정치인들로부터 상당한 반발을 샀다. 그들의 반발은 옳았지만, 잘못된 이유로 그렇게 한 것이라고 나는 주장한다. 그들은 데이터를 바탕으로 그런 결정을 내리지 않았기 때문이다. 그렇기는 하지만, 비디오게임과 폭력을 연결하는 수상에 내해 의심힐 만한 충분한 이유가 있다(일반적으로 대법원은 더 신중하며, 2011년 브라운 대 EMA 판례* 에서 이 점을 지적했다). 따라서 이는 앞에서 설명한 것처럼 명백한 내 편 편향이었다. 사람들은 기존의 데이터를 잘 알고 있기 때문에 게임과 살인을 연결하는 트럼프의 주장에 반대한 것이 아

---

* 옮긴이 - 엔터테인먼트 판매자 협회EMA, Entertainment Merchants Association와 로스앤젤레스 주지사 사이의 소송으로, 2005년에 제정되어 미성년자에게 부모의 감독 없이 폭력적인 비디오게임의 판매와 대여를 금지하는 캘리포니아 법을 2011년에 대법원이 무효화한 판례다.

니라, 트럼프의 입에서 나왔기 때문에 반대했다. 그럼에도 불구하고 이 분야의 연구자로서 주어진 선물에 대고 불만을 늘어놓고 싶지는 않다. 사람들은 올바른 결론을 내렸고, 그것이 잘못된 이유일지라도 나는 고맙게 받을 것이다!

정신 건강에 대한 사회적 관리

지금까지 이 책의 많은 부분에서 사람들이 위기에서 다양한 편향이나 감정에 의해 판단이 흐려지는 상황을 살펴봤다. 결과적으로 적극적인 결정이 위기를 파국으로 바꿨다. 비디오게임에 대한 도덕적 공황에 사람들이 기꺼이 참여하는 것이 그러한 예 중 하나다. 비디오게임에 정신이 팔리면 총기 규제를 위한 합리적인 노력처럼 살인을 줄이기 위해 필요한 다른 일에 방해가 된다.

그러나 모든 오류가 잘못된 결론에 따라 행동하기 때문에 일어나지는 않으며, 올바른 결론에 도달하고도 행동하지 않기 때문에 일어나기도 한다. 폭력 범죄는 복잡한 문제이며, 한 가지 원인만으로 일어나지는 않는다. 그렇다고 모든 것이 폭력으로 이어지지는 않는다. 앞에서 보았듯이, 미디어 속의 폭력이 폭력 범죄에 중요한 역할을 하지 않는다는 증거는 이제 명확하다. 반면에 총기를 쉽게 구할 수 있으면 폭행이 쉽게 살인으로 이어진다. 예를 들어 유엔의 데이터에 따르면 미국은 특별히 폭력적인 국가가 아니며, 1인당 폭행 발생률은 영국, 벨기에, 프랑스, 오스트레일리아, 뉴질랜드보다 낮고 다른 많은 유럽 국가와 비슷한 수준이다.[17] 하지만 미국의 살인 비율은 천문학적으로 높다. 이는 미국에서는 폭행 사건 중 일부가 총기 때문에 살인으로 바뀔 수 있음을 시사한다. 총기 소유를 지지하는 사람들은 이것이 쉬운 일대일 관계가 아니라고 말하며, 이는 올바른 지적이다. 스위스와 같은 일부 국가는 총기 소유율이 비교적 높지만 총기 폭력은 그렇지 않다. 그리고 내가 수행한 일부 연구에서 알 수 있듯이, 모든 국가를 비교했을 때 총기 소유 여부로 살인을 예측할 수 없으며, 특히 가난하고 경제적으로 불평등한 국가에서 살인이 더 많이 일어난다.[18] 그럼에도 불구하고 미국에서 수정 헌법 2조를 둘러싼 문화 전쟁은 너무 심각해서 양쪽이 이마를 맞대고 합리적인 총기 규제 노력을 위해 타협할 것이라는 낙관적인 전망을 하기는 어렵다.

반면, 대부분의 사람들은 정신 질환(또는 적어도 몇 가지 정신 질환)이 폭력 범죄의 원인이라는 사실을 알고 있다. 물론 좋은 의도로 정신 질환자를 옹호하는 몇몇 사람들은 그렇지 않다고 주장한다. 이들은 만성 정신 질환(일반적으로 조현병, 양극성 장애 또는 현실과의 단절과 관련된 여러 정신병적 장애를 의미한다)을 앓는 사람이 그렇지 않은 사람보다 폭력 범죄의 피해자가 될 가능성은 높지만(맞다), 더 폭력적일 가능성은 낮다고 주장한다(틀렸다). 실제로 정신 질환을 앓고 있는 사람은 그렇지 않은 사람에 비해 폭력 위험성이 3배에서 5배쯤 증가한다는 증거가 일관되게 보고되고 있다.[19] 불행하게도 이는 교육을 많이 받은 사람일수록 실제로는 정보가 부족할 수 있는 사례 중 하나다. 정신 질환을 범죄의 예측 요인으로 보지 않으려는 좌파의 주장이 학계에 널리 퍼져 있지만, 이 경우에는 사람들의 본능적 직감이 대체로 옳다.

하지만 정신 질환자에게 낙인을 찍는 것을 반대하기 때문에, 이러한 옹호 활동은 틀리기는 했지만 적어도 좋은 의도라고 말할 수 있다. 만성 정신증을 앓고 있어도 대부분의 사람들은 심각한 범죄를 저지르지 않는다. 단지 정신 질환이 없는 사람에 비해 위험도가 높을 뿐이다. 그렇다고 해서 이들이 나쁜 사람이라는 뜻은 아니다. 그들은 자신의 행동을 통제할 수 없거나 망상이나 환각에 반응하여 자신이 위험에 처해 있다고 인식하고 스스로를 방어하는 경우가 많다.

다시 대량 살인의 가해자 문제로 돌아와서, 그들은 정신증이나 자살 우울증과 같은 심각한 정신 질환을 앓고 있는 경우가 거의 보편적인 것으로 보인다. 한 가지 대책은 정신 건강에 관련된 제도를 개선하여 심각한 질병의 경계에 있는 사람에게 더 훌륭하고 일관성 있는 치료를 제공하는 것이다. 누가 대량 살인을 저지르고 누가 저지르지 않을지 예측하기가 쉽지 않다고 지적할 수 있지만, 여기서는 관련이 없다. 심각한 정신 질환을 앓고 있는 모든 사람에게 정부가 후원하는 포괄적인 정신 건강 치료를 받게 한다면, 그대로 두었을 때 끔찍한 폭력범이 될 운명인 사람들 중에서 적어도 일부를 치료하여 범죄를 예방할 수 있을 것이다. 폭력 위험에 관계없이 누구나 치료를 받을 수 있다. 내가 관찰한 바로는 대부분의 사람들이 만성 정신 질환과 범죄 사이의 연관성을 인정하고 있으며(선의의 옹호자 몇 명을 제외하면), 포괄적인 정신 건강 서비스를 제공하자는 생각은 많은 인기를 얻고 있다. 그렇다면 왜 우리는 그렇게 하지 않을까?

바로 여기서 우리의 관성이 시작된다. 정신 건강 문제는 미국의 양대 정당 모두에서 제기하고 있다. 이 문제를 해결하려는 아이디어는 총기 규제처럼 끝없는 문화 전쟁을 일으키지 않을 것이며, 비디오 게임에 대한 걱정처럼 쓸모없지도 않다. 하지만 추상적인 내용에는 동의하지만 이를 실행 가능한 계획으로 전환하는 일은 아직 일어나지 않았다.

그 이유 중 하나는 많은 것들이 추상적으로는 좋게 느껴지지만 구체적으로 실행하려면 좋아 보이지 않기 때문이다. **온실가스 배출을 줄이자**는 말은 매우 훌륭한 생각으로 보인다. 현재의 기술로 이를 달성하기 위해서는 삶의 질을 크게 낮춰야 한다는 사실을 깨닫기 전까지 말이다. 정신 건강 문제도 마찬가지다. 정부가 후원하는 정신 건강 서비스를 제공하면 누군가가 이 모든 비용을 지불해야 하며, 따라서 세금을 더 많이 내야 한다는 사실을 깨닫기 전까지는 훌륭한 생각으로 보인다. 나는 최근에 출간한 저서 <광기가 만들어온 역사 How Madness Shaped History>에서 이 문제를 다뤘다. 기본적으로 1960년대 이전에는 주 정부가 만성 정신 질환자를 위한 장기 정신 건강 치료 시설을 후원했다. 치료 시설은 좋은 곳이 아닌 경우가 많았다. 적법한 절차의 준수와 부적절한 치료에 관련된 문제가 있었다. 게다가 비용도 비쌌다. 20세기 중반에 정신 치료에 관련된 의약품 보급이 늘어나자, 주 정부는 비싸고 인기 없는 치료 시설에 대한 재정 지원을 기꺼이 포기했다. 그 결과 20세기 후반에 시설을 벗어나자는 운동이 일어났지만, 이는 정신 질환자에게 사생활을 돌려준다는 선한 의도가 어떻게 지옥(빈곤과 그에 따른 범죄 증가)으로 가는 길을 뚫을 수 있는지 보여주는 전형적인 예가 되었다.

현실적으로, 우리는 분명히 정신 질환자 치료 시설을 다시 도입해야 한다. 물론 20세기 초의 치료 시설과는 다른 모습이어야 한다. 사람들이 부당한 처우를 받지 않도록 적법 절차와 사법적 감시의 명확한 기준을 마련해야 한다. 또한 최고 수준의 치료를 제공해야 하며, 인도적인 상태를 유지할 수 있도록 정기적으로 감독해야 한다. 이 두 가지 기준은 새롭고 현대적인 치료 시설 시스템이 이전보다 비용이 더 많이 든다는 것을 의미한다. 하지만 빈곤과 범죄를 어느 정도 완화하는 데는 성공할 수 있을 것으로 생각한다.

문제는 사람들을 움직이게 하는 것이다. 즉 당국은 치료 시설이 세금을 투자할 가치가 있고 과거에 악명을 떨쳤던 끔찍한 환경을 피할 수 있다고 대중에게 설득하기 위해 힘들게 노력해야 한다는 뜻이다. 이는 노력한다면 충분히 가능하지만, 문제는 바로 이것이다. 공공 정책 담당자가 이 일에 투자할 만한 이유가 무엇이냐는 것이다.

누구나 정신 건강이 중요하다고 생각하지만, 정신 건강은 '섹시한' 이슈(더 적절한 표현을 찾지 못했다)가 아닌 것 같다. 이상하게도 정신 건강의 중요성에 대해서는 암묵적인 합의가 있기 때문에 오히려 불리한 면이 있다. 비디오게임과 총기 규제에 대한 논란은 뉴스 미디어에 매력적으로 다가갈 수 있다. 정신 건강은 대부분의 사람들에게 매력적으로 보이지 않는 것 같다. 성공 가도를 달리고 있는 정책 입안자에게 정신 건강 증진에 뛰어드는 일은 경력의 막다른 골목으로 보일 수 있다. 수십 년은 아니더라도 몇 년이 걸리는 고된 작업을 해야 하지만, 표면적인 보상은 많지 않을 것이다. 이것은 하수도를 관리하는 일과 비슷하다. 하수도 관리는 중요한 일이고 도시를 운영하기 위해 꼭 필요하지만, 아무도 그 일에 열광하지 않는다. 차이점이라면 하수도에 대해서는 이미 적절한 규정이 마련되어 있지만, 주 정부가 지원하는 체계적인 정신 건강 시스템을 구축하려면 처음부터 많은 노력이 필요하다는 점이다.

감정에 이끌린 열정이 좋은 의사 결정에 방해가 되는 것을 여러 번 보았다. 그러나 열정이 전혀 없으면 관성에 빠져 아무것도 하지 않게 될 수 있다. 문제는 무관심의 관성과 과도한 열정의 단점 사이에서 균형을 찾는 것이다. 이 균형에 허용되는 폭은 생각보다 좁을 때가 많다. 다음 장에서는 미국이 인송 관계에 대한 고려에서 균형을 찾지 못하고 무대책과 비합리성 사이에서 시소를 타듯 오락가락하는 사례를 살펴보겠다.

CHAPTER 7
인종차별적 계산?

    2014년 8월 9일, 마이클 브라운과 한 친구가 미주리주 퍼거슨의 한 작은 가게에 들어갔다. 흑인 남성이었던 브라운은 담배 몇 보루를 훔치고 점원과 대치하며 그를 옆으로 밀쳐냈다. 이 장면이 보안 카메라에 포착되었다. 브라운과 그의 친구가 가게를 떠나 도로로 나왔을 때, 절도 신고와 용의자 인상착의를 듣고 출동한 백인 경찰관 대런 윌슨과 마주쳤다. 윌슨은 비무장 상태의 브라운과 공격적으로 대치했다. 생명의 위협을 느낀 브라운은 도망치다가 등에 총을 맞았다. 브라운은 자신을 구하기 위한 마지막 노력으로 손을 들어 항복의 뜻을 명확하게 표시했지만, 윌슨은 그를 죽였다. 미국 흑인에 대한 경찰의 명백한 인종차별적 폭력 사건이다. 하지만 실제로 일어난 사건의 경과는 크게 다르다.

당시 버락 오바마 대통령과 에릭 홀더 법무부 장관(둘 다 흑인이다)의 지시로 작성된 법무부의 총격 사건 보고서에 따르면, 이 이야기는 법의학 증거나 신뢰할 만한 목격자 진술과 일치하지 않는다. 실제로는 브라운이 경찰차에서 내리는 윌슨을 방해했고, 윌슨을 주먹으로 때리고, 총기를 빼앗으려 했다는 것이다. 윌슨과 브라운은 무기를 장악하기 위해 몸싸움을 벌였고, 브라운은 손에 총을 맞았다. 그 후 브라운은 멀리 달아났지만 등에 총을 맞지 않았다. 어떤 이유에서인지 브라운은 돌아서서 윌슨에게 돌진했다. 브라운에게 공격당할 것을 두려워한 윌슨은 그가 바닥에 쓰러져 죽을 때까지 총을 발사했다. 법무부는 부검 및 기타 법의학 증거와 신뢰할 수 있는 목격자의 증언이 모두 윌슨의 주장을 뒷받침한다고 결론지었다. 간단히 말해, 마이클 브라운의 죽음은 그가 윌슨을 공격한 행동을 고려할 때 정당한 총격의 결과였다.[1]

그렇다면 왜 그렇게 많은 사람들이 여전히 신화적인 버전의 마이클 브라운 이야기를 믿을까? 경찰 폭력에 반대하는 많은 시위에서 사용된 "손 들어, 쏘지 마!"라는 구호는 허구로 꾸며낸 브라운 총격 사건에서 영감을 얻은 것이다. 마이클 브라운에 대한 노래가 작곡되고 그를 기리는 예술 작품이 제작되기도 했다. 미주리주 퍼거슨을 비롯한 여러 도시에서는 평화적인 시위부터 폭동까지 다양한 소요 사태가 거의 1년 동안 지속되었다. 이로 인해 '퍼거슨 효과'라는 말이 생겨났는데, 시위와 폭동으로 치안 활동의 정당성에 의문이 제기되면서 폭력 범죄가 급증하는 것을 뜻한다. 마이클 브라운의 죽음은 블랙 라이브스 매터black lives matter 운동을 촉발하였다.* 마이클 브라운을 향한 총격이 정당했다고 해도 같은 시기에 법무부에 나온 미주리주 퍼거슨의 치안 보고서에 따르면, 많은 형사 사법 정책이 저소득층 흑인 공동체를 특히 차별했기 때문에 퍼거슨 경찰이 책임에서 벗어나기는 어려웠다.[2] 그러나 이는 공공연한 인종차별보다는 법무부가 수익 창출(벌금이나 과태료 부과를 통해)에 지나치게 집중한 탓으로 보인다. 어쨌거나 이런 행태로 흑인 공동체가 가장 큰 피해를 입었고, 브라운 사건의 신화가 만들어질 수 있는 불신의 씨앗이 되었다.

    인종, 치안, 범죄 문제는 미묘하고 복잡하며 데이터도 불투명하다. 그러나 특히 미국 흑인에 대한 인종차별의 오랜 역사를 고려할 때, 이 문제를 둘러싼 원초적 감정은 현재의 증거에 대한 데이터 기반의 신중한 조사를 흐리게 할 수 있다. 하지만 데이터에 집중하지

---

* 운동과 구호를 단체와 구별하기 위해 단체는 대문자로 표기하지만 운동은 대문자로 표기하지 않았다. 어느 쪽이든 무례한 의도는 없다. 예를 들어, 운동에는 동의하지만 단체에 대해서는 비판할 수 있다. 이 단체들 중의 일부는 자금의 부정 사용과 재정 투명성 부족으로 비난받고 있다.

않으면 득보다 실이 많을 수 있다. 이 장에서는 몇 가지 관련 문제를 살펴보겠다. 첫째, 치안과 인종의 현실은 어떤가? 미국 흑인에 대한 경찰 폭력이 집단 학살을 일으키고 있는가? 미국은 인종적 유토피아인가? 아니면 이 둘 중 어느 쪽보다 더 복잡한 이야기일까? '제도적 인종차별'이란 정확히 무엇이며, 실제로 존재한다는 증거가 있는가? 일부 인종 집단이 범죄자로 과대 대표되고 있는가? 이를 어떻게 이해할 수 있을까? 뉴스 미디어는 인종과 치안에 대한 우리의 이해와 오해에 어떤 역할을 하는가? 그리고 어쩌면 가장 중요한 것으로, 이 논의를 현재와 같은 도덕적 과시와 무대책의 양극화된 장소가 아닌 건설적인 데이터 기반 접근 방식으로 전환할 수 있을까?

미국은 '인종차별 범유행'을 경험하고 있는가?

2014년부터 미국은 예기치 않게 비관론에 빠지기 시작했다(다른 나라들도 마찬가지일 것이다). 이로 인해 우파는 잃어버린 유토피아의 전망을 제시하려고 했는데, 2016년 트럼프 대통령 선거 운동의 구호인 '미국을 다시 위대하게'가 이 생각을 가장 잘 보여준다. 미국에 대한 비관론의 유행은 좌파가 미국이 언제부터 위대함에서 멀어졌는가 하는 당연한 질문을 던지면서 낙관적 애국주의의 기반을 장악할 기회였다. 그러나 좌파는 계속해서 자신만의 히스테리적인 허무주의에 빠져들어 미국이 역사적으로 완전히 오염된 인종차별과 억압의 나라라는 견해를 점점 더 굳혀갔다. 게다가 이를 바로잡으려면 '급진적 변화'가 필요하다거나 하는 준마르크스주의적 헛소리를 지껄여, 이런 사람들이 권력을 잡으면 정말로 재앙이라는 생각이 들게 했다. 2020년 미니애폴리스에서 경찰에 의해 질식사한 흑인 남성 조지 플로이드 사건은 좌파의 이러한 움직임에 불을 질렀다. 좌파는 반대 증거가 많음에도 불구하고, 미국이 언제나 아파르트헤이트 국가였다는 생각으로 한순간에 단결한 것으로 보였다. 위기 상황에서 돋보이려고 뻔뻔스럽게 나서는 미국심리학회는 코로나19 위기의 핵심 용어를 차용하여 어색하게도 '인종차별 범유행'을 선언했다.[3] 그러나 도대체 '인종차별 범유행'이 무엇을 의미하며(헤드라인을 차지하려는 노골적인 의도 외에), 그러한 생각을 뒷받침하는 증거가 있을까?

    물론 미국에는 노예제도가 있었고, 소수집단을 억압하다가 1960년대의 민권운동으로 끝낸 부끄러운 역사가 있다. 한편으로 잔혹한 노예제도는 (아프리카, 아시아, 아메리카 원주민을 포함하여) 역사상 거의 모든 사회에서 보편적으로 존재했다. 미국과 다른 서방국가들이 특별하다고 말하기는 어려우며, 노예제도를 자발적으로(미국은 남북전쟁을 치르긴 했지만) 폐지한 역사적 선례를 남긴 점이 다를 뿐이다. 국제법에서 노예제도는 엄연히 불법이지만, 사실상 오늘날에도 전 세계 여러 지역에서 흔하게 남아 있다. 한 인권 단체의 추정에 따르면 오늘날 전 세계에 인류 역사상 그 어느 때보다 많은 노예가 존재하며, 4천만 명에 이를 수도 있다고 한다.[4] 중국은 북서부 지방의 위구르 소수민족을 노예노동 수용소에 가두고 집단 학살을 자행하고 있는 것으로 보이며, 언론은 이 문제에 대해 거의 관심이 없다.[5] 미국이 인종적 유토피아라고 주장할 필요는 없다. 약간의 격차는 여전히 존재하며, 앞에서 보았듯이 2014년 이후 인종 갈등이 커지고 있다. 하지만 전체적인 전망을 유지하는 것도 중요하다. 대부분의 지표에 따르면 1960년대 이후 미국 흑인을 비롯한 소수 인종의 삶이 크게 개선되었으며, 세계 여러 지역의 인종 및 민족적 갈등이 훨씬 더 심각하다. 이런 복잡한 사정을 이해해야 현재 남아 있는 실제 문제를 해결하는 데 도움이 될 수 있다. 하지만 이 문제를 해결하기 위한 대화는 어떻게 그렇게 비이성적으로 변했을까?

물론 이것은 복잡한 문제이며, 사회적 내러티브의 진화, 정치의 당파적 성격, 문화 전쟁의 악화와 얽혀 있다. 하지만 이 중 많은 부분이 수치심 문화에 의해 작동한다. 한편으로는 미국의 어두운 역사가 부끄러워 몇몇 사람들은 이를 외면하려고 한다. 특히 우파는 미국의 노예제도와 역사적 인종차별의 영향과 이것이 오늘날 흑인(적어도 과거 노예의 후손인 경우, 잠시 후에 자세히 설명한다)에게 여전히 부정적인 영향을 준다는 점을 외면하려고 한다. 노골적인 인종차별은 사회에서 많이 사라졌지만 말이다(그러나 완전히 사라지지는 않았다). 좌파는 불편한 진실을 보려고 하지 않는다. 그들이 외면하는 진실 중에는 예를 들어 젊은 흑인 남성이 폭력 범죄의 가해자로 과대 대표된다는 것이 있으며, 이는 그들이 경찰 폭력의 피해자로 과대 대표되는 이유를 이해하는 데 도움이 될 수 있다.[6] 수치심은 강력한 동기가 될 수도 있다. 수치심을 피하기 위해 우리는 집단이 원하는 것 같으면 사실이 아닌 말을 할 뿐만 아니라, 집단이 듣고 싶어 하지 않으면 사실이라고 알고 있는 것에 대해서도 입을 다문다. 이는 '벌거벗은 임금님'이라는 우화의 통찰력 있는 주제이며, 일반적으로 순응에 대한 건전한 심리학 연구에서도 뒷받침되고 있다.

사회적 순응을 유도하는 감정으로서의 수치심은 사회적 영장류의 지위 상실과 관련된 진화의 뿌리에 닿아 있는 것으로 보인다. 몸을 움츠리고 시선을 피하는 것처럼 부끄러움을 느낄 때의 전형적인 행동은 인간뿐만 아니라 영장류에게도 나타난다. 수치심은 개인이 지위를 회복하는 행동을 하도록 동기를 부여하는 데 도움이 된다고 생각된다. 이는 진화적으로 적응된 행동이지만, 현재의 맥락에서는 집단에 대한 순응을 증가시킨다.[7] 사람들은 시험에서 부정행위를 하거나 불륜 관계를 맺거나, 소속 집단의 문화와 동떨어진 견해를 가지는 등으로 공동체의 규범을 위반했을 때 수치심을 느끼는 경향이 있다. 부끄러워하지 않으면 처벌이 더 심해질 수 있다. 예를 들어 인류학자 대니얼 페슬러는 인도네시아 벵쿨루족은 부끄러워하지 않는 사람을 '귀가 두껍다'고 하며, 이런 사람은 살해당할 수도 있다고 보고했다! 따라서 수치심에 따르는 행동은 마땅한 일이든 아니든 그 자체로 진화적인 적응이다.

수치심의 힘을 고려할 때, 누군가에게 형구를 씌우거나 많은 사람들 앞에서 물탱크, 연못 또는 강물에 집어넣는 따위의 옛날에 있었던 형벌은 고통만큼이나 굴욕감을 주려는 것이었다. 현대의 인터넷 '취소 문화'도 비슷한 맥락에서 사용되는 도구이며, 더 넓은 범위에서 비교적 약하게 도발할 때 사용된다. 백인 우월주의자의 수신호를 보냈다는 이유로 직장에서 해고된 멕시코계 미국인 노동자 이매뉴얼 캐퍼티의 사례를 생각해보자. 가스와 전기를 취급하는 회사에 근무하던 캐퍼티는 회사 차량을 운전하고 있었고, 다른 운전자가 그가 손가락으로 OK 신호를 하는 사진을 찍었는데, 어떤 사람들은 이를 백인 우월주의 신호라고 생각했다(캐퍼티는 무심코 손가락을 벌렸는데 공교롭게도 이 신호처럼 보였다고 주장했다).* 현재 우리는 고자질 문화에 살고 있기 때문에 다른 운전자가 이 사진을 트위터에 올렸고, 캐퍼티는 직장을 잃었다. 사진을 올렸던 운전자는 자기 때문에 상황이 잘못 해석되었을 수 있다고 인정했다. 하지만 이 회사는 캐퍼티를 해고했고, 뚜렷한 이유 없이 이 결정을 철회하지 않았다. 이 글을 쓰는 현재 캐퍼티는 회사와 소송을 벌이고 있다.[8]

캐퍼티와 같은 사례는 위반한 개인을 처벌할 뿐만 아니라, 위반하면 지위와 직장을 잃고 수치심을 느끼게 될 것이라는 두려움을 일반 대중에게 불러일으킨다. '취소'는 새로운 것이 아니며, 좌파로 국한되지도 않는다. 그러나 최근 몇 년 동안 늘어나다가 2020년 조지 플로이드가 경찰관에게 살해된 뒤 도덕적 청교도주의 속에서 급증

---

* 백인 우월주의자들이 전혀 공격적이지 않은 'OK' 신호를 사용하려는 시도와, 좌파 문화 전사들이 그것이 백인 우월주의 신호가 아니라고 하기는커녕 오히려 맞다고 우기는 것이 모두 터무니없는 일이다.

했다. 이 이야기의 많은 부분과 마찬가지로, 2014년은 이 추세가 가속되는 중요한 해였던 것으로 보인다. 예를 들어 그해에 아우슈비츠에서 우연히 웃는(거의 반사적인 행동이었다) 얼굴로 셀카를 찍은 십대 소녀 때문에 전 세계가 잠시 시끄러웠다.[9] 세상의 수많은 진짜 공포를 두고 어떻게 이런 사소하고 엉뚱한 일이 국제적인 논란으로 번졌을까?

이 모든 것에 따르면, 수치심은 미국의 인종 관계처럼 복잡한 문제에 대한 솔직하고 미묘한 토론을 방해한다. 간단히 말해 수치심으로부터 자신을 보호하기 위해 사실을 왜곡하고, 자기 검열을 하며, 상황을 개선하기는커녕 훨씬 더 악화시킬 수 있는 정책이나 세계관으로 사람들을 이끌 수 있다. 이는 인종차별주의자로 낙인찍히는 수치심을 최악의 굴욕으로 여기는 미국의 백인뿐만 아니라, 억압받는 사람이라는 통념에서 벗어나면 표면적으로는 인종차별에 맞서 싸우는 진보주의자들로부터 인종차별적 비방을 당할 수 있는 흑인에게도 해당된다![10]

실제로 데이터는 미국이 대량 학살 경찰국가라거나 인종이 경찰 폭력의 강력한 예측 변수라는 주장을 지지하지 않는다. 또한 백인에게 혜택을 주는 '제도적 인종차별'도 존재하지 않는 것으로 보인다. 실제로 현대 미국에서 백인은 경찰과의 관계나 경제적 성공 측면에서 사상 뛰어난 인종 집단이 아니다. 그렇다고 해서 모든 것이 유토피아이고 인종차별이 전혀 없다는 뜻은 아니다. 그러나 아파르트헤이트 국가와 이상적인 사회 사이에는 여러 단계가 있으며, 실제의 데이터를 명확하게 이해하는 것이 중요하다.

　미국의 경찰 폭력에 대해, 모든 각도에서 보지 않으면 완전히 이해하기 어려운 증거가 산더미처럼 쌓여 있다. 2015년부터 경찰 총격 사건을 조사한 <워싱턴포스트>에 따르면 미국에서 매년 약 1,000명이 경찰에게 총격을 당하고 있으며, 주로 20~40세의 무장한 남자다.[11] <워싱턴포스트>의 계산에 따르면 흑인은 백인보다 약 2배(백만 명당 37명과 15명)의 비율로 경찰에게 총격을 당하고 있으며, 히스패닉계는 그 중간(백만 명당 28명)에 있다. 2015년부터 2021년까지 백인(2,962명)이 흑인(1,552명)이나 히스패닉계(1,081명)보다 훨씬 더 많이 죽었다는 점에 주목하자. 그러나 백인, 흑인, 히스패닉계 미국인 인구의 상대적 규모를 고려할 때, 흑인의 1인당 사망률은 백인의 두 배에 달한다. 이것이 경찰의 제도적 인종차별의 증거일까?

　물론 몇몇 경찰관이 인종차별적이라는 사실을 의심하는 사람은 아무도 없다. 하지만 인종차별이 진정으로 위의 차이를 설명하는 광범위하고 제도적 문제인지는 명확하지 않다. 예를 들어 경찰의 총에 맞는 사람은 남자가 압도적으로 많지만(95%), 경찰이 남자에게 성차별적이라고 생각하는 사람은 아무도 없다. 남자가 경찰에게 더 자주 총격을 당하는 이유는 총격을 부를 만한 공격적인 범죄를 저지를 가능성이 여자보다 훨씬 높기 때문이다. 모두가 입 밖으로 내기 꺼리지만 부인할 수 없는 사실은, 흑인과 히스패닉 남성이 백인 남성보다 경찰의 총격을 부를 만한 폭력 범죄를 더 많이 일으킨다는 것이다. 법무부 통계에 따르면 흑인은 폭력 범죄의 가해자로 크게 과대 대표되는 반면(폭력 범죄의 36% 대 전체 인구의 13%), 백인은 과소 대표된다(폭력 범죄의 46% 대 전체 인구의 60%). 아메리카 원주민은 전체 인구의 소수에 불과하지만(0.7%) 가해자로 과대 대표된다(1.9%). 히스패닉계는 인종에 관계없이 가해자로 더 고르게 대표된다(흑인 또는 백인 히스패닉계, 가해자의 18% 대 인구의 18%).[12] 반면에 아시아계 미국인은 가해자로 크게 과소 대표된다(가해자의 1.3% 대 인구의 5.7%). 다음의 그래프는 법무부 통계국 데이터를 바탕으로 내가 작성한 것으로, 폭력 범죄 가해와 관련된 인종 및 민족별 대표성을 보여준다.

분명히 말하지만, 특정 인종 집단이 본질적으로 폭력 범죄를 많이 저지른다고 말하려는 의도는 아니다. 그와는 거리가 멀다. 이 현상에는 의심할 바 없이 여러 가지 문화적·사회적 문제가 관여하며, 폭력을 줄이려면 문제를 냉정하게 이해해야 한다. 또한, 이러한 민족 및 인종 집단에 속한 대다수의 사람들은 폭력 범죄를 일으키지 않으므로, 여기서는 평균에서 크게 벗어난 몇몇 사람들에 대해 논의하고 있다. 그러나 폭력 범죄의 수치는 대부분 경찰 총격 사건의 수치를 따라가므로, 이 현상들을 병행하는 과정으로 보아야야 한다. 그렇다고 해서 모든 경찰의 총격이 정당화되지는 않는다(비무장 개인에 대한 총격은 매우 드물지만). 그러나 경찰 총격의 피해자로 남성이 과대 대표되는 것이 남성에 대해 무언가를 말해주는 것처럼, 인종적·민족적 차이는 일부 공동체에서 실제 스트레스의 원인을 나타내는 것으로 보인다. 2020년 좌파 성향의 미디어 환경에서는 모든 경찰 총격이 정당하지 않고 인종차별 때문이라는 분위기가 형성되었다. 경찰 총격의 피해자가 누구이건 분명히 비극적이지만, 인종차별이 핵심 요소라고 알려주는 데이터는 부족하다. 무엇보다도 경찰 총격과 폭력 범죄에서 가장 먼 집단은 백인이 아니라 아시아계 미국인이지만, 이 점에 대해서는 잠시 후에 다시 설명하겠다.

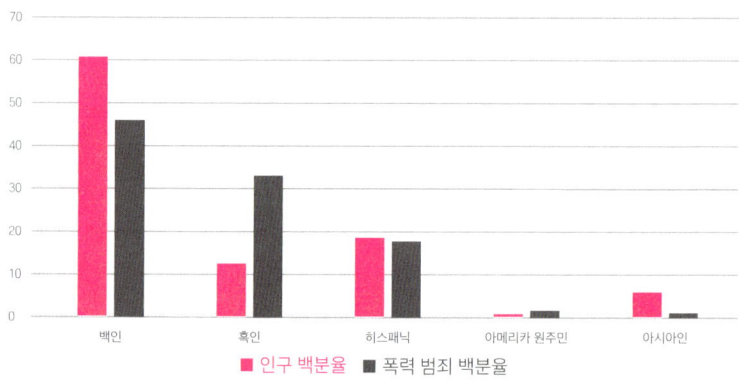

법무부 통계국 데이터를 사용해 저자가 작성한 그래프 (2021)

이에 대한 좋은 소식은 (살인에 관련된 것을 '좋은 소식'이라고 할 수 있다면) 비무장 개인에 대한 총격이 비교적 드물다는 것이다. <워싱턴 포스트> 데이터베이스에서 2015년부터 2021년까지 일어난 6,569건의 총격 사건 중 421건(6.4%)이 비무장 상태의 개인과 관련된 사건이다. 421건 중 흑인은 137건(32.5%), 백인은 175건(41.5%), 히스패닉은 79건(18.8%)이었으며, 나머지는 이 인종·민족이 아닌 사람들이었다(아시아계, 아메리카 원주민 등은 '기타'로 분류되었다). 121쪽의 그래프에서 보듯이, 폭력 범죄의 가해자와 거의 같은 패턴이 나타난다.

다시 한번 강조하면, 실제로 흑인보다 백인이 더 많이 총에 맞지만 백인에 대한 총격은 뉴스의 주목을 거의 받지 못한다. 그러나 흑인에 대한 총격은 자주 국제 뉴스의 주목을 받는다. 이것이 왜곡 효과를 일으켜서, 사람들이 인종 간 차이가 실제보다 훨씬 더 뚜렷하다고 믿게 된다. 특히 폭력 범죄 데이터에 대한 언급이 금기시될 때 이 효과가 더 커진다. 비무장 민간인에 대한 경찰 총격의 피해자로 흑인이 과대 대표되고 있으며, 이는 부분적으로 범죄자의 인종 분포에 대해 경찰관들이 알기 때문에 일어날 수 있다. 무장하지 않은 사람에 대한 총격 살해는 여전히 비극적이지만(그것도 인종 때문에 불공정하게 오해를 받았다면), 이런 사건을 줄이려면 모든 데이터를 정직하게 다루어야 한다.

다행히도 비무장 흑인에 대한 총격은 드물게 일어난다. 이 글을 쓰는 현재 미국은 약 4,140만 명의 흑인을 포함하여 3억 3,100만 명이 사는 나라(실제로 세계에서 세 번째로 큰 나라)다. <워싱턴포스트> 데이터에 따르면, 경찰의 부당한 총격으로 죽은 비무장 흑인은 한 해에 20명도 채 되지 않는다. 물론 이 숫자는 0이 되어야 한다(백인, 히스패닉계 등도 마찬가지다). 하지만 일부에서 주장하는 대로 이것을 대량 학살이라고 부르기는 정말로 어렵다. 그리고 이 수치는 일반적으로 감소하고 있다. 이는 지난 수십 년 동안의 경찰 총격 사건 수치보다 훨

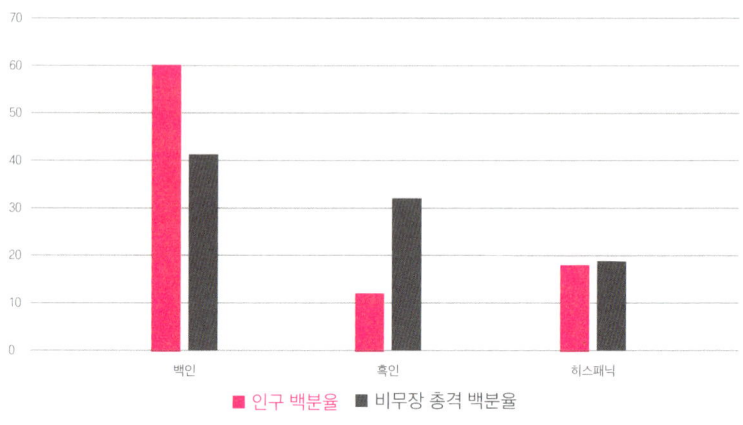

<워싱턴포스트>의 데이터를 사용하여 저자가 작성한 그래프 (2021).

씬 낮은 수준이다. 실제로 흑인에 대한 경찰의 총격 사건은 민권운동 시대 이후 급격히 감소했다.[13] <워싱턴포스트> 데이터는 2015년부터 2021년까지만 알려주지만, 이 기간 동안에도 감소 추세를 보이고 있다. (단, 2021년 데이터는 9월 말까지만 집계되었다. 그러나 크게 변하려면 극적인 증가가 있어야 한다).

따라서 일반적으로 비무장 흑인에 대한 경찰의 총격 문제는 민권운동 시대 이후 극적인 진전이 있었고, 지금은 극히 드물게 일어나고 있다. 흑인은 여전히 백인이나 아시아계보다 비례적으로 더 자주 총격을 당하지만, 이는 전통적 의미의 인종차별 때문이 아니라 단순히 흑인 범죄자가 많기 때문일 가능성이 더 크다. (물론 경찰이 이 숫자를 알고 있다는 것은 법을 잘 지키는 시민의 일부가 분명히 불공평하게 표적이 될

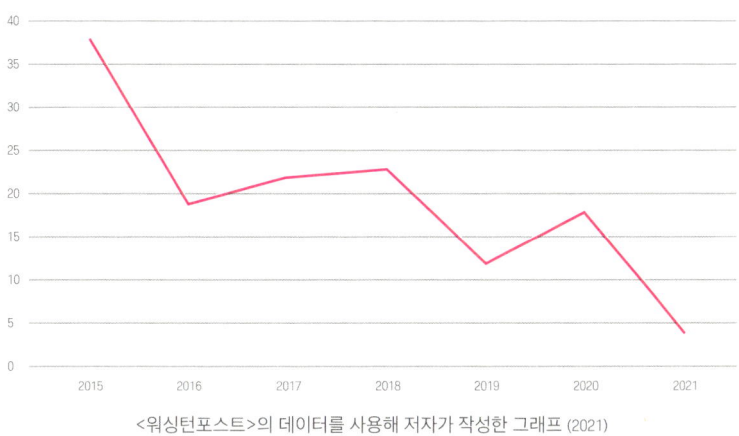

흑인에 대한 경찰 총격

<워싱턴포스트>의 데이터를 사용해 저자가 작성한 그래프 (2021)

수 있다는 뜻이다.)

문제가 있다는 데는 이의가 없지만, 그 문제는 많은 사람이 생각하는 것보다 훨씬 더 작다. 경찰 총격에 대한 사람들의 인식에 관한 데이터에 따르면, 사람들은 미국에서 비무장 흑인에 대한 총격 사건의 수를 크게 과대평가한다. 회의론자연구센터Skeptic Research Center의 최근 보고서에 따르면, 비무장 흑인에 대한 경찰의 실제 총격 사건은 최근에 가장 나빴던 해(2015년)에도 수십 건이 채 되지 않는다. 하지만 대부분의 사람들이 100건 이상이라고 추정하며, 많은 사람들이 천 건 또는 만 건 이상이리고 생각힌디! 미국에서 대량 학살이 빌어지고 있다고 생각하는 사람들이 있는 것은 놀랍지 않다! 특히 진보적인 사람들이 그렇게 생각한다. 매우 진보적인 사람들 중 31.43퍼센트는 미국에서 매년 흑인에 대한 비무장 총격 사건이 천 건 이상 일어난다고 생각했으며, 22.15퍼센트는 만 건 이상이라고 생각했다![14]

하지만 이 숫자가 뉴스 미디어를 통해 믿게 된 것보다 훨씬 작다고 해도 인종에 따른 격차는 분명히 나쁜 일이다. 절대적으로 옳다! 그러나 경험적 증거는 인종이 중심적인 변수인지조차 확실하지 않다. 여기에 까다로운 상황이 있다. 잠시 후에 경제에 대해 설명하겠지만, 계급 또는 사회경제적 지위와 인종은 어느 정도 상관관계가 있다. 간단히 말해, 미국에서 가난한 백인(또는 아시아계)보다 가난한 흑인이 더 많다. 대부분의 흑인은 가난하지 않지만, 그에 비례하여 사회경제적 지위가 낮은 계층에 과대 대표된다. 인종을 핵심 변수로 본다면, 가난한 흑인이 비슷하게 가난한 백인보다 더 나쁘게 취급된다고 예상할 수 있다. 그러나 계급을 핵심 변수로 본다면, 경찰은 가난한 백인과 가난한 흑인을 똑같이 대한다고 예상할 수 있다. 다른 혼란스러운 변수(미국에서 흑인은 평균적으로 백인보다 젊다)가 있다는 점을 염두에 두어야 하며, 이런 측면은 경험적으로 조사할 수 있다.

데이터에는 미묘한 차이가 있으며 모든 연구 결과가 일치하지는 않는다. 일부 연구에 따르면, 계급을 통제해도 경찰에게 살해당하는 흑인이 더 많다고 한다.[15] 그러나 다른 연구는 계급을 통제했을 때 인종의 예측 가치가 완전히 사라진다고 제안한다.[16] 또 다른 연구는 흑인은 도시에서 더 자주 총격을 당하고 백인은 시골에서 더 자주 총격을 당하는 등 맥락이 중요하다고 제안한다.[17] 내가 보기에 이 분야에서 가장 우수한 연구는 경찰이 차를 정지시키거나 수색하는 따위의 치명적이지 않은 상호작용에서 흑인에게 조금 더 공격적으로 대할 수 있음을 시사한다. 이러한 부정적인 상호작용은 매년 발생하는 모든 경찰·민간인 상호작용 중에서 매우 드물지만, 사람들은 나쁜 일을 더 잘 기억하는 경향이 있다. 어쨌든 이것으로 많은 흑인들이 경찰에게 불공정한 취급을 당한다는 인식을 설명할 수 있다. 그러나 이 연구에서 인종을 통제했을 때, 인종이 경찰에 의한 살해를 예측하는 요인이라는 증거는 발견되지 않았다.[18]

나의 연구 결과도 이를 뒷받침한다. 나는 플로리다와 텍사스의 몇몇 동료들과 함께 인종과 치안 문제를 몇 가지 각도에서 살펴보았다. 한 연구에서 우리는 캘리포니아의 모든 시 경찰서에서 경찰의 과잉 대응에 대한 보고를 조사했다. 우리는 어떤 사회적 변수로 경찰의 과잉 대응을 예측할 수 있는지 알아보고자 했다. 그 결과, 인종 통계는 경찰의 과잉 대응을 예측하는 좋은 변수가 아니었다. 흑인이 다수인 지역은 백인 지역보다 경찰의 과잉 대응을 더 많이 보고하지 않았다. 라틴계 지역에서는 실제로 경찰이 과잉 대응했다고 보고한 건수가 더 적었다. 경찰의 과잉 대응을 예측하는 경향이 있는 것은 그 지역에 거주하는 정신 질환자의 수였다. 이는 정신 질환자가 경찰의 지시를 잘 따르지 못하기 때문에 경찰에게 총격당하기 쉽다는 다른 데이터와 일치한다.[19] 일부 데이터에 따르면 정신 질환자는 같은 지역의 다른 사람보다 경찰의 총에 맞을 가능성이 16배 더 높다.[20] 우리의 데이터는 인종이 심각한 경찰 폭력의 요인이 아니라는 다른 연구 결과와도 일치하는 것으로 보인다.

우파 사람들이 발끈하지 않도록 서둘러 덧붙이면, 이는 양쪽 모두에게 불리한 문제로 보인다. 계급 문제(이 경우 정신 건강)가 인종차별보다 경찰 폭력을 더 잘 설명한다면, 폭행 가해자 문제도 똑같이 경찰 폭력을 잘 설명한다고 여겨진다. 우리가 수행한 또 다른 연구에서는 범죄율이 높은 미국 4개 도시(휴스턴, 볼티모어, 미시시피주 잭슨, 델라웨어주 윌밍턴)에서 폭력 범죄와 사회적 요인, 그리고 인종 간의 관계를 조사했다. 이 지역에 대한 이변량 분석 결과, 높은 흑인 비율과 높은 폭력 범죄 비율이 연결되어 있어서 다른 데이터와 일치했다. 그러나 실업, 저소득, 한부모 가정, 심지어 성병의 비율과 같은 계급 기반 문제를 통제했을 때, 계급 요인은 폭력 범죄를 예측했지만 인종은 범죄를 예측하지 못했다. 따라서 명확하게 하면, 흑인은 본질적으로 폭력 범죄를 더 많이 저지르지 않는다. 다만 흑인은 폭력 범죄와 관련된 사회 계층의 문제에 더 자주 시달린다. 어쨌든 몇몇 사람들의 생각과 달리, 경찰이 백인이든 흑인이든 소득이 낮은 사람을 거의 똑같이 취급한다는 증거가 있다.[21]

경찰 폭력에 대해 잘 이해하지 못하면 나쁜 정책으로 이어질 수 있다. 뉴스 미디어가 흑인에 대한 부당한 총격을 반복해서 강조하면서 이런 일이 일어나는 것으로 보인다(백인에 대한 부당한 총격은 강조하지 않는다). 마이클 브라운에 대한 총격은 나중에 정당하다고 판명되었지만, 이 사건으로 경찰에 대한 광범위한 항의와 폭동이 일어나 치안 활동의 정당성에 의문이 제기되었다. 이것은 브라운 총격 사건이 일어난 미주리주 퍼거슨의 이름을 딴 '퍼거슨 효과'의 원인이 될 수 있다. 이 이론의 핵심은 경찰의 정당성이 훼손되었을 때 전국적인 뉴스 미디어에 그 다음의 나쁜 녀석으로 지목될까 두려워 경찰관들이 순찰에 소극적으로 임하고, 시민들이 경찰에 협조하지 않는다는 것이다. 이렇게 되면 결국 폭력 범죄가 증가하고, 저소득층과 소수집단이 가장 큰 피해를 입는다. 명목상 시위대는 소수집단을 위해 들고일어났지만 말이다. 마이클 브라운 총격 사건으로 폭동과 시위가 벌어진 다음에 많은 도시, 특히 저소득층이 많은 곳에서 살인이 급증했다. 그러나 당시 미국에서는 마약성 진통제도 크게 유행하고 있었기에, 어느 것이 살인의 증가에 기여했는지 불분명했다. 결국 데이터에 따르면, 두 가지 모두가 영향을 미쳤다. 그러나 (구체적인 개혁에 집중하기보다) 치안의 정당성을 광범위하게 떨어뜨리는 정책이나 시위는 오히려 범죄의 증가로 흑인이 더 많이 죽는 역설적인 결과가 나올 수 있음을 강조한다.[22] 이는 선의의 도덕적 옹호를 위해 세부적이고 미묘한 데이터를 주의 깊게 살피지 않고 하나의 주목할 만한 사건에 반응할 때 실제로 더 많은 피해를 부를 수 있음을 보여주는 예다.

따라서 증거에 따르면, 계급 문제와 정신 건강이 폭력 범죄와 경찰 폭력 모두의 핵심 동인이다. 인종 간 격차는 경찰관의 적극적인 인종차별보다 이런 요소에 의해 불거진다. 물론 인종차별적인 경찰관이 전혀 없다는 것은 아니다. 치이에 따라 타인을 판단하는 성향은 우리의 본능이므로, 완전히 없애기 어렵다(경찰관뿐만 아니라 진보적인 시위대도 마찬가지라고 생각한다). 그러나 우리는 또한 전체적인 문제에 대한 감각을 가져야 하며, 이것이 정책을 이끄는 데 도움이 된다. 예를 들어 계급 문제를 해결하려는 정책은 어려움에 처한 모든 사람을 고양시킬 수 있다. 일부 소수 인종이 불균형하게 불이익을 받는다면, 그들을 도우면서 분노를 느낄 수 있는 가난한 백인도 함께 배려할 수 있다. 그러나 인종차별이 경찰 폭력의 핵심 문제가 아니라면, 저소득층에 특정 인종이 더 많은 경제적 문제 때문일 수도 있다.

경제에서의 제도적 인종차별

인종차별이 미국 경제에 준 영향에 대해서는 기본적으로 두 가지 관점이 있다. 1960년대 이후 인종차별이 크게 줄어들었고, 법적으로 기울어 있던 운동장은 크게 평등해졌으며, 소수자의 발전을 위해 적극적 우대 조치와 같은 프로그램이 시행되고 있다. 그러나 노예제도와 짐 크로*의 역사로 인해 부의 격차가 사라지려면 여러 세대가 걸릴 수 있다. 이를 바꿀 수 있는 '마법의 총알'은 없다. 이것이 첫 번째 관점이다. 두 번째 관점은 '제도적 인종차별'이라는 주장이다. 의도적이든 아니든 여전히 비백인에 비해 백인에게 유리한 점이 있고, 따라서 미국은 여전히 백인 우월주의 국가로 남아 있다는 것이다. 전

---

* 옮긴이 - 미국의 악명 높은 흑백 분리 정책을 통칭하는 법의 이름이다. 짐 크로라는 이름은 19세기에 백인이 흑인으로 분장하고 우스꽝스러운 연기를 하는 인물에서 유래한다.

반적으로 증거는 첫 번째 견해를 지지하고, 두 번째 견해를 부정한다. 다시 한번 강조하지만, 해로운 정책을 제정하지 않으려면 데이터를 잘 이해해야 한다.

미국에서는 부와 소득의 인종 간 격차가 분명히 존재한다. 노예제도, 짐 크로, 레드 라이닝*(사실상 인종으로 주택 지원을 차별하는 정책)과 같은 과거의 인종차별적 정책이 만든 격차가 오늘날에도 여전히 영향을 주고 있다는 데는 의심의 여지가 없다. 하지만 여기에는 구별해야 할 중요한 점이 있다. 오늘날의 흑인 인종차별은 과거의 그림자일 뿐이지만, 우리는 여전히 과거에 있었던 인종차별의 속편을 경험하고 있는가? 아니면 오늘날에도 사실상 반反흑인 아파르트헤이트 체제가 지속되고 있고, 여전히 흑인에게 일방적으로 불리한 성문법과 불문법이 그대로 유지되고 있는가? 이 점을 확실히 하면 어떤 정책이 도움이 될지, 아니면 오히려 해가 될지 알 수 있다. 그렇지 않으면 우리가 내리는 어떤 결정도 문제를 개선하기는커녕 악화시킬 수 있다.

모든 격차가 인종차별이나 성차별 때문은 아니라는 점을 알아야 한다. 그렇지 않다면 형사 사법제도는 남자에게 성차별적이며(감옥에 있는 사람은 남자가 훨씬 많다), 교육도 마찬가지(남자가 일반적으로 여자보다 학업 성적이 떨어진다)라고 말해야 한다. 정신 건강 시스템은 백인에 대한 편견이 있을 수 있다(백인은 자살과 마약성 진통제 과용으로 과대 대

---

* 옮긴이 - 연방 정부와 대출 기관이 인구 통계만으로 지도에 투자하지 않을 지역에 빨간 줄을 그은 것에 유래한 이름이다.

표된다). 격차 중의 어떤 것들은 제도적 불공평 때문이지만 어떤 것들은 단순히 그렇지 않으며, 집단 간의 실제 차이를 반영하기도 한다. (예를 들어 STEM 분야나 포춘 500대 기업 CEO 중에는 여성의 수가 적지만, 문제의 일부는 단순히 여성이 남성보다 이런 직업에 관심이 적기 때문일 수 있다.) 물론 상황이 복잡할 수도 있다. 예를 들어, 미국에서 수 세기에 걸친 노골적인 인종차별이 오늘날 특히 아프리카계 미국인(잠시 후에 살펴보겠지만, 의도적으로 이 용어를 사용했다)에게 나타나는 격차에 아무런 영향을 미치지 않았다고 보는 사람은 거의 없다. 그러나 윌프레드 라일리가 그의 저서 <금기$_{taboo}$>에서 언급했듯이 아버지가 없는 경우, 학업 성취도가 낮은 경우, 심지어 미국 전체에서 흑인이 백인보다 평균 연령이 낮다는 사실 등의 영향도 고려해야 한다.[23] 경제학자 글렌 로리(흑인이다)도 거의 동일한 점을 지적했다. 미국의 인종차별과 같은 역사적 영향도 중요하지만, 아버지의 부재(유독 흑인 가정에 많다)와 같은 공동체 내의 문화적 문제도 격차에 기여한다는 것이다.[24] 따라서 치안 관련 데이터와 함께 다른 영역의 데이터를 살펴볼 수 있다. 예를 들어 <퓨리서치센터>에 따르면 백인 가정의 평균 순자산은 2014년 약 14만 4,000달러인 반면에 흑인 가정은 약 1만 1,000달러다.[25] 흑인(26%)과 라틴계(24%)의 빈곤율은 백인(10%)과 아시아계(12%)보다 훨씬 높다. 이는 심각한 문제이며, 관심을 가져야 한다. 그러나 로리가 지적했듯이 흑인 아동은 다른 인종보다 한부모 가정(주로 어머니, 57%)에서 양육될 가능성이 더 높다(백인과 아시아계는 각각 18%와 12%). 따라서 한부모 가정은 가난할 뿐만 아니라 나중에 교육

성취도에 불리하게 작용할 수 있다.

문제는 사람들이 두 극단 사이에서 오락가락한다는 것이다. 하나는 이 격차를 설명하는 제도적인 인종차별이 존재한다는 주장이고, 다른 하나는 '흑인' 고유의 문제이므로 나머지 요인들은 무관하다는 주장이다. 이 두 가지는 모두 문제를 악화시키기만 하는 잘못된 결론이다. 분명히 말하지만, 치안 문제와 마찬가지로 이는 인종 문제보다 계급 문제의 성격이 훨씬 더 크다. 이런 데이터로 제도적 인종차별이 있다는 믿음을 강화해서는 안 되며, 아무 조치도 필요하지 않다는 견해를 조장하는 인종차별적 유전의 관점을 지지하는 데 사용되어서도 안 된다.

불행하게도 인종적 또는 민족적 격차는 대체로 민주적이고 공평한 체제에서도 회복하기 어려울 수 있다. 예를 들어 영국은 수천 년 전 연이은 침략으로 인종차별적인 아파르트헤이트 국가가 된 경험이 있다. 앵글로색슨족은 기원전 5세기와 6세기에 켈트족 영국인들을 대체하면서 인종적으로 억압적인 국가를 만들었다.[26] 앵글로색슨족은 다시 노르만족에게 정복당해 2등 신분으로 전락했다. 흥미롭게도 몇몇 학자들은 1066년 앵글로색슨족의 영국이 침공당해 생겨난 격차가 오늘날까지 지속되고 있다고 주장한다. 다아시나 맨더빌 같은 노르만 성을 가진 가문이 베이커나 올라이트 같은 전통적인 앵글로색슨족의 성을 가진 가문보다 더 많은 부를 보유하고 있기 때문이다. 거의 천 년이 지난 지금까지 말이다!

남아프리카공화국이 또 다른 예다. 오랫동안 아파르트헤이트 국가였던 남아프리카공화국의 노골적인 인종차별과 억압 체제는 1990년대 초에야 종식되었다. 미국과 달리 남아프리카공화국은 흑인이 다수이므로, 아파르트헤이트에 반대했던 아프리카민족회의(가장 유명한 지도자 넬슨 만델라는 평화적 저항의 강력한 상징으로 남아 있다)로 권력이 대부분 이양되었다. 현재 남아프리카공화국에서는 흑인이 그 어느 때보다 많은 권력을 장악하고 있지만, 흑인과 백인 사이에는 상당한 인종 격차가 남아 있다.[27] 간단히 말해, 고질적인 사회문제는 단기간 또는 여러 세대에 걸쳐서도 쉽게 해결되지 않는다. 이것이 불신 때문이라는 의미는 아니다. 남아프리카공화국, 미국 또는 지구상의 그 어느 곳도 인종적 유토피아라고 생각하는 사람은 없지만, 격차에 대한 여러 가지 설명에도 주의를 기울여야 한다. 이 모든 설명이 적극적 아파르트헤이트 국가를 의미하지는 않는다.

그럼에도 불구하고 좌파의 많은 사람들은 미국이 백인 우월주의자 또는 '반反흑인' 국가라고 말한다. 하지만 가장 흥미로운 데이터를 보자. 미국에서 최고의 경제적 성과는 백인(실제로는 중간 정도에 속한다)이 아니라 동아시아계, 남아시아계, 유대인, 아프리카와 카리브해 흑인 이민자(앞에서 노예의 후손인 아프리카계 미국인과 미국 노예제도와 무관한 최근의 흑인 이민자를 구분한 이유다)가 얻고 있다. 말하자면, 미국은 백인 우월주의 국가로서는 아주 나쁜 나라다.

미국 인구조사 데이터에서[28] 아시아계의 가구 소득이 가장 높고, 백인, 히스패닉계, 흑인이 그 뒤를 잇는다는 점은 잘 알려져 있다. 공정하게 말하자면, 이는 해당 집단 내의 상당한 편차를 무시한 것이다. (실제로 일부 보고서에 따르면 아시아계 미국인의 하위 집단 간 소득 불평등이 상당하다고 한다.) 다음의 그래프에서는 미국에 거주하는 다양한 인종 집단의 인구조사 데이터[29]를 취합하여 백인의 평균 가구 소득과 비교했다(내가 소속된 스코틀랜드와 아일랜드의 하위 인종 집단도 포함되었다). 물론 이것은 요점을 설명하기 위해 만든 일부만의 목록이다.

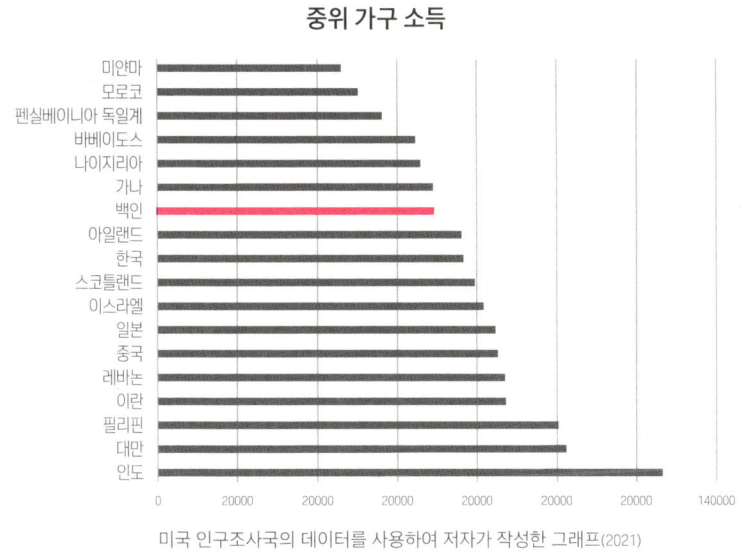

미국 인구조사국의 데이터를 사용하여 저자가 작성한 그래프(2021)

이 그래프를 보면 많은 남아시아와 동아시아 출신 집난이 중위 백인 미국인보다 높으며, 레바논과 이란과 같은 중동 문화권(반유대주의라고 비난받을 수 있지만 이스라엘도 포함된다)의 일부도 마찬가지다.

가나, 나이지리아, 바베이도스 등 일부 아프리카 또는 카리브해 지역의 사람들은 중위 백인 소득에 매우 가깝다. 이 수치는 특히 흥미롭다. 미국 흑인이 겪는 소득과 여러 문제가 반흑인 정서(다른 집단에도 똑같이 영향을 준다)보다 흑인 공동체와 관련된 특정 문제 때문이라고 암시하기 때문이다. 물론 노예제도와 짐크로법(지금 이야기하고 있는 제도적 인종차별과는 개념적으로 다르다)의 역사적 유산도 아버지 부재와 상대적으로 높은 범죄율 등과 함께 이러한 문제의 일부다. 솔직히 말해 인종차별은 모두에게 부끄러운 일이기 때문에 이성적으로 논의하기가 매우 어려운 복잡한 문제다. 하지만 이성적으로 논의하지 않으면 이 문제는 언제나 남아 있을 것이다.

인종 내에서 나타나는 하위 집단 사이의 차이도 흥미롭다. 예를 들어 백인 중에서도 나의 동료인 스코틀랜드계와 아일랜드계는 중위 소득보다 조금 더 높고, 펜실베이니아 독일계는 비교적 낮다. 이는 모든 격차가 불공정, 인종차별 등의 탓이 아니라고 알려주는 좋은 예다. 아마도 미국은 펜실베이니아 독일계를 싫어하는 게 아니라, 그 문화와 관련된 특정 문제가 소득 격차에 기여한다고 여겨진다. 마찬가지로 많은 아시아계 집단은 경제적으로 여유롭지만, 미얀마계는 그렇지 않다. 그렇다고 해도 미국이 인도계와 중국계만 따뜻하게 환대하고 미얀마계를 박대한다고 말하면 터무니없는 주장이다. 더 복잡한 일이 벌어지고 있다. 다시 한번 말하지만, 경제 데이터는 다른 데이터와 분리될 수 없다. 그것이 범죄와 아버지 부재에 관한 데이터이든, 가난한 공동체에서 정치적 '엘리트'의 이탈을 보여주는 데이터이든 말이다.

좋은 소식은 평균 가계 소득이 전반적으로 상승하고 있다는 것이다. 나쁜 소식은 모든 집단이 함께 상승하고 정체되는 집단이 없기 때문에, 집단 간 격차가 여전히 존재한다는 것이다. 격차를 해소하는 방법을 찾아내려면 시간과 수완이 필요하며, 인신공격이 난무하는 요즘의 격렬한 논쟁에서는 후자가 부족하다.

나는 무제한의 권력이 있으면 모든 사람이 모든 것을 찬양하도록 고칠 수 있는 요술 지팡이를 가지고 있다고 주장하지 않겠다. 하지만 나는 낙관적으로 생각한다. 방정식의 양쪽에서 불편하고 추악한 데이터를 정직하게 받아들여, 데이터를 바탕으로 건전한 정책을 수립해야 한다. 특히 사회와 교육정책에 집중하여, 어떤 인종이든 불우한 아이들이 교육 이탈, 빈곤, 아버지 부재, 범죄의 악순환에서 벗어나도록 도와주어야 한다.

따라서 미국은 대량 학살이나 아파르트헤이트 국가를 경험하고 있지 않다. 미국은 제도적인 인종차별에 시달리지 않지만, 인종 간의 불협화음에 시달리고 있다. 격차는 존재한다. 그러나 그 이유는 복잡하고 다면적이다. 노예제도와 짐 크로의 추악한 역사는 지울 수 없고, 평등주의가 정착된 현재에도 그 유산을 쉽게 떨쳐버릴 수 없다. 우리는 앞으로 나아갈 수 있다. 그러기 위해서는 혼란스러운 데이터를 냉정하고 정직하게 평가해야 하며, 양극화된 신거 징치의 징쟁과 확증 편향에 빠져들지 말아야 한다. 힘들기는 하겠지만, 우리는 해낼 수 있다고 확신한다. 그렇다면 무엇이 우리를 막고 있을까?

정치사회적 좌파의 가용성 폭포

정치적 우파는 엘리트 우대 정책, 인종차별, 외국인 혐오에 대해 책임을 져야 하며, 이런 행태는 특히 도널드 트럼프 행정부에서 극심하게 두드러진다. 하지만 나는 먼저 2014년경부터 일어나기 시작해서 2020년 조지 플로이드 사건 이후 분명하게 드러난 좌파의 이성과 균형 감각의 붕괴도 중요하다고 생각한다. 특히 2020년 시위와 폭동의 직접적인 결과로 많은 흑인들이 목숨을 빼앗긴 것은 좌파의 실패라고 생각하지만, 이에 대한 설명은 잠시 미루겠다.

2021년 9월, 텍사스의 미국 남부 국경에 도착한 아이티 난민을 국경 순찰대가 막는 모습이 사진으로 공개되었다. 약 1만 5천 명으로 추정되는 난민들이 고국 아이티의 끔찍한 환경, 경제, 정치 상황을 피해 미국 국경에 도착했다. 바이든 행정부는 이들의 대부분을 아이티나 멕시코로 돌려보냈다. 이 정책의 장점, 동정심과 이민 통제 사이의 이해할 수 있는 긴장에 대해 우리는 서로 토론할 수 있다. 그러나 가장 큰 분노를 불러일으킨 문제는 다른 곳에 있었다. 국경 순찰대원들이 수많은 난민들의 질서를 유지하려고 노력하는 가운데, 말을 탄 순찰대원이 채찍으로 난민을 때리는 사진이 공개되었다. 맥신 워터스 하원의원은 이 사진에 대해 노예 시대보다 더 나쁘다고 말했다. 절박한 난민의 대부분을 돌려보내는 정책에 책임이 있는 조 바이든 대통령은 국경 순찰대 요원들에 대해 "이 사람들은 대가를

치르게 될 것"이라고 말했다.[30]

하지만 실제로 이런 일은 일어나지 않았다. 국경 순찰대 요원들은 채찍을 들고 있지 않았고, 말을 통제하기 위해 고삐를 잡고 있었을 뿐이다. 이 글을 쓰는 현재 아무도 채찍을 맞았다는 증거가 없으며, 현장을 촬영한 사진작가도 이를 인정했다. 왜 그렇게 많은 사람들이 적법한 절차나 사실에 대한 냉정한 평가를 기다리지 않고, 어쩌면 국경 순찰대원의 삶을 영원히 바꾸어놓을 수 있는 일을 성급하게 판단했을까?

조지 플로이드는 2020년 5월 경찰관 데릭 쇼빈의 무릎에 목이 눌려 질식사했거나, 무릎의 압박이 그의 질식에 현저하게 관여했다. 플로이드는 성자가 아니었고, 잔인한 가택 침입을 비롯해 최근에는 위조지폐를 사용하려 한 범죄 전과가 있다. 그러나 그는 자선 활동에도 참여했고, 일반적으로 공동체를 돌보았다고 한다. 내 생각에 그는 우리의 체제에서 길을 잃은 불행한 영혼 중 한 명이었고, 약물 남용과 정신 건강에 대한 포괄적인 접근을 통해 혜택을 받을 수도 있었을 것이다. 그는 분명히 20달러 지폐 때문에 죽어서는 안 되는 사람이었다. 경찰의 폭력 사건에서 흔히 볼 수 있듯이, 정신적 문제로 경찰의 말에 안전하게 따르기 어려웠다고 해도 말이다. 쇼빈 경찰관은 2021년에 살인 혐의로 유죄판결을 받았고, 이 글을 쓰는 현재 현장에 있던 다른 경찰관 세 사람도 기소되었다.

플로이드의 죽음은 2020년 여름에 평화적인 시위와 폭력적인 소요의 불길을 일으켰다. 같은 해 여름에 코로나19가 번졌는데, 이는 우연이 아닐 것이다. 그러나 이 폭발은 10여 년 동안 좌파 진영에 스며들어 있던 여러 가지 급진적인 생각의 둑을 무너뜨렸다. 갑자기 '제도적 인종주의', '백인 우월주의', '반인종주의'와 같은 말들이 인기를 얻었고, 현대 미국이 대량 학살 아파르트헤이트 국가와 비슷하다는 견해가 득세했다. 많은 사람들이 이 갑작스러운 문화적 변화에 충격을 받았을 것이다. 무슨 일이 일어난 걸까? 현실의 미국이 그들이 생각했던 미국과 너무나 달랐을까? 앞에서 보았듯이 아주 천천히, 데이터가 좌파의 주장을 뒷받침하지 않는다고 밝혀졌다. 그렇다면(데이터가 인종차별적인 미국이라는 세계관을 뒷받침하지 않는다면), 이런 주장이 어떻게 그렇게 빠르게 세력을 키울 수 있었을까?

공정하게 하자면, 그 토대는 수십 년 전에 비판적 인종 이론CRT과 같은 학문적 접근에 뿌리가 닿아 있다.[31] 간단히 설명하자면, 이 이론은 인종 문제가 대부분의 사회적 교류에서 중심적인 위치를 차지하고, 사람들을 인종에 따라 억압하는 집단과 억압받는 집단으로 나눌 수 있으며, 문화, 경제, 정치 시스템은 이러한 권력 체제를 유지하기 위해 발달하고, 표현의 자유, 과학적 객관성, 적법 절차 같은 자유주의적 덕목은 이 상황을 유지할 뿐이라고 주장한다. 처음에 로스쿨에서 나온 이 이론은 학계 전체와 초중고 교육으로까지 서서히 퍼져 나갔다.

이 영향력의 토대는 가치 있는 사회적 프로젝트에 의해 다져졌다. 예를 들어 미국에서 노골적인 인종차별은 급격히 감소했으며, 트럼프 대통령의 인종차별적 발언에도 불구하고 최근 몇 년 동안에도 이 추세는 계속되고 있다.[32] 물론 이것은 매우 좋은 소식이다. 그렇다고 인종차별이 전혀 존재하지 않거나 실제적이고 노골적인 인종차별 사건을 경계하지 말아야 한다는 의미는 아니지만, 축하할 만한 소식이다. 이런 흐름의 일부로, 인종차별주의자(또는 동성애 혐오, 성전환 혐오, 성차별주의 등 편견을 암시하는 다른 용어)로 지목되면 엄청난 사회적 낙인이 찍히기 때문에 사람들은 막대한 대가를 치르면서까지 낙인을 피하려고 노력한다. 다시 말하지만, 이런 일도 반드시 나쁜 것은 아니다. 확실히 편견을 드러낸 사람에게만 낙인을 찍는다면 말이다.

그러나 용어가 낙인이 되면 무기로 사용되기 쉬우며, 정당하든 부당하든 그 용어를 꺼내기만 해도 모든 이성적인 논쟁을 중단시킬 수 있다. 예를 들어 누군가가 소수집단 우대 조치의 효과에 의문을 제기할 때 그를 인종차별주의자로 낙인찍으면, 모든 논의가 그대로 끝나버린다. 우리가 스스로 침묵함으로써 이런 용어의 무기화를 장려한다면(그리고 이런 용어는 다수를 이루는 사람들뿐만 아니라 의견이 다른 소수자에게도 쉽게 사용된다), 나중에 이런 용어의 사용을 더욱 장려하게 된다. 이로 인해 공포의 순환이 일어나 '벌거벗은 임금님' 효과로 이어질 수 있다. 모든 사람들이 지배적인 세계관(진보적인 세계관은 권력에 대해 불만을 나타내지만, 그 자신이 엄청난 권력을 갖고 있다)이 뭔가 잘못되었다고 느끼지만, 대부분의 사람들은 겁을 먹고 아무 말도 못 한다. 이런 경향은 관점 인식론standpoint epistemology에 의해 더욱 강화된다. 이는 소외된 집단의 사람들만이 인종차별, 성전환 혐오 등에 대해 발언할 수 있는 개인적인 경험을 가지고 있다는 견해다. 물론 오래전부터 소외당하던 공동체 사람들의 이야기에 귀를 기울이고, 그들의 관점을 존중해야 한다. 그러나 그들도 우리 모두에게 영향을 미치는 다양한 자기 고양적 편향으로부터 자유로울 수 없으며, 그들의 관점도 여전히 데이터의 냉혹한 현실에 노출되어야 한다. 그럼에도 불구하고 수치심과 관점 인식론이 함께 작동하면(다시, 이것도 소외된 공동체 안에서 반대 의견을 가진 사람에게 가해지는 공격을 막지 못한다[33]), 반대자를 침묵시키는 데 매우 효과적이다. 수치심과 관점 인식론은 특히 학계, 뉴스 미디어, 초중고 교육, 인사 담당 부서 등 좌파로 기울어지기 쉬운 공동체에서 더 효과적으로 작용한다.

폴 로시의 경우를 생각해보자(3장에서 잠깐 나왔다). 로시는 사립 그레이스교회학교의 교사였다. 그는 학교가 아이들에게 비판적 인종 이론에 뿌리를 둔 사상을 주입한다고 생각했다. 로시는 이 이데올로기 자체가 인종차별적이라고 우려했다. 백인이든 비백인이든 자기 인종에 수치심을 느끼게 하고, 인종에 따라 학생들 사이에 갈등을 일으키고, 강압으로 학생들의 의견 차이를 억누른다는 것이다. 로시는 이러한 접근 방식이 표면적으로는 미덕의 언어로 포장되어 있지만, 학생들에게 해를 끼칠 수 있다고 믿었다(심리학적으로 동의할 만한 충분한 이유가 있다). 로시는 이 정책을 공개적으로 비판했다는 이유로 교사직에서 해임되어 학교에서 쫓겨났다. 학교는 그의 발언에 "심각한 누락이 있고 부정확하다"고 주장하며 그를 폄하했다.[34] 그러나 로시는 학교를 떠나기 전에 (자신을 공개적으로 비난했던) 교장과의 대화를 녹음했다. 교장은 로시의 생각에 동의하며 이렇게 말했다. "사실 나는 사람들이 이해하는 방식에서 우리가 손을 써야 할 악마화가 있다는 데 동의한다… 우리는 기를 악마화한다… 우리는 백인이 … 타고났기 때문에 악마화한다… 우리는 그들이 개인적으로 책임질 일이 없는데도 그들을 하찮게 느끼게 하는 언어를 사용하고 있다."[35] 이 사례는 사람들이 사회적 압박이 심할 때 공개적으로 하는 말과 사적인 대화에서 진심을 드러내는 말이 다르다는 것을 보여주는 분명한 예다.

어떻게 이런 일이 일어나는지 살펴보자. 매튜 블랙웰은 <키예트 Quillette>*에 실린 에세이에서 가용성 폭포가 일어나는 방식에 대해 설명했다.[36] 이 과정은 앞에서 설명한 가용성 휴리스틱으로 시작한다. 기본적으로 사람들은 어떤 사건의 사례가 쉽게 생각나면 그런 사건이 훨씬 자주 일어난다고 생각한다. 또한 충격적인 사건이 더 선명하게 기억에 남는다. 예를 들어, 사람들은 대량 살인이 실제보다 훨씬 더 자주 일어난다고 생각한다. 경찰이 비무장 흑인을 사살하는 일은 자주 일어나지 않지만(<워싱턴포스트>의 데이터에 따르면 3억 3천만 명의 인구가 살고 있는 미국에서 1년에 10회에서 20회쯤 일어나는 극히 드문 사건이다), 뉴스 미디어가 몇 주에 한 번씩 강조하기에는 충분하다. 즉 뉴스 미디어가 흑인에 대한 경찰의 총격 사건이 '트렌디'하다고(더 적절한 표현이 없어서) 판단하면, 백인이나 다른 인종(라틴계, 아시아계 등)에

---

* 옮긴이 - 오스트레일리아의 언론인 클레어 레만이 창간한 온라인 잡지다.

대한 경찰의 총격은 무시한 채 이런 사건만을 강조할 수 있다. 이런 뉴스 미디어에 접하다 보면, 사람들은 경찰이 실제보다 훨씬 더 자주 비무장 흑인을 사살한다고 생각한다. 반대로 경찰이 비무장 백인을 사살하는 일은 실제보다 훨씬 드물다고 생각하게 된다. 따라서 미국 인구의 상당수, 특히 경찰을 믿지 않으려는 성향이 강한 진보주의자들은 경찰이 비무장 흑인을 매년 수천 명씩 쏴 죽인다고 생각한다. 하지만 실제로 그런 일은 훨씬 드물게 일어난다.

뉴스 미디어는 항상 이런 종류의 일을 한다. '피가 흐르면, 특종'이라는 말은 낡은 클리셰이지만, 뉴스 미디어는 '트렌디'한 사회적 내러티브에 매달려 과장하는 경향이 있다. 여느 미디어와 마찬가지로, 뉴스 미디어도 아첨해야 할 청중이 있다. 몇 년 전 세인트루이스의 한 기자로부터 세인트루이스에서 '녹아웃 게임'이 유행하고 있다는 전화를 받은 기억이 난다. '녹아웃 게임'은 (거의 신화다) 청소년들이 낯선 사람을 주먹으로 한 방에 쓰러뜨리면 '점수를 따는' 게임이다. (어른들이 얼마나 자주 청소년들이 원시적인 점수 획득 의식을 벌인다고 생각하는지 알 수 있다.) 물론 청소년들은 때때로 폭행을 저지르며, 낯선 사람을 공격하기도 한다. 이는 불행한 현실이지만, 인류가 시작된 이래로 계속되어온 일이다. 그 기자가 나에게 전화한 이유는, 세인트루이스에서 방금 낯선 사람에 대한 폭행이 일어났고, 사람들이 '대유행'일지 모른다고 걱정한다는 것이었다. 낯선 사람에 대한 폭행이 전에는 언제 일어났는지 물었더니, 약 1년 전이었다고 한다. 그래서 뉴스 미디어는 거의 1년 간격으로 일어난 두 사건을 근거로 대유행이라고 말하고 싶어 한다!

불행하게도 뉴스 미디어가 이런 일을 하는 이유는, 공황이 잘 팔리기 때문이다. 무언가 매우 나쁘고 매우 혼란스럽다는 사회적 내러티브가 형성되면, 뉴스 미디어는 그 내러티브에 맞는 사건을 필사적으로 찾는다. 반대로 그와 상충하는 사례나 증거는 무시해버리는 경향이 있다. 다시 말하지만 뉴스 미디어는 무엇이 팔리는지 알고 있다. 우리 모두와 마찬가지로 그들도 먹고살아야 하기 때문이다.

유일한 문제는 뉴스 미디어가 잘못된 믿음을 일으키는지, 아니면 이미 그런 믿음을 갖고 있는 청중을 부추기는지 하는 것이다. 답은 복잡하지만, 후자 쪽으로 기우는 것 같다. 최근의 한 연구에서 나는 지난 몇 년간 인종 관계의 악화가 비무장 흑인에 대한 경찰의 총격 사망 또는 그러한 사건의 보도량과 관련이 있는지를 조사했다. 결과를 보면 인종 관계는 실제 경찰 총격 발생 건수와 관련이 없었으며, 경찰 총격은 드물고 감소하는 추세다. 그러나 인종 관계는 경찰 총격의 보도량과 상관관계가 있다. 즉 인종 관계와 보도량에 어떤 일이 일어나고 있든, 경찰 총격의 실제 현상과는 관련이 없다. 그러나 이 데이터는 두 현상이 함께 작용할 뿐이고, 뉴스 미디어 보도가 인종 관계의 악화를 일으켰다고 보기는 어렵다는 점을 시사한다.[37] 그보다는 이미 존재하고 있던 청중의 감정을 부추겼다고 볼 수 있다. 내 생각에 이는 중요한 차이점이다. 뉴스 미디어가 인종 관계 악화의 근본적인 원인이 아니라면, 분명한 해결책이 없어지므로 안타까운 일이라고 볼 수도 있다. 나는 후속 연구를 통해 장기적인 추세를 더 분석해보고 싶다.

사람들이 가용성 휴리스틱에 현혹되는 것이 문제라면, 경찰 총격(그리고 경제 등의 다른 문제)에 대한 실제 데이터를 명확하게 공개하면 어떨까? 물론 데이터는 현재의 인종 상황에 아무런 문제가 없다고 말하지 않지만, 많은 사람들이 생각하는 것보다 훨씬 낫다고 말한다. 사람들은 집을 나서기만 하면 경찰의 총에 맞을지도 모른다는 공포에 떨고 싶지 않으며, 데이터는 분명히 그런 염려가 없다고 알려준다. 그렇다면 왜 사람들은 데이터에 대해 더 많이 말하지 않을까?

이는 도덕적 가용성 폭포가 수치심을 강요하기 때문이다. 가용성 휴리스틱이 조장하는 잘못된 믿음은 그 일부다. 이렇게 형성된 잘못된 믿음이 동의하지 않는 사람을 수치스럽게 함으로써 사회적으로 강화된다. 따라서 미국에서 구조적인 인종차별은 없다고 생각한다면, 이 생각을 그대로 말할 때 인종차별주의자로 불리기 쉽다. 이 꼬리표가 붙었을 때의 수치심을 고려하면, 명백히 의심스럽고 대부분의 사람들이 의심해도 의심을 표출하기보다 그냥 따르는 적하기가 더 쉽다. 수치심과 두려움은 순응을 낳는다. 순수하고 단순하다. 이는 옹호 단체가 '블랙 라이브스 매터Black Lives Matter'와 같은 이름을 사용할 때 더욱 악화될 수 있다. 이 작명의 감각은 탁월하고, 그 뒤에 있는 정서는 분명하다. 그러나 결과적으로, 해당 단체가 실제로 흑인에게 해로운 정책을 옹호해도 비판하기 어려워진다. 특정 단체를 비판하면 그 단체가 표방하는 대의를 비판하는 것으로 보이기 때문이다. (모테 앤 베일리 오류motte-and-bailey arguments의 일종이다. 이는 논란이 있거나 문제가 있는 것을 가까이에 있는 공격할 수 없는 개념으로 보호하는 것이다). 윌 스미스는 최근 "블랙 라이브스 매터에 대해 따지고 드는 사람은 우스꽝스러워 보인다."라고 말하면서 의도치 않게 이 점을 강조했다.[38] 그가 옳다. 하지만 윌 스미스도 대의와 특정 단체를 혼동했다고 여겨진다. 이 둘은 같지 않다. 다른 많은 사람들과 마찬가지로, 스미스도 모테 앤 베일리 오류에 빠졌다.*

문제는 순응이 치명적으로 나쁜 정책 또는 사회적 결정으로 이어질 수 있다는 것이다. 이렇게 해서 2020년에 '경찰 예산 박탈' 또는 '경찰 폐지' 따위의 다양한 노력이 있었다. 이 중 일부는 문자 그대로의 의미였지만, 다른 옹호자들은 이런 말들이 문자 그대로의 의미가 아니라고 주장했다. (그러나 구호가 사람들이 생각하는 것과 다른 뜻이라고 주장한다면, 단순히 나쁜 구호라는 뜻이다.) 그와 함께 많은 시위·폭동 현장에 ACAB(all cops are bastards 즉 '경찰은 모조리 개자식')라는 그래피티가 그려지고, 극좌파 집단과 경찰 간의 폭력적인 충돌이 벌어지고, 심지어 텔레비전에서 경찰이라면 어린이 프로그램의 강아지 경찰까지 모두 삭제하자는 움직임이 일어나는 등 경찰에 대한 비난이 폭주했다.[39] 이러한 반경찰 정서로 인해 특히 위험 지역의 순찰이 줄어들고(카메라에 찍혀 그다음으로 경력이 끝나는 사건에 엮이지 않기 위해), 신뢰 부족으로 시민들의 협조도 감소할 수 있다.

---

* 아이러니하게도 스미스는 나중에 오스카 시상식에서 아내에 대한 농담을 했다는 이유로 크리스 록의 뺨을 때리는 등 큰 논란을 일으켰다. 더 이상 우스꽝스러운 말을 할 수 있는 최고의 인물이 아닐지도 모른다.

2020년에는 특히 미니애폴리스, 시카고, 뉴욕시와 같은 도시 환경에서 살인 사건이 급증했다. 의심할 바 없이 코로나19 범유행과 조지 플로이드 사망 사건 이후의 시위와 폭동이 모두 영향을 미쳤을 것이다. 그러나 2015년과 마찬가지로 2020년에도 살인 사건의 급증은 시위와 폭동이 폭발적으로 일어난 시점과 잘 일치하는 것으로 보인다.[40] 분명히 말하고 싶다. 사람들은 평화롭게 시위할 헌법상의 권리가 있으며, 나는 조지 플로이드의 죽음에 항의하는 사람들의 권리를 전적으로 지지한다(코로나19 위험에도 불구하고). 그러나 시위·폭동이 경찰의 정당성을 훼손하고 시위대의 생각이 잘못된 정보에 근거했을 수 있다는 점에서, 블랙 라이브스 매터 운동은 치안이 약화된 기간에 더 많은 흑인의 죽음을 일으켰다는 합리적인 비판을 받을 수 있다. 하지만 윌 스미스가 보여주었듯이 사람들은 구호에만 집착한다. 그들은 우스꽝스럽고 멍청해 보일 것이 두려워 데이터의 복잡한 속내를 자세히 들여다보려고 하지 않는다. 따라서 이런 우려를 제기하는 사람은 위험해진다.

정치사회적 우파의 가용성 폭포

    나는 이 문제에 대해 많은 시간을 들여 좌파를 비판했다. 특히 2020년 이후 살인 사건의 급증을 고려할 때, 이 비판은 당연하다고 본다. 하지만 정치적 우파도 결백하지 않다. 무엇보다도 그들은 2016년에 노골적인 외국인 혐오주의자이자 인종차별주의자인 대통령을 선출했고, 그가 2024년에 다시 대통령이 될 수도 있다는 최악의 가능성을 바라보고 있다. (이 글을 쓰고 있는 지금 조 바이든은 대체로 대통령으로서의 자질이 부족하다고 스스로 입증했으므로, 사소한 걱정이 아니다.)

인종 문제에 관련된 우파의 히스테리는 많은 부분이 좌파의 잘못된 정보와 가용성 폭포를 그대로 거울에 비춘 것과 같다. 예를 들어, 젊은 흑인 남성이 폭력 범죄의 가해자로 과대 대표되는 것은 사실이다. 하지만 이는 흑인이기 때문이 아니라, 상당한 사회적 스트레스를 받는 환경에서 살 가능성이 크기 때문이다. 앞에서 미국 내 범죄율이 높은 몇몇 도시, 특히 휴스턴, 윌밍턴, 델라웨어, 잭슨, 미시시피, 볼티모어에서 이 문제를 조사한 연구를 통해 이 문제를 다루었다. 전국 데이터와 마찬가지로, 젊은 흑인 남성이 폭력 범죄의 가해자로 과대 대표되었다. 그러나 빈곤, 공동체에서 받는 스트레스, 환경 조건(인구 과밀, 공해 등)과 관련된 사회적 요인을 통제하면, 인종은 더 이상 폭력 범죄의 예측 요인이 아니었다. 다시 말해 어려운 배경의 백인 청년이 어려운 배경의 흑인 청년만큼이나 경찰의 총에 맞기 쉽다고 주장한다면, 그 백인 청년이 흑인 청년만큼이나 폭력 범죄를 저지르기 쉽다는 주장도 옳다고 말해야 한다. 즉 인종과 무관하게 사회적으로 어려운 환경에 있는 사람이 더 폭력적으로 되기 쉽다.[41]

마찬가지로 우파의 많은 사람들은 이민자, 특히 중남미에서 온 불법 이민자가 폭력적인 성향이 있다고 생각한다(불법 이민자는 범죄자와 강간범이라는 트럼프 대통령의 발언에 이런 생각이 반영되어 있다). 실제로 불법 이민자가 미국 시민권자보다 폭력 범죄를 저지를 가능성이 훨씬 적다는 증거가 있다.[42] 그러나 보수적인 뉴스 거품은 진보적인 뉴스 거품과 똑같은 방식으로 작동한다. 일화의 선택과 정치 지도자의 발언이 사람들의 선험적 편견과 노이로제를 강화한다.

인종 관계의 악화를 볼 때, 이는 주로 인종차별이 실제보다 더 많다고 보는 진보주의자들 탓이라고 생각하고 싶은 면이 있다. 의심할 바 없이 이것도 한 가지 이유다. 그러나 적어도 우파의 몇몇 사람들이 드러내는 이민자, 무슬림, 소수민족에 대한 과장된 두려움과도 관련될 수 있다. 최근의 투표 패턴을 보면 소수민족이 보수 쪽으로 서서히 넘어가고 있기 때문에, 이것은 명백한 아이러니다. 공화당은 그들의 핵심 가치도 아닌, 극단적인 외국인 혐오 공세를 폐기해야 한다. 보수의 사회적 가치에 대한 진심을 유지하면서, 모든 미국인에게 이득이 되는 인기 있는 경제 정책을 고려해야 한다. 이렇게만 하면, 소수민족은 공화당에게 뜻밖의 선물이 될 수 있다. 공화당은 이렇게 하지 못한다는 것을 증명했고, 아직도 트럼프주의의 망령에서 헤어나지 못하고 있다. 이는 파국적인 의사 결정의 또 다른 예다.

최종적인 생각

지난 10년간, 이전 10년 동안 비교적 좋았던 인종 관계가 급격히 악화되었다. 치안, 경제, 또는 다른 지표를 보아도, 이 기간 동안 소수 인종의 사회적 여건이 악화되었다는 증거는 없다. 그러나 인종에 대한 발언은 좌파와 우파 모두에서 점점 더 험악해져갔다. 존재하는 문제를 해결하고, 데이터에 근거하지 않은 우려에 대해서는 불필요하다고 설득하고, 공동체에 집중하며, 분열(우파의 낡은 인종주의나 '반인종주의' 좌파의 신인종주의)보다 통합에 집중해야 한다. 이렇게 하려면, 차분한 이성으로 공정하게 데이터를 들여다보는 능력이 있어야 한다. 우리가 이런 능력을 회복하고, 자유로운 발언, 열린 토론, 모든 사람에 대한 존중의 책무를 기억하지 않는다면, 사회적 파국은 우리를 향해 빠른 속도로 다가올 것이다.

CHAPTER 8
상어가 뛴다

2021년 10월, '영국을 단열시켜라Insulate Britain'라는 단체에서 조직한 시위대가 런던이 주요 도로에 몸을 집착제로 붙이고(정확히 몸을 어떻게 도로에 접착제로 붙이는지 나는 지금도 궁금하다) 교통을 차단했다. 특히 시위대가 구급차를 막았고, 병원에 막 실려 간 노모를 만나기

위해 조바심을 치는 한 여자의 길을 확실히 막았다는 보도가 나오자 운전자들은 당연히 분노했다.[1] "영국을 단열시켜라"라는 단체는 무엇을 원했을까? 그것은 거의 이름 그대로였다. 기후변화에 맞서기 위해 정부가 주택용 최신 단열재를 공급해 모든 영국 주택의 에너지 효율을 높이자는 것이다.[2] 어떤 세금으로 재정을 충당할지 묻지 않는다면, 본질적으로 불합리한 목표는 아니다. 그러나 일반 대중을 괴롭히는 전술로 사람들이 병원에 가는 길을 막는다면(특히 응급 상황에), 그러한 대의에 대한 대중의 지지는 거의 확실하게 파국을 부를 것이다. 그들은 무슨 생각을 했을까?

헤이, 일단은 관심을 끌잖아. 그렇기는 하다. 그래서 나도 그들에 대해 글을 쓰고 있다. 사람들은 관심을 진전으로 착각할 수 있다. (동물의 윤리적으로 대우하는 사람들[PETA, People for the Ethical Treatment of Animals]이 수십 년 동안 어떻게 허우적거렸는지 보라.[*]) 잘못된 전략이나 잘못된 방법을 사용하면 가치 있는 목표에 대한 지지나 진전을 도리어 방해할 수 있다. 때로는 이것이 정말로 파국적인 결과를 가져올 수 있다. 이 장에서는 기후변화의 문제와 이에 대해 어떻게 대처해야 할지에 대한 합의를 이루기 어려운 이유를 살펴보자.

지난 수십 년 동안 고립된 오두막에서 살았다면(이 책을 구하기 위

---

[*] 옮긴이 - 예를 들어 2003년에 '접시 위의 홀로코스트' 캠페인을 벌이면서 동물의 죽음이 유대인 학살에 빗댔고, 유대인 단체로부터 유대인 학살을 너무 사소하게 여긴다는 비판을 받았다. 2009년에는 거의 벌거벗은 여성의 몸을 보여주면서 '동물에게도 똑같은 부위가 있다'는 구호의 캠페인을 벌였다. 이는 동물의 권리를 과도하게 단순화했다는 비판과 여성을 대상화했다는 비판을 받았다.

해 모험을 떠나줘서 고맙다), 기후변화(이전의 '지구온난화'다. 왜 브랜드가 바뀌었는지는 바로 설명한다)는 산업, 운송, 농업(소의 방귀에 메탄이 많이 들어 있다고 알려졌으며, 기후변화의 모든 측면과 마찬가지로 소 방귀가 지구에 얼마나 해로운지에 대해 멍청한 인터넷 논쟁이 벌어지고 있다)을 통해 인간이 내뿜은 오염 물질이 지구의 전반적인 가열에 기여하고 있다는 우려를 말한다. 이것은 여러모로 지구에 나쁘다. 한동안 '지구온난화'라고 불렸지만, 가끔씩 겨울이 너무 추워 박사 학위가 없는 순진한 사람들이 혼란에 빠졌다. 그래서 우리는 지금 '기후변화'에 대해 이야기하고 있다.[3]

시작하기 전에 확실히 해두겠다. 나는 기후변화의 과학에 대해 완전히 무지한 것보다 더 모른다. 나는 내가 꽤 똑똑한 사람이라고 생각하고 싶지만(물론 동의하지 않는 사람을 찾기는 별로 어렵지 않을 것이다), 지구물리학은 그냥 내 분야가 아니다. 대부분의 사람들과 마찬가지로 나도 이 분야의 박사 학위를 가진 사람들을 믿기로(또는 믿지 않기로) 결정하고, 그들이 기관 포획(institutional capture, 기관이 구성원이나 청중을 만족시키기 위해 거짓을 말하기 시작하는 것)의 토끼 굴로 너무 깊이 들어가지 않기를 바라며, 약간의 상식을 길잡이로 삼아야 한다. 하지만 상식이라는 것이 일반적이지도, 객관적이지도, 현실과 밀접하지도 않으니 지켜봐야 한다. 어쨌든, 나의 기본적인 생각은 기후변화에 대한 진실이 무엇이든 간에 대기로 오염 물질을 내뿜으면 좋지 않으며, 생활수준을 낮추지 않으면서 오염 물질을 줄이는 방법을 찾는 것이 합리적인 목표라는 것이다.

그렇다면 왜 나의 말을 들어야 할까? 이 장에서는 기후변화 자체에 대한 과학보다 사람들이 기후변화에 영향을 주려고 노력하는 방식과, 그 방식이 효과가 있을지 알아보려고 한다. 즉 인간의 행동, 설득, 사고에 대해 살펴볼 것이다. 사람들은 기후변화에 대해 서로에게 왜 그렇게 화를 내고 불쾌해할까? 우리는 정말 멸망의 위기에 빠져 있을까, 아니면 70년대 빈티지 뷰익에 시동을 걸고 별 이유 없이 차도를 달리면서 기름을 펑펑 써도 될까?

80년대의 향수를 불러일으키는 환경주의의 간략한 역사

물론 환경 재앙은 새로운 일이 아니다. 나는 소중한 어린 시절에 GI 조 액션 피규어*와 스페이스 인베이더, 겨울철 씰매 타기**를 넘어 오존층 구멍과 산성비 같은 더 넓은 세계에 대해 알게 된 것을 기억한다. 아, 연못에 몸을 담그면 살이 녹던 옛날이 그립다. 지금은 아무도 이런 이야기를 하지 않지만, 그것들은 실제적인 문제였다.

오존은 산소 원자 3개로 구성된 분자다. 지상에서는 드물지만 번개에 의해 생성될 수 있다. 천둥 번개가 치는 동안이나 그 뒤에 공기

---

* 그들을 더는 인형이라고 부르지 말자.
** 내가 정신을 차리고 플로리다로 이사하기까지는 몇 년이 걸렸다.

에서 특유의 냄새가 나는 것은 오존 때문이다.[4] 그런 냄새가 나는 공기를 너무 열심히 흡입하지 말기 바란다. 오존은 유독하며, 폐 조직을 파괴하기 때문이다. 오존은 대기 상층에서 자외선을 흡수하여 지구 전체를 위해 일종의 자외선 차단제 역할을 한다. 오존층이 없으면 모든 사람이 햇볕에 심한 화상을 입게 된다. (아, 그리고 암에 걸린다.) 에어컨이나 냉장고와 같은 냉각 장치에서 흔히 볼 수 있는 염화불화탄소CFC의 방출로 인해 오존층이 사라지고 있다는 사실이 밝혀졌다. 좋은 소식은 (오래된 에어컨을 사용하는 사람에게는 비용이 많이 들지만) 간단하게 다른 냉매로 교체하면 CFC 배출이 줄어들고 오존층이 (대부분) 회복된다는 것이다.[5] 짜잔, 최고의 환경주의가 실현되었다.

산성비에 대한 이야기도 비슷하다. 산성비는 자동차와 공장에서 배출되는 오염 물질(특히 이산화황과 산화질소) 때문에 생긴다. 오염 물질이 대기 중으로 들어가면 비의 pH가 산성으로 바뀐다. 이로 인해 밥 로스의 행복한 작은 나무들은 불행한 그루터기로 바뀌고, 연못의 야생동물들이 죽어간다. 70년대와 80년대에 미국과 캐나다는 유독가스의 배출을 줄이고 산을 먹는 박테리아와 알칼리성 물질을 사용하여 호수와 연못에서 산을 제거하기 위해 산업계(때로는 서로)와 맞서 싸웠다. 모두들 힘을 합쳐 결연한 노력을 기울이자, 북아메리카에서 산성비는 크게 감소했다.[6] 중학교 과학 경시대회에 출품하기 위해 로드아일랜드의 연못에서 산성도를 검사했던 기억이 난다. 아마 3등 상을 받았던 것 같다. 이제는 (적어도 이런 주제로는) 불가능한데, 대부분의 연못이 좋아졌기 때문이다.

따라서 환경문제를 파악하고, 공동의 노력으로 문제를 해결하고, 우리가 환경에 가하는 피해를 치유할 수 있다. 그러나 너무 낙관적으로 보고 싶지는 않다. 이 두 가지가 모두 수십 년이 걸렸고, 산업계의 상당한 저항에 부딪혔다. 그러나 옹호자들은 메시지를 굳건히 유지했고, 문화 전쟁에 빠져들고 싶은 충동에 저항했으며, 대중의 희생을 요구하지 않는(새로운 중앙 공기 조절 장치의 가격만 빼고) 개입을 개발했다. 기후변화에 대해서는 왜 이렇게 할 수 없을까?

기후변화에 대한 다양한 산업계의 저항은 예상할 수 있다. 그러나 산성비나 오존 구멍과 달리 기후변화 문제는 양쪽에서 멍청한 내부 문화 전쟁에 빠져들었고, 많은 학자들이(스스로를 점점 더 옹호자로 여기는 언론인들까지) 이 문제에 휘말렸다고 주장하고 싶다. 또한 제안된 '해결책' 중 일부는 대중에게 꽤 극단적인 희생을 요구한다. 모든 항공 여행을 피해야 하고, 채식을 해야 할 뿐만 아니라(나에게는 어려운 문제다. 지구를 구하기 위해 내가 스테이크를 피해야 한다면 세계는 불타버릴 것이다.*), 실질적으로 자본주의를 해체하고 지지자들조차 인정하는 것으로 보이는 생활수준의 상당한 감소, 경기 침체, 더 권위주의적인 준마르크스주의 정부 시스템을 견뎌야 한다.[7] 기후변화에 맞서 싸우기 위해 사람들이 1920년, 1820년 또는 1720년처럼 살아야 한다면, 단순히 그런 일은 일어나지 않을 것이다. 기후변화 운동가들은 기후

---

* 독자들을 지루하게 하고 싶지 않지만 나 자신을 변호하자면, 나는 약간의 식이 조절 문제가 있어서 대부분의 채소와 과일을 보통 사람보다 더 먹기 어렵다. 물론 내가 햄버거와 스테이크를 즐긴다는 것을 부정하지는 않겠다.

비상사태가 온 뒤에는 어차피 그렇게 살아야 한다고 반박할 수 있으며, 그들의 주장이 백 퍼센트 옳을 수도 있다. 하지만 단순히 인간의 행동은 그런 식으로 작동하지 않으므로, 우리는 다른 방법을 찾아야 한다.

왜 사람들은 기후변화에 우선순위를 두지 않을까?

기후변화에 대한 해결책을 찾으려면, 사람들이 기후변화에 동참하기 어렵게 하는 심리적 장애물을 이해해야 한다. '사람들이 형편없다'고 불평하거나 사람들의 행동에 엄청난 변화를 기대해도 도움이 되지 않는다. 사람들의 행동에 잘 맞는 정책을 찾아내면 도움이 될 수 있다. 다른 사회가 파국적인 기후변화의 시기에도 생존하고 번영했다는 사실을 이해하는 것이 도움이 되며,[8] 요즘과 같은 종말론적 언어는 우리가 가야 할 길을 가로막을 뿐이다. 고대 로마인들이 할 수 있었다면 우리도 할 수 있지만, 사람들이 결정을 내리는 심리를 이해해야 효과적인 정책을 마련할 수 있다.

한동안 심리학자들은 사람들이 왜 기후변화에 대처하기 위해 더 많은 노력을 기울이지 않는지 궁금해했다. 빅토리아대학교 심리학 교수 로버트 기퍼드는 고전이라고 부를 만한 논문에서 사람들이 기후변화의 완화에 기여하지 못하도록 가로막는 주요 장애물에 대해 설명했다.[9] 다음은 그의 연구에서 밝혀진 주요 장애물 중 일부다.

인지적 한계. 간단히 말해, 기후변화는 너무 복잡해서 전체적으로 이해하기 어려울 수 있다. 실시간으로 느끼기 어렵고(플로리다가 정말 더워지고 있을까? 항상 더웠는데…), 우리의 뇌는 선천적으로 장기적인 문제에 우선순위를 두도록 만들어져 있지 않으며, 우리가 기여할 수 있는 능력이 크지 않다고 생각하는 경향이 있다. 이것이 사실상 다른 세대의 문제라면(그 문제가 심각해지기 전에 우리는 이미 땅속에 있을 테니까), 개인으로서 할 수 있는 일이 별로 없는데 왜 뭔가를 해야 하나?

세계관. 사람들이 기후변화에 대한 행동을 하고 싶지 않은 이유는 그렇게 하기를 반대하는 다양한 세계관을 가지고 있기 때문일 수 있다. 이 중 일부는 상당히 합리적일 수 있지만(기퍼드 박사는 이 점에 대해 나와 동의하지 않을 듯하다), 다른 일부는 그렇지 않을 수도 있다. 여기에는 자유 시장 자본주의에 찬성하고 규제를 의심하는 것부터 극한적인 정쟁의 소용돌이에 휘말려 '좌파를 박살 내고' 싶고 이를 위해 세계가 끓어오르도록 내버려두려는 것까지 모든 것이 포함될 수 있다. (좌파가 가끔 너무 짜증 나서 '박살' 내는 것이 이해할 만한 목표임은 인정하지만, 죽음으로 탈환해야 할 고지는 아닐 수도 있다).

반대하는 세계관에 정면으로 맞서 분노, 비꼬기, 헐뜯기(인터넷 담론의 일반적인 행태)로 대하면 사람들이 설득되기보다는 자기 입장을 더 단단히 굳히는 역효과가 생기는 경향이 있기 때문에, 이는 다루기에 까다로운 문제일 수 있다. 세계관의 편향은 우파만의 문제가 아니다. 우파가 기후변화를 믿지 않는 이유는 우파가 기후변화를 믿지 않기 때문이고, 좌파가 기후변화를 믿는 이유는 좌파가 기후변화를 믿기 때문이다. (게다가 이 사람들은 기후변화에 대해 잘 알지도 못한다.) 따라서 모든 것이 당파적인 진흙탕 싸움이 되고, 사람들은 거기에 점점 더 빠져든다.

사회적 비교. 사람들은 다른 사람과 비교하여 자신을 판단하고 동기를 부여받는 경향이 있다. 시스템에 불평등이 존재한다고 생각하면 사람들은 잘 따르지 않는 경향이 있다. 부유한 유명인이나 정치인들이 전기 차를 타는 모습을 보여주면서 한편으로 개인용 헬리콥터나 비행기를 타고 돌아다니면, 기후변화에 끔찍한 악영향을 미친다. 가식적이고 위선적으로 보일 수 있기 때문이다. 여섯 명의 가족을 먹여 살리기 위해 힘겹게 석탄을 캐는 광부가 왜 레드카펫 위에서 허세를 부리는 사람의 말에 귀를 기울여야 할까? 공동체를 통한 지역 홍보가 훨씬 더 효과적일 수 있다.

매몰 비용. 어떤 일에 더 많이 투자할수록 우리는 그 일에서 손을 떼고 싶지 않을 것이다. 이로 인해 사람들은 환경에 좋지 않은 물건에 투자하지만 포기하기를 주저하게 될 수 있다. 자동차 소유는 이에 대한 훌륭한 예이지만, 일반적으로 더 큰 풍요와 소비에 대한 갈망도 그 일부다. 사람들에게 세탁기를 포기하고 손빨래로 돌아가야 한다고 설득하면서 한편으로 작은 집에 살고 자동차와 비행기를 이용한 대부분의 여행을 하지 말라고 설득하기는 어렵다. 육식에서 채식으로 바꾸기가 나에게는 어렵다고 앞에서 밝혔다.

기본적으로 "부모 세대보다 생활수준을 낮춰야 하며, 거의 분명히 훨씬 더 낮춰야 할 것"이라는 메시지가 전달된다면 사람들의 행동을 바꾸기 어려울 것이다. 억지로 강요한다고 해도 엄청난 성공을 거두기는 어렵다. 저항을 일으키지 않으면서도 효과를 얻을 수 있는 작은 변화를 천천히 추진하는 편이 훨씬 더 나을 수 있다.

불신. 문제의 일부는 지난 수십 년 동안 전문가와 정치인에 대한 신뢰가 꾸준히 나빠졌다는 것이다. 그중 일부는 과학계 스스로가 자해한 상처 때문이다. 가장 충격적인 사례는 기후게이트Climategate라고 불리는 사건이다. 2009년 해커들이 이스트앵글리아대학교의 기후 과학자들로부터 훔친 이메일과 파일 수천 건을 공개했다. 이 이메일에 따르면 기후 과학자들이 기본적으로 기후변화에 대한 데이터를 조작하고 있는 것 같았다. 하지만 과학자들은 보수적인 뉴스 미디어가 문맥에서 벗어나 일부 진술을 편집했다고 불평했다. 사람들은 이 이메일의 중요성에 대해 계속해서 논쟁을 벌이고 있으며, 과학계는 이 사건에서 과학자들의 편에 섰다. (과학자들이 게임을 조작하고 있다는 생각이 지배적이었기 때문에, 회의론자들을 설득하기는 어렵다.)

나의 개인적인 생각은, 이메일의 일부를 통해 과학자들도 인간임을 알 수 있다는 것이다. 그들은 이메일을 쓰면서 가끔 부주의할 때도 있다. 기후 과학자들 사이에 이데올로기적 편향이 있을 수 있다는 힌트가 있는가? 나는 그런 편향이 있었을 수도 있다고 생각한다. 솔직히 과학계에서 그런 일이 얼마나 흔한지를 고려할 때, 그런 일이 없었다면 더 놀랐을 것이다. 하지만 내 생각에, 기후 과학자들이 가설에 어긋나는 데이터를 이상적으로 그래야 할 만큼 개방적으로 대하지 않았다는 정당한 우려가 있다. 일부 이메일은 과학 저널에 회의적인 데이터를 게재하려는 시도에 대한 적대감을 암시하고 있으며, 이는 좋지 않다. 반면에 사기를 저지르거나 고의로 대중을 속인 증거가 있는가? 나는 그렇게 보지 않는다. 일부 우파가 말하듯이 기후 과학에 대한 치명타도 아니고, 일부 좌파가 말하듯이 완전히 속 빈 강정도 아니다. 여느 때와 마찬가지로 모두가 자신의 입장을 고수했고, 아무도 서로 대화하지 않았으며, 어느 쪽도 자기 성찰을 하지 않았다. 그러나 커튼 뒤를 살짝 엿보고 과학자도 인간임을 알았을 뿐이라고 해도, 기후 과학에 대한 대중의 신뢰를 조금이라도 낮추기에는 충분했다.[10]

미국심리학회 같은 단체는 비디오게임 폭력[11] 등의 문제에 대해 사실과 다른 입장을 취하고, 해로울 수 있고, 많은 사람들이 성차별에 가깝다고 보는 남자에 대한 치료적 접근법[12]을 용인하여 과학에 대한 신뢰를 떨어뜨렸다. 앞에서 보았듯이, 학자들은 진보적 대의에 크게 기대어 코로나19가 유행하고 있는데도 2020년 조지 플로이드 사망 후의 시위와 폭동을 지지했다. 이런 행동은 학자들이 공정한 전문가가 아니라 자유주의 십자군이라는 대중의 인식을 강화한다.

의심할 바 없이 사회과학과 인문학은 경성 과학hard science보다 더 어려운 상황에 처해 있지만, '과학과 수학의 탈식민화' 같은 멍청한 운동이 퍼져나가면서 모든 과학이 신뢰성 위기에 빠르게 다가서고 있다. 데이터를 바탕으로 중요한 계획을 추진하려면 이런 상황을 반전시켜야 한다. 기후변화와 같이 진보적인 목표에 잘 맞는 것도 있지만, 그렇지 않은 것도 있다. 하지만 과학은 정치적, 사회적 내러티브가 아니라 데이터를 따라야 한다. 이 점에서 우리는 점점 더 길을 잃고 있으며, 대중의 불신은 자해에 의한 상처다.

인지된 위험. 행동의 변화에는 항상 인지된 위험이 따른다. 자가용을 몰다가 대중교통으로 바꾸면 출근 시간에 더 자주 늦거나 사람들이 많이 모이는 곳에서 전염병에 걸리지는 않을까? 이 모든 비용이 얼마나 들까? 지금 가족을 먹여 살리기도 힘든데, 이것 때문에 완전히 궁지에 몰리지 않을까? 인지된 위험이 당장의 이익보다 크다면 (지구 온도가 올라간다는 추상적인 생각뿐만 아니라), 사람들의 행동을 바꾸기 어렵다.

제한된 행동. 사람들은 도덕적 목표를 향한 작은 행동에 참여하는 경향이 있다. 비용이 거의 들지 않는 재활용은 기꺼이 실천하지만, 더 실질적인 행동으로 이어지지는 않는다. (그러나 재활용은 긍정적인 결과를 위해 작은 행동을 활용하는 방법의 한 예라고 할 수 있다.) 또는 한 영역에서 긍정적인 행동을 하고 나면 다른 영역에서는 반대로 행동할 권리를 얻었다고 생각하여 '반동'을 일으킬 수도 있다. 예를 들어 항공 여행을 가지 않는 대신 평소에 하지 않던 자동차 여행을 떠날 수 있다. 사람들은 자기가 이렇게 행동한다는 사실을 잘 인식하지 못한다. 그들은 자신이 실제보다 더 잘하고 있다고 생각한다.

이 문제를 해결하려면 그 자체로 복잡하고 정교한 노력이 필요하다. 인간 본성의 일부 측면은 바뀌지 않는다. 하지만 인간의 한계 내에서 개인의 희생을 최대한 억제하면서 모든 불가피한 희생을 감수할 만큼 구체적인 인센티브를 제공하여, 사람들이 어떤 구체적인 행동 변화는 괜찮다고 생각하도록 도울 수 있다. 예를 들어 대부분의 사람들에게 육즙이 많은 스테이크 대신에 나뭇가지나 나뭇잎을 먹으라고 설득하기는 어려울 것이다. 그러나 과학자들이 적은 비용으로 생산할 수 있는 실험실 배양 육류 또는 고기 맛과 똑같은 식물성 대체 육류를 개발한다면* 사람들을 설득하기가 수월할 것이다. 과학에 대한 대중의 신뢰는 반드시 회복되어야 하지만, 이는 과학자들이 과학에 대해 더 투명하고 정직하게 접근하고 현재 학자들 사이에서 흔히 볼 수 있는 이데올로기적 편견에서 과학을 분리하려는 적극적인 노력을 기울일 때만 가능하다. 예를 들어 과학 공동체에 더 많은 보수주의자를 포함할 수 있는 방법을 검토할 수도 있다. 이렇게 하기 위해서는 사람들이 서로에게 고함치기를 멈춰야 한다. 이 점에서는 양쪽 모두에 책임이 있다. 사람들이 도로에 자기 몸을 접착제로 붙이기보다 설득하고 경청하고 대화하는 노력을 더 많이 해야 한다. 설득에는 인내심, 끈기, 예의, 겸손이 필요하다. 이것이 기후 과학과 관련하여 어떻게 작용할 수 있는지 살펴보자.

---

* 최근에 몇 가지 햄버거 대용식을 먹어 보았는데, 두부로 고기를 흉내 낸 것보다는 조금 나았지만 아직은 멀었다.

상어가 뛴다

먼저 한 가지를 인정하자. 사람들은 사실이 아니더라도 터무니없고 놀라운 주장에 끌리기 마련이다. 이런 주장을 많은 사람들에게 알리면 그중 일부는 사실을 확인하지 않고 믿게 된다. 이는 옹호 활동의 성공으로 보일 수 있다.

1975년에 나온 영화 <죠스>가 상어의 공격이라는 거의 존재하지 않는 위협을 다루면서 사람들을 겁에 질리게 하여 인류 문명이 상어를 죽이기 시작했고, 그 결과 전 세계적으로 상어의 개체 수가 크게 감소했다는 사실은 잘 알려져 있다. 이 이야기는 픽션 미디어가 시청자에게 영향을 준다는 생각을 매우 현실적인 문제와 연결시켜 준다. 상어 개체 수는 20세기 후반에 절대적으로 감소했다. 이제 그 이유를 알 수 있다. 스티븐 스필버그의 유명한 괴수 영화가 원흉이다. 사실, 이 연관성은 매우 잘 입증되어 영화의 원작 소설을 쓴 작가 피터 벤클리조차도 나중에 이 소설을 쓴 것을 후회했다.

하지만 이것은 전혀 사실이 아니다. 사실 <죠스>가 상어 개체 수 감소에 기여했다는 증거는 없다. 피터 벤클리는 어떤 인터뷰에서 죠스가 상어에 대한 기존의 흔한 오해를 부추겼다고 생각한다고 말했지만, 소설 때문에 상어 개체 수가 줄었다고 말하지는 않았다. 아래의 그래프에서 볼 수 있듯이[13] <죠스> 영화가 나왔을 때 상어 개체 수 감소는 이미 상당히 진행 중이었으며, <죠스>는 이 추세에 거의

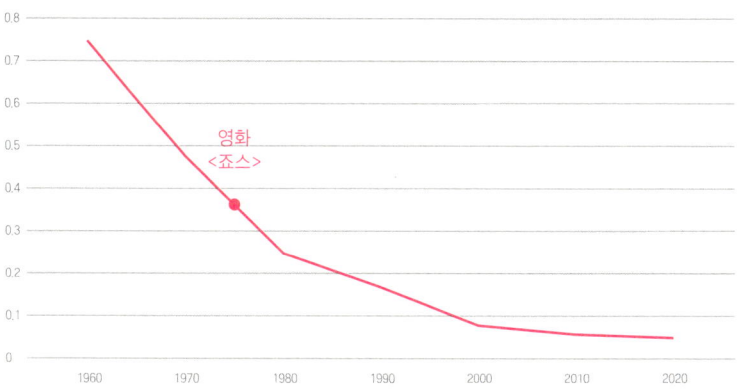

데이터 출처: Roff, G., Brown, C., Priest, M., & Mumby, P. (2018). Decline of coastal apex shark populations over the past half century. Communications Biology, https://www.nature.com/articles/s42003-018-0233-1

영향을 미치지 않았다.

그래프의 데이터는 <죠스>의 주제인 백상아리에 대한 데이터이지만, 다른 상어 종도 비슷한 패턴을 나타낸다. 우리가 주목해야 할 다른 데이터는 악어처럼 다른 동물의 위험을 강조하는 영화가 비슷한 개체 수 감소를 일으키지 않았다는 것이다. 실제로 미국에서는 악어가 나오는 무서운 영화가 계속 인기를 끌고 있지만(이 글을 쓰는 시점에서 가장 최근에 나온 영화는 <크롤>이다), 환경보호 노력으로 악어 개체 수는 급증했다. <죠스> 때문이 아니었다면 어떻게 된 걸까?

간단하다. 상어 개체 수 감소는 남획 때문이며, 많은 나라에서 상어와 상어 지느러미를 별미로 여긴다. 무서운 영화와 속기 쉬운 관객에 대한 복잡한 이야기는 필요 없다. 사람들은 <죠스>가 나오기 훨씬 전부터 상어를 두려워했고, 그럴 만한 이유가 있다. 때때로 상어는 실제로 사람을 잡아먹기도 한다. 물론 상어의 공격은 일반적으로 매우 드물다. 상어 개체 수 보호라는 명분은 좋지만, 이 이야기는 단순히 틀렸다. 그런데도 너무 그럴듯해서 사람들은 이 이야기를 계속 퍼뜨리고 있다. 그러나 옹호하려고 하는 목표를 위해 거짓을 말하면 역효과가 날 수 있다.

마찬가지로 기후변화에 맞선다는 대의는 좋지만, 사람들을 설득하는 방법이 나쁠 수 있다. 이는 두 가지 함정에 빠질 수 있다. 첫 번째는 아마겟돈 주장이고 두 번째는 모욕하기다. 두 가지 모두 옹호자에게 역효과가 나지만 옹호자들은 계속해서 이를 행한다.

아마겟돈 주장. 2019년 유엔 기후변화회의에서 총회 의장 마리아 페르난다 에스피노사 가르세스는 "기후변화로 인한 비가역적인 피해를 막을 수 있는 시간은 11년밖에 남지 않았다"고 선언하며 "우리는 지구에 회복 불가능한 피해를 막을 수 있는 마지막 세대"라고 말했다.[14] 이런 주장은 활동가와 정치인이 쉽게 따라 할 수 있다. 예를 들어 하원의원 알렉산드리아 오카시오코르테스는 이렇게 선언했다. "우리가 기후변화에 대처하지 않으면 12년 안에 세계가 멸망할 것이며, 가장 큰 문제는 그 비용을 지불하는 방법이다."[15] 유엔 사무총장도 2019년에 이렇게 말했다. "우리가 긴급하게 삶의 방식을 바꾸지 않으면 생명 자체가 위태롭게 될 것이다." 꽤 무서운 말이지만, 이런 경고가 효과가 있을까?

몇 가지 기본적인 이유 때문에 그렇지 않을 것이다. 첫째, 모호하게 대격변을 경고하는 말은 환경 운동가들에게 흔히 들을 수 있다. 다시 한번 분명히 말하지만, 나는 기후변화가 실제로 일어나고 있고 해로운 영향을 미치고 있음을 의심하지 않는다. 그러나 이런 경고를 하는 사람은 '양치기 소년'이 되기 쉽다. 나는 지금까지 살아오면서 화석연료 고갈로 암흑기가 온다는 말부터 오존 구멍 때문에 지구상의 생명체가 멸종한다는 말까지 온갖 대격변의 경고가 왔다가 사라지는 것을 보았다. 물론 대부분의 경고가 고려할 만한 정당한 문제였지만, 종말론자들이 위협했던 만큼 해결하기 어렵거나 즉각 생사가 갈리는 긴급한 문제는 아니었다.

사람들은 지구 전체의 모호한 문제를 종말론적인 용어로 표현할 때만 행동을 취할까? 직관적으로는 그렇게 보일 수 있지만, 증거에 따르면 그렇지 않을 수도 있다. 특히, 어떤 학자가 '지옥에서 온 소식'이라고 부르기도 한 즉각적인 위기의 언어는 무력감을 일으킬 수 있다.[16] 11년 후에 지구가 바삭하게 타버린다면, 나는 도대체 어떻게 해야 할까? 차라리 남은 시간 동안 석탄 난로 옆에서 햄버거를 먹고 연료를 마구 잡아먹는 스포츠카를 즐기는 편이 좋을 거다. 직관에 반하는 것처럼 보이지만, 종말론적 내러티브에 대해 청중은 관심을 다른 곳으로 돌려버리고, 틀렸다고 생각하며(무엇보다도, 터무니없는 주장으로 들리므로), 압도되어 어쩔 줄 모르고, 무력감을 느끼고, 책임을 지지 않으려고 한다. 반면에 커뮤니케이션 학자들은 행동 변화를 기회로 삼도록 유도하고, 기후변화의 추상적인 내용을 지역 환경의 즉각

적인 개선(말하자면 즉각적인 대기 질 개선)과 연결시키는 긍정적인 프레임을 제안한다.[17]

이와 관련하여 일반 대중은 나의 용어로 경고 피로를 경험할 수 있다. 우리는 기후변화, 스마트폰 너무 오래 들여다보기, 치안 관행, 경제 침체, 인플레이션, 코로나19, 끝없는 전쟁, 폭력적인 비디오게임, 젊은이들의 과도한 섹스 또는 부족한 섹스, 고양이와 개가 함께 사는 문제, 노란 벽돌 길을 포장하기 위해 동원된 중국인 노예 등 임박한 재앙에 대한 경고에 늘 시달리고 있다. 물론 개별적인 문제 하나하나가 중요하고 누군가의 관심을 끌어야 한다. 그러나 일반 대중에게는 이 모든 것이 부담스럽고 추적하기 어려우며, 특히 이런 문제에 일일이 즉각적으로 관심을 가져야 하면 더욱 그렇다. 또한 어떤 경고가 옹호론자들이 주장하는 만큼 엄청난 재앙이 아니라고 알려지면, 다음 경고의 신뢰가 떨어질 수 있다. 궁극적으로, 옹호론자들이 대중에게 요구할 때마다 항상 긍정적인 변화를 이끌어낼 수는 없다. 게다가 대중에게 쏟아지는 수많은 요구가 비합리적일 때도 많고, 득보다 실이 많을 때도 있다.

너 바보. 설득은 어렵다. 침착하고 인내심이 있어야 하며, 데이터를 잘 알아야 할 뿐만 아니라 상대방이 의미 있는 반박을 할 때는 기꺼이 인정할 줄도 알아야 한다. 토론 중에 눈에 띄게 자기 견해를 바꾸는 사람은 거의 없는데, '체면' 때문에 그렇게 하기를 주저하기 때문이다. 따라서 설득은 점진적이고 오랜 시간이 걸리며, 우리는 실제로 노력의 결실을 보지 못할 수도 있다. 간단히 말해, 설득하려면 설득에 대한 가시적인 보상이 없어도 계속 설득해야 한다.

이미 동의하고 칭찬, 좋아요, 공유 등으로 반응하는 사람들에게 설교하기가 훨씬 더 쉽다. 이런 설교는 집단 내의 가치와 개인의 지위를 강화할 수 있지만, 다른 실질적인 이득은 없다. 동조자 앞에서 하는 설교는 순응과 내 편 편향을 강화할 뿐이다. 그렇지만 즉각적인 만족감을 얻을 수 있으므로 이런 일을 더 많이 하게 되고, 실제로 해야 할 설득을 게을리할 수 있다. 이렇게 해서 의견의 양극화와 같은 편끼리의 결속만 강화된다. 사람들이 적절하지 않은 정치적 밈을 얼마나 자주 집단 안에 퍼뜨리는지, 그리고 매우 지적이고 교육받은 사람들조차 밈의 가치에 대한 비판적 사고가 얼마나 부족한지 생각해보라.

그러므로 기후변화뿐만 아니라 여러 가지 중요한 이슈를 둘러싼 담론은 대개 설득보다 비난과 오해의 진흙탕 싸움이 되고 만다. 최종 목표에 다가갈 수 없다고 해도 비난이 더 만족스럽기 때문이다. 나는 온전히 과학적인 목적으로, 어떤 검색 결과가 나오는지 확인하기 위해 '기후변화 거부자들은 개자식이다'라는 문구를 검색해보았다. 당연히 주류 언론 매체에서 많은 결과가 올라왔다. 신문 <가디언>에서는 '기후변화 부인자의 네 가지 유형과 그들을 모두 무시해야 하는 이유'라는 제목이 검색되었다.[18] 이 네 가지 유형은 야바위꾼, 사기꾼, 극단적 사기중심주의자, 이데올로기적 바보였다. 이 주제에 선의로 접근하지만 단순히 틀린 의견을 가진 사람은 이 분류에 들어갈 자리가 없어 보인다. 몇몇 뉴스 미디어는 의류 제조업체인 파타고니아가 옷의 태그에 '투표로 개자식들을 쫓아내자'라는 문구를 새긴 것에 대해 열광했다.[19] <인터셉트>에는 다음과 같은 문장으로 시작되는 기사가 있었다. '기후변화 거부자를 조롱하면 기분이 좋아진다. 그러니 한번 조롱해보자.'[20] 이 말은 내가 말하려는 요점을 콕 집어 보여준다. 물론 모든 뉴스 기사가 비아냥에 깊이 빠져들지는 않지만, 비아냥대지 않는 기사를 찾기는 어렵다. <타임>의 제프리 클루거와 같은 기자들은 미국인을 바보라고 부르는 데 이상하게 집착하는 것 같다.[21]

나도 이해한다. 나도 사람들에게 무료로 좋은 조언을 해줬는데 그들이 받아들이지 않아서 예상대로 나쁜 결과가 나오는 것을 본 적이 있다(넷플릭스, 나는 당신들을 지켜보고 있다[22]). 그런데 비아냥거리면 재미있을 수는 있지만,(<인터셉트>에서 솔직하게 언급했듯이) 설득력이 없다. 앞에서 말했듯이, 상대를 개자식이라고 부른 뒤에는 상대방이 당신의 말에 귀를 기울일 리가 없다. 그 반대다. 상대방은 설득되기는커녕 자기 입장을 더욱 확고히 한다. 따라서 기후변화에 대해 동의하지 않는 사람들을 비꼬면서 우쭐대는 정치적인 밈을 퍼뜨리면 **적극적으로 문제를 더 키우고 기후변화의 해결을 늦추게** 된다. 그러니 그만하자.

그래서 어떻게 하면 좋을까? 몇 가지가 있다. 첫째, 데이터는 설득력이 있어야 할 뿐만 아니라, 신뢰성이 있어야 한다. 이것이 기후게이트의 가장 큰 실패다. 둘째, 분노나 두려움과 같은 부정적인 감정은 실제로 효과가 없다. 긍정적인 면에 초점을 맞추고 사람들이 작은 일부터 실천하면서 기분이 좋아지도록 돕는 것이 더 효과적이다. 셋째, 침착함을 유지하고 상대방이 흥분하는 것 같으면 우선은 물러서고, 나중에 다시 시도하자. 넷째, 적어도 처음에는 사람들이 쉽게 실천할 수 있는 작은 일에 집중하자. 세계의 종말이 임박했다거나, 모든 사람이 채식을 해야 한다거나, 건조기를 사용하지 말고 빨래를 널어 말려야 한다고 말하면 사람들의 공감을 얻지 못할 것이다. 다섯째, 상대방이 정당한 지적을 하면 기꺼이 인정하자. 이를 특이성 크레딧idiosyncrasy credit이라고 한다. 상대방의 기여를 인정하면 상대방도 열린 마음으로 나의 주장을 경청할 가능성이 커진다. 또한 미묘한 차이를 인정하면 너무 이데올로기적이라는 느낌이 줄어든다. 여섯째, 예의를 지키자. 상대방을 모욕하거나 인신공격을 하지 말자. 일곱째, 진실하게 대하자. 논리적 오류, 가스라이팅, 모테 앤 베일리 오류 등에 빠지지 말자. 마지막으로, 사람들을 화나게 하지 말자. 도로에 자기 몸을 붙이는 일은 그만두자.

이런 말을 하기는 쉽다. 나 자신도 위의 조언을 늘 따르지는 않는다고 인정한다(특히 소셜 미디어에서). 하지만 우리 각자가 다른 사람들을 대하는 방식을 조금씩 개선하고 찬성하는 사람들을 상대로 설교하기보다 다른 사람들을 설득하기 위해 노력한다면, 시간이 지남에 따라 작지만 확실한 차이를 만들 수 있다.

지금까지 기후변화의 재앙과 이에 대한 우리의 혼란스러운 대응에 대해 살펴보았다. 기후변화를 떠나 날씨에 대해서도 사람들은 여러 가지 어리석은 결정을 한다. 그래서 이 장의 나머지 부분에서는 사람들이 끔찍한 날씨에 어리석은 행동을 하는 이유를 더 폭넓게 살펴보겠다. 허리케인 속에서 서핑을 하다가 익사하는 사람이 당신이 아니라면, 서핑은 재미있다.

나의 의도는 어떤 개인을 괴롭히거나 낙인을 찍으려는 것이 아니라는 점을 분명히 하겠다. 사실, 이 책의 요점은 우리 모두가 파국적인 결정을 내릴 수 있다는 것이다. 의심할 여지 없이, 나도 나의 인생에서 내 몫의 어리석은 결정을 내렸다. 운이 좋았기 때문에 이 이야기를 할 수 있다.

실제로 내가 겪은 아찔한 경험부터 말하겠다. 20대 초반에(나중에 알게 되겠지만, 주로 젊은 남자와 십대 소년이 이런 멍청한 짓을 한다) 플로리다에 있는 대학을 졸업하고 로드아일랜드에 있는 집으로 돌아왔을 때 친구들과 나는 해변에 가기로 했다. 5월이어서 플로리다의 바닷물은 따뜻하고 아름답고, 로드아일랜드의 바닷물은 맥주를 차갑게 할 수 있는 정도였다. 어떤 이유에서인지 우리는 평범한 해변이 아니라 험한 바위투성이 해변에 파도가 부서지는 곳으로 갔다.

출발하기 전에 나는 수영을 해야겠다고 생각했고, 수영복을 가져갔다. 함께 갔던 친구들도 모두 수영복을 가져가긴 했다. 하지만 바위들이 매우 위압적으로 느껴졌다. 사람들은 실제로 그런 해변에서 수영을 할까? 살아남지 못할 것이다! 해안의 이런 절벽은 위험하기로 악명이 높다. 거센 파도에 떠밀려 수영객이 끔찍한 바위에 부딪힐 수 있기 때문이다.

그날 우리를 살린 것은 지혜가 아니라 수온이었을 것이다. 로드아일랜드 뉴포트 해변의 5월 평균 수온은 섭씨 12도 정도이며, 6월에는 조금 따뜻해져서 17도까지 올라간다. (8월이 되어야 겨우 22도까지 올라간다. 플로리다 기준으로는 뼈가 시릴 정도로 차갑다.) 젠장! 우리는 바다에 뛰어들지 않았다. 돌이켜보면 그날을 무사히 넘긴 이유는 우리가 똑똑했기 때문이 아닌 듯하다.

바다의 매력은 많은 사람들을 유혹한다. 샌프란시스코만의 지옥처럼 차가운(연평균 10도에서 15도 사이로, 저체온증을 일으킬 수 있다) 물살은 위험하기로 악명이 높지만, 수영을 좋아하는 사람들을 끌어당긴다. 올해에도 한 젊은 신사가 차가운 바닷물에서 헤엄치다 죽는 사고가 있었다. 해류에 휩쓸려 바다로 떠내려간 그는 서핑하는 사람에게 구조되었지만, 해변으로 돌아온 후 심정지 상태에 빠져 사망했다. 불행하게도 그는 이 바다에서 수영하다가 잇달아 죽은 남녀 중 한 명이다.[23]

2021년 플로리다 데이토나비치에서 경고 깃발을 무시하고 수영을 하다가 죽은 58세 남자처럼,[24] 사람들은 빨간색(해류 위험) 또는 보라색(해파리) 깃발을 무시하고 수영을 계속한다. 도대체 왜 해파리아 함께 수영하고 싶어 할까? 성난 말벌 떼가 윙윙대는 정원을 산책하는 것과 같다. 하지만 사람들은 그렇게 한다. 그 이유 중 하나는 사람들이 바다의 매력에 끌린다는 것이다. 허리케인과 같은 재난으로 입는 피해를 한탄하는 전문가들은 인간이 해변 근처에 너무 많은 것을 싯는다고 비난한다. 그러나 우리는 항상 그렇게 해왔고, 그런 장소는 위험도 있지만 많은 이점을 가져다주었을 것이다. 해변 여행에는 매몰 비용 효과도 있을 수 있다. 사람들은 해변에 가기 위해 하루의 시간과 약간의 돈을 날려버렸기 때문에, 집으로 돌아가야 한다는 모든 징후를 무시하게 된다. 집에 가지 말자고 투정을 부리는 아이들을 보면, 해파리가 있는 바다로 보내서 아이들 자신이 마음을 바꾸도록 하고 싶을 수도 있다. 하지만 위험이 해파리가 아니라 치명적인 파도라면, 결과는 비극적일 수 있다.

우리가 무시하는 날씨나 기후 현상은 죽음의 파도뿐만이 아니다. 미국에서는 매년 10명에서 20명이 번개에 맞아 죽는다.[25] 최근 몇 년의 사례를 살펴보면, 희생자들은 주로 정원을 가꾸거나, 골프를 치거나, 해변에 있다가 번개에 맞았다. 예를 들어 올해에 뉴저지에서 70세 남자가 골프를 치다가 폭풍우 속에서 번개에 맞아 죽었다. 2019년에는 공동묘지에서 두 여인이 대피소까지 태워주겠다는 경비원의 말을 듣지 않았다가 참변을 당했다. 그들은 나무 밑으로 대피했다가 번개에 맞았다. 아이러니하게도 그들이 대피한 장소는 번개에 맞기 딱 좋은 곳이었다.

특히 이런 사건은 하던 일에 몰두해서 위험하다는 판단을 제대로 하지 못하기 때문에 일어난다. 사실, 많은 상황에서 번개를 동반한 비바람은 갑자기 발생하기 때문에 야외에서 비극적인 일을 당하기 쉽다. (올해에 나는 플로리다에서 자전거를 타다가 파란 하늘이 갑자기 폭우로 바뀌었지만, 다행히도 번개에 맞지는 않았다.) 하지만 우리는 위험이 거의 없다고 생각해서 하고 있던 활동(해변, 골프, 정원 가꾸기)을 그만두지 않을 때가 많다. 물론 이렇게 위험을 경시하다가 진짜 큰일을 당할 수 있다.

날씨뿐만 아니라 야생동물과 관련된 사고도 마찬가지다. 2018년, 인도에서 어떤 신사가 어처구니없는 이유로 죽었다. 그는 다친 야생 곰과 셀카를 찍으려고 했던 것이다. 그해 인도에서 셀카 때문에 일어난 세 번째 사망 사고였다. 다른 두 건은 인간과 친하지 않은 야생 코끼리에 의한 사고였다.[26] 마찬가지로 독사에 물리는 사고는 거의 실수로 일어나지만,[27] 미국에서 일어나는 사고의 3분의 1은 뱀을 잡거나 가지고 놀려고 하는 멍청이(이번에도 주로 남자들이다) 때문에 일어난다. 대표적인 예로, 2007년 술자리를 겸한 사교 모임에서 한 청년이 전 여자 친구에게 좋은 인상을 주려고, (최근에 야생에서 잡은) 애완용 방울뱀의 머리를 입에 넣었다.[28] 여기에서 남자의 어리석음을 부추기는 재료를 알 수 있다. 잘 보이고 싶은 여자가 옆에 있고, 망설임을 줄여주는 술이 있다. 훈련을 제대로 받지 않은 방울뱀은 청년의 혀를 물었고, 혀, 얼굴, 목이 생명을 위협할 정도로 부어올랐다. 다행히 의료진이 그를 살려냈다.

물론 방울뱀을 입에 넣는 것은 멍청한 짓이다. 하지만 우리(특히 남자)는 이런 일을 하는 성향이 있다. 이런 성향은 어디에서 비롯될까?

남성의 위험 감수 성향은 진화적인 것으로 보인다. 간단히 말해, 남자는 그만두기보다 일단은 해본다. 우리는 단지 크게 실패한 남자의 사례만 부각하며 '남자는 왜 그렇게 멍청할까?'라며 고개를 갸우뚱하는 경향이 있다.

기본적으로 과거의 수렵 채집 시대에는 남녀가 서로 다른 역할을 맡았다. 여자는 덜 위험한(허리가 자주 아프지만) 채집을 하고, 남자는 사냥을 했다. 동물이 그냥 접시 위에 누워 있지는 않기 때문에, 사냥을 하려면 위험을 감수해야 한다. 따라서 합리적인 수준의 위험을 기꺼이 감수하는 남자가 사냥을 더 잘하는 경향이 있었다. 이런 남자는 짝짓기의 대상으로서 지위와 선호도가 높아진다. 반대로 채집하는 여자에게 위험 감수는 비생산적이며, 아기를 돌보는 주 양육자인 여자에게는 더더욱 비생산적이다. 성공해도 여자의 지위가 높아지지 않으며, 위험을 감수하다 죽으면 어린 자녀에게도 사형선고와 같다(아버지도 중요하지만 어머니에 비해 덜 중요하다는 것이 일반적인 요지다).

여자는 남자들의 행동에 혀를 끌끌 차고 고개를 흔들기도 하지만, 성선택을 통해 남성의 위험 감수 성향을 강화하기도 한다. 마찬가지로, 그 반대의 일도 자주 일어난다. 대학에서 젠더 연구 수업을 들은 많은 여자들은 남자가 자신의 감정을 솔직하게 이야기하거나 드러내놓고 울 수 없는 경직된 성 역할에 대해 한탄할 것이다. 사람들은 이렇게 말하지만(정치적으로 올바른 말이기 때문에!), 남자가 울면 부정적인 평가를 받고 지위를 잃는다는 증거는 꽤 분명하다.[29] 따라서 젠더 연구 수업에서는 전문용어와 복잡한 이론으로 이를 해석하는 경향이 있지만, 이 효과는 단순한 진화적 성선택으로 보인다. 젠더 연구를 전공하는 여자들도 자주 울어대는 남자와 섹스를 하지 않는다.

남성의 위험 감수성이 진화적으로 선택된 것이라고 해도, 사람마다 차이가 있다. 어떤 남자는 다른 남자보다 더 큰 위험을 감수한다. 현실에서 뱀을 삼키는 일이 도움이 될 수 있지만, 방울뱀은 그렇지 않을 수 있다. 지나치게 큰 위험을 감수하는 남자는 자연선택을 통해 유전자 풀에서 제거된다. 위험을 충분히 감수하지 않는 남자는 성선택을 통해 유전자 풀에서 제거된다(말하자면, 여자들은 이런 사람을 바람직한 남편감으로 보지 않는다). 이것은 '비난' 같은 것이 아니다. ("아, 그럼 남자의 나쁜 행동이 모두 여자 탓이라고? 전형적인 남성 우월주의자군!") 이것은 단지 자연이 해나가는 방식이다. 포스터에 나오는 전통적인 근육질 남자와 비슷했던 적이 한 번도 없는 남자로서, 나는 이것이 사실이 아니길 바란다!*

물론 여성도 위험 감수에서 자유롭지는 않다. 공동묘지에서 조깅하다 변을 당한 사람들처럼, 많은 경우에 우리의 실패는 애초에 위험을 잘못 계산하기 때문이다. 폭풍우가 갑자기 밀려오고, 바닷가에 사는 이점 때문에 홍수나 허리케인의 위험을 외면하고, 폭풍우의 끝자락에서 번개가 얼마나 멀리 날아올 수 있는지 깨닫지 못하는 등 여러 가지 이유가 있다. 우리는 조상들보다 더 넓은 세상에 살고 있기 때문에, 모르는 사람의 도움을 받기를 주저할 수도 있다. 공동묘지에서 조깅하던 사람들도 그런 이유로 경비원의 호의를 거절했을 것이다. 나에게 빚진 것이 없는 타인에게 폐 끼치기 싫다는 마음으로 불

---

* 나는 운이 좋게도 이런 효과에 물들지 않은 아름다운 여인을 찾았다.

필요한 위험을 감수하는 것이다. 불행하게도 이 모든 것이 인간 본성의 일부인 것 같다.

CHAPTER 9
불이야!

2003년, 80년대 록 밴드 그레이트 화이트는 로드아일랜드의 스테이션 클럽에서 공연을 열었다. 밴드가 무대에 오를 때 매니지는 공연에서 자주 하던 대로 무대 여러 곳에 폭죽을 터뜨렸다. 하지만 이번에는 불꽃 때문에 음향 제어를 위해 무대 주변에 설치한 스티로폼에 불이 붙었다. 불길이 퍼지기 시작하자 밴드의 가수가 "와, 좋지 않네."라고 말했고, 그때부터 사람들이 빠져나가기 시작했다.

밴드는 무대 근처의 옆문으로 쉽게 빠져나왔지만, 공연장 안에서는 곧 재앙이 이어졌다. 두 개의 출구는 쇠사슬로 잠겨 있었고, 진행 요원이 사람들을 무대 근처에 있는 세 번째 문으로 보내면서 문 앞에서 압착이 일어났다. 불길은 스티로폼을 태우면서 빠르게 천장으로 번졌다. 사람들이 서로 짓밟으면서 연기와 화염에 휩싸여 하나뿐인 출구 앞에 정어리 떼처럼 몰려들었다. 결국 100명이 죽었다. 나이트클럽 소유주와 밴드의 투어 매니저는 징역형을 선고받았다.* 이는 미국 역사상 최악의 나이트클럽 화재 중 하나였다.[1]

이 와중에 그레이트 화이트의 기타리스트 타이 롱글리는 생각할 수 없는 일을 했다. 불타는 건물에서 무사히 빠져나온 뒤에 **다시 건물 안으로 들어간 것이다.** 그는 기타를 찾으려고 했다고 한다.[2] 불행하게도 그는 건물 안에서 돌아오지 못했다. 도대체 무엇이 누군가를 불타는 건물로 돌아가 대체 가능한 물건을 찾게 만들까? 불행하게도 이런 행동은 충분히 흔한 일이기 때문에, 사람들에게 그렇게 하지 말라고 주의를 주어야 한다. 사랑하는 사람이나 유품, 귀중품이 위협받고 있을 때 위험을 감수하고 싶은 유혹을 느낄 수 있지만, 이는 자신은 물론 안에 갇힌 다른 사람에게도 득보다 실이 될 때가 많다.

이 장에서는 불에 대한 두려움과, 우리가 불에 대해 왜 그렇게 자

---

* 소유주 한 사람은 결국 사회봉사 명령을 받았고, 다른 소유주와 투어 매니저는 모두 징역형을 받았다.

주 잘못 대응하는지 살펴보자.

불타는 말

인류가 불을 길들인 것(불을 만들고 통제할 수 있는 안정적인 수단의 발견)은 분명히 사회의 역사에서 가장 주목할 만한 발전 중 하나다. 불은 우리가 더 다양한 음식을 먹고 소화할 수 있게 해주었으며, 그 과정에서 세균도 없앨 수 있다. 불은 보금자리를 데울 수 있게 해주었고, 자연적으로 생존할 수 없는 추운 땅을 정복할 수 있게 해주었다. 또한 불은 도구와 공예품을 개발하는 데 도움을 주었다.

초기 세계에서는 불이 비교적 드물었고, 자연환경에서 일어나는 산불과 같은 위협에는 최대한 빨리 도망치는 단순한 전술이 필요했다. 즉 인간은 뱀이나 어둠에 대해 느끼는 공포처럼 불에 대한 자연스러운 공포를 진화시키지 않은 것 같다.* 실제로 모닥불, 불꽃놀이, 영화 속의 폭발 장면을 지속적으로 좋아하는 것으로 보아 불에 대한 **매력**이 진화한 것 같다. 불에 대한 진화적 매력이 인류가 불을 길들일 수 있게 도왔을 것이다.

이이들이 불을 좋아한다는 점에서 이를 일 수 있다. 그렇기 때문

---

* 인간이 불을 두려워하지 않도록 진화했다는 뜻이 아니라, 인간이 불을 대하는 방식이 더 복잡하다는 뜻이다. 인간도 다른 동물처럼 산불을 피해 도망쳤을 것이다.

에 어린이들에게 화재 안전을 가르쳐야 한다. 아이들에게는 가연성 물질로 가득한 집에서 성냥을 가지고 노는 것을 막는 본능적인 두려움이 없다. 화재 안전 교육에서 우리가 하고 싶은 일은 아이들에게 불을 조금이라도 두려워하도록 가르치는 것이다. 성냥을 가지고 계속 장난을 치면 피어오르는 연기 속에서 악마가 너를 곧장 지옥으로 끌고 갈 거야! 좋다. 그렇게까지 되지는 않겠지. 불행하게도 이런 훈련 프로그램이 얼마나 효과가 있는지 명확하지 않다. 훈련 프로그램은 사람들에게 시험 정답을 잘 고르도록 훈련하는 데 도움이 되지만, 실제로 동기부여, 태도, 행동을 바꾸기에는 큰 도움이 되지 않을 수 있다.

2002년 우드바인 경마장에서 스프링클러가 설치되지 않은 축사에 방화로 추정되는 화재가 발생했다. 현장에 출동한 직원들이 많은 말들을 구출했지만, 혼란 속에서 열려 있던 문을 통해 많은 말이 되돌아가 그 안에서 죽었다.[3] 말 전문가가 아닌 나에게 이 이야기는 거짓일 수밖에 없는 옛날이야기 같지만, 이런 뉴스가 너무 많이 나오고 전문가들도 이 현상에 주목한다.[4] 설명의 요점은 말에게 외양간은 안전하게 느껴지는 집이라는 것이다. 불이 나서 사람들이 당황해 고함을 지르며 뛰어다니고 말을 붙들기도 하는 위기 상황에서, 말은 겁에 질리고 혼란스러워져 안전하다고 느끼는 곳에 숨으려고 할 수 있다.

"멍청한 동물들!"이라고 말하기 전에 인간도 본능적으로 불이 났을 때 항상 잘 대처하지는 못한다는 점을 알아두자. 예를 들어 2020

년 시애틀에서 발생한 화재에서 한 어린 소녀는 집에 불이 나자 당황해 장난감 상자에 숨었다. 다행히 소방관들이 이 아이를 발견해서 구조했다.[5] 불행하게도 이런 행동은 어린아이들에게서 흔히 볼 수 있다. 화재로 어린이가 죽는 사고의 약 3분의 1은 어린이가 성냥이나 라이터를 가지고 놀다가 불을 낸 다음, 안전하다고 생각되는 침실이나 옷장에 숨은 경우다.[6] 이 장의 맨 앞에서 보았듯이 어른들도 위험을 과소평가하거나 직관에 반하는 행동을 하는 등 불타는 외양간으로 뛰어 들어가는 말과 크게 다르지 않은 행동을 한다.

다른 본능이 방해가 될 때도 있다. 밀워키에서 발생한 연립주택 화재에서 남매인 두 어린아이가 죽었다. 보도에 따르면 아이들이 2층 창문에서 뛰어내릴 수 있도록 이웃 주민들이 담요를 들고 있었다고 한다. 겁에 질려 뛰어내리지 못한 아이들은 집 안에 남아 있었다. 한 아이는 옷장 안에서 발견되었다.[7] 우리는 일반적으로 높은 곳을 피하고 뛰어내리지 않도록 프로그래밍되어 있다. 담요가 있다고 해도 아이가 2층에서 떨어지면 재앙이라고 할 만한 부상을 입을 수 있다. 물론 불타는 건물에 남아 있기보다 탈출하는 것이 더 나은 선택이라고 이해할 수 있지만, 낯선 위기 상황에서 당황한 아이들이 높은 곳을 두려워하는 본능을 극복하기 어려웠을 수 있다.

우리는 공황이 문제임을 다시 한번 확인한다. 아이들만 그렇지도 않다. 다시 불타는 말로 돌아와서, 한 어지는 외양간에 불이 났다는 사실을 깨닫자마자 말들을 구하기 위해 달려갔다. 하지만 문이 고장 나 열리지 않았고, 말들이 죽어가는 소리를 들으며 외양간 주위를 빙글빙글 돌아다닐 수밖에 없었다. 그녀는 외양간의 구조에 익숙했지만 너무 당황해서 경첩 쪽에서 문을 열려고 했던 것으로 밝혀졌다.[8] 종종 그렇듯이 깜짝 놀라 허둥지둥하다가 자신의 실수를 깨닫지 못한 것이다. 이는 프랑스 여객기 추락 사고부터 외양간 주인에 이르기까지 공포 상황에서 흔히 볼 수 있는 일이다. 사람들은 차분히 생각한 다음에 새로운 조치를 시도하지 못하고, 잘못된 행동을 계속 똑같이 반복한다. 이러한 인내는 분명히 잘못된 행동이지만, 사람들은 그렇게 하면 문제가 해결될 거라는 생각을 버리지 못한다.

화재 안전 교육

화재를 예방하거나 대응할 때 본능은 도움이 되지 않는다는 사실을 잘 알았다. 앞에서 보았듯이, 특히 어린아이뿐만 아니라 인지 기능이 약화된 고령자도 마찬가지다. (예를 들어 가스레인지를 켜둔 채로 잊어버릴 수 있다.) 화재에 대한 자연스러운 대처 능력에 대해서는 어느 연령대도 예외가 아니다. 그래서 화재 안전 프로그램이 개발되었다. 그렇다면 효과가 있을까?

대체로 화재 안전 훈련은 화재 예방에 도움이 될 수 있는 지식을 전달하고 화재 대응을 습관화한다는 두 가지 목표가 있다. 좀 더 직설적으로 말하면, 사람들이 화재를 일으키는 어리석은 행동(예를 들어 집 안에서 칠면조를 기름에 튀기는 일)을 하지 못하도록 하고, 당황한 순간에 꺼져버리기 일쑤인 인지가 필요하지 않을 정도로 화재 대응 행동을 자동적으로 만들자는 것이다. 따라서 불이 나면 본능적으로 비명을 지르며 뛰어다니기보다 '멈추고, 엎드리고, 구른다'라는 말이 해야 할 행동을 기억하는 데 도움이 된다.

좋은 소식은 화재 안전 교육이 실제로 효과가 있다는 것이다! 물론 여전히 성냥을 가지고 노는 아이들도 있지만, 이 프로그램은 화재 예방에 대한 지식을 심어주고 화재 안전 행동을 장려하는 것 같다. 이런 프로그램은 가장 위험에 노출되기 쉬운 집단인 어린이에게 효과적일 뿐만 아니라 성인에게도 효과가 있으며,[9] 연기 감지기, 소화기, 방화용 모포 비축과 같은 예방 조치를 장려하는 경향이 있다.[10] 인간 심리에 대한 나쁜 소식을 전하는 데 너무 많은 시간을 보냈기 때문에, 실제로 효과가 있는 것을 찾게 되어 기쁘다.

이 모든 것이 어떻게 효과가 있었을까? 화재 데이터의 추세를 살펴보면 알 수 있다. 의심할 여지 없이 이 추세는 여러 가지 요인에 따른다는 점을 기억하자. 더 안전한 건축 자재가 나왔고, 주택에 연기 감지기와 스프링클러가 널리 보급되었고, 흡연이 줄었다는 점이 모두 긍정적인 추세에 기여한다. 미국 소방청에 따르면 1970년대 미국에서는 매년 화재로 인해 약 1만 2천 명이 죽었다.[11] 최근 몇 년 동안(2008~2017년)에는 미국 인구가 증가했는데도 그 수가 2,800명에서 3,400명 사이를 맴돌고 있다. 이는 놀라운 감소 추세다! 지난 몇 년 동안 사망자 수가 약간 증가했지만 전혀 1만 2천 명에 근접하지는 않았으며, 화재 건수는 전반적으로 감소했다.

다시 한번 말하지만, 전적으로 화재 안전 교육 프로그램 덕분이라고 말할 수는 없다. 하지만 고장 나지 않았으면 고치지 말아야 한다. 우리는 사람들이 주택 화재에서 이전보다 더 잘 살아남을 수 있도록 돕는 올바른 방향으로 나아가고 있다. 이렇게 해서 우리가 환영할 만한 문제가 생겼다. 소방관들이 대처해야 할 화재 건수가 크게 줄었다. 그 결과로 소방관들은 응급 상황에서 구급대원을 돕는 역할을 맡을 때가 많아졌고, 화재가 아닌 사건에 대형 트럭이 자주 출동한다.[12]

주택 화재가 감소하고 있다는 것은 좋은 소식이다. 하지만 산불은 어떨까? 여기에는 완전히 다른 문제가 있다. 이 책을 위해서는 다행이지만 숲이 무성한 곳에 사는 사람들에게는 불행하게도, 우리의 대응은 너무 자주 엉터리였다.

실수 또는 고의

2020년 9월, 한 젊은 부부가 '성별 공개 파티'를 열어 다가온 아기의 출산을 축하했다. 이런 파티를 열고 곧 태어날 아기가 아들인지 딸인지 밝히는 초음파 검사를 공개하는 순간에 요란스럽게 축하하는 것이 최근 몇 년 동안 트렌드가 되었다. 이런 경향에 따라 사람들은 점점 더 정성스러운 축하 행사를 기획하며, 어떤 사람들은 불꽃놀이를 벌이기도 한다.

이런 파티에서 불꽃놀이를 하다가 연기 발생기 고장으로 캘리포니아에서 90제곱킬로미터를 태우고, 여러 주택과 사업장을 파괴하고, 소방관 한 명이 죽고, 다른 여러 명이 부상을 입는 화재가 발생했다. 파티를 주최한 부부는 소방관 사망에 대한 과실치사 혐의로 기소되었다.[13] 성별 공개 파티가 화재 사고로 끝난 것은 이번이 처음이 아니다.

성별 공개 파티는 애초에 자기 방종적인 불쾌감을 주기 때문에 비판의 대상이 되기 쉽다. 커피를 마시는 작은 모임이 하늘에 '아들 boy'이라는 글자를 쓰는 불꽃놀이로 바뀌자 불쾌감은 훨씬 더 커졌다. 게다가 깨어 있는 좌파의 일부는 생물학적인 젠더 이분법을 당연시한다는 이유로 이들을 좋아하지 않는다. (다시 말하지만, 깨어 있는 좌파는 종종 무언가를 좋아하지 않는 것으로 정의된다.) 사실, 성별 공개 파티가 산불로 이어지는 것은 마법이 아니다. 허세는 다른 사람들의 기분을 상하게 할 수 있지만, 본질적으로 가연성은 없다. 인간이 일으킨 산불은 크게 두 가지 원인으로 발생한다. 숲처럼 불에 타기 쉬운 것들 주변에서 나쁜 행동을 하는 사람들과, 선의는 있지만 데이터가 부족한 정책으로 숲이 더 쉽게 타버릴 수 있게 만든 것이다.

미국에서 산불은 낙뢰 따위의 자연재해가 아니라 대부분 사람에 의해 일어난다. 한 연구에 따르면 산불의 84퍼센트가 사람에 의해 일어나며, 이로 인해 1년 중 화재가 집중되는 시기가 세 배로 늘어난다.[14] 우발적인 화재는 여러 가지 요인으로 일어나며, 특히 쓰레기를 태우다 잘 일어난다. 또한 7월 4일은 건조하고 더운 날씨와 축하 불꽃놀이로 화재가 가장 많이 발생하는 날이다. 자동차에 불이 붙어 인근 야산으로 불이 번지는 것처럼 사람이 어떻게 해볼 수 없는 화재도 있다.

많은 우발적 화재는 사람들이 화재의 위험을 과소평가해 금지 규정을 무시하고 불을 피우기 때문에 일어난다. 또한 불이 잘 붙는 덤불 가까이에서 화재 안전 수칙을 지키지 않아서 발생하기도 한다. 유타주에 따르면 2002년 유타주에서 발생한 화재는 보이스카우트 캠프에서 소년들이 감독 없이 불을 피운 것이 원인이었다. 어른들의 감독 없이 밤을 새운 소년들은 주 규정을 어기고 불을 피웠고, 적절한 화재 안전 조치를 취하지 않았다. 소년들이 떠난 뒤에 연기가 피어오르는 채로 불이 방치되었고, 결국 60제곱킬로미터를 태우고 1,330만 달러의 진화 비용이 드는 대형 화재로 번졌다. 나중에 미국 보이스카우트는 그중 절반쯤의 돈을 지불해서 해당 지역의 나무를 교체하는 데 사용했다.[15]

사람들은 왜 그렇게 할까? 앞에서 말했듯이 불을 피우면 재미있고, 불을 피우지 않으면 재미없기 때문이다. 재미있지만 현명하지 않은 선택과 현명하지만 재미없는 선택 사이에서 결정하라고 하면 사람들은 자주 재미있는 쪽으로 기운다. 위험과 결과가 미미하다고 스스로를 설득하기 쉽기 때문이다. 우리가 잘 알다시피 항상 그렇지는 않다.

하지만 어떤 화재는 의도적으로 시작되기도 한다.

2002년, 계약직 소방관(불이 났을 때만 급여를 받는다는 뜻이다) 레너드 그레그는 애리조나에서 성냥으로 마른 풀에 불을 붙였다. 그에게는 불을 끌 일자리가 필요했다. 불행히도 불은 걷잡을 수 없이 커졌다. 게다가 우연히 길을 잃은 여자가 신호를 위해 붙인 불이 번져서 이 불과 합쳐졌다. 결국 이 화재는 1,900제곱킬로미터를 태우고 491채의 건물을 파괴했으며 진화 비용 4,300만 달러가 들었다. 그레그는 체포되어 9년 동안 징역을 살았다.[16]

대부분의 소방관은 우리의 안전을 지키기 위해 힘들고 위험한 일을 하는 용감한 사람들이다. 하지만 소방관 중 일부가 스스로 불을 낸 다음에 진압을 시도한 적이 있다고 한다. 이는 2000년대 초에 연방 정부에서 조사했을 정도로 흔한 문제이며,[17] 2011년에는 전국의용소방위원회NVFC, National Volunteer Fire Council에서도 비슷한 보고서를 발표했다.[18] 소방관 방화에 대한 공식 통계는 없지만, NVFC는 매년 약 100명의 소방관(약 백만 명의 의용 및 전문 소방관 중)이 방화 혐의로 체포되는 것으로 추정했다. 소방관 방화범의 명확한 '프로파일'은 없다. 그러나 '평균적인' 소방관 방화범은 젊고, 남성이며, 주로 다른 사람과 함께 일하고, 의용 소방관이나 계약직일 가능성이 높지만, 체포된 방화범 중에는 여성 소방관, 고령 소방관, 고위 소방관도 있다. 방화범들은 불우한 환경에서 태어나 사회생활이 불안정한 경향이 있다. 지능이 높지만 학업 성적이 낮은 사람이 많다. 물론 여기에 해당되는 사람들 중에 아무런 잘못을 저지르지 않는 사람이 훨씬 더 많기 때문에 '프로파일'을 과도하게 적용하려는 유혹을 피해야 한다.

왜 어떤 소방관들은 불을 지를까? 영웅이 되고 싶어서, 그냥 지루하고 불을 끄는 흥분을 느끼고 싶어서 등 동기는 무수히 많다. 레너드 그레그처럼 금전적인 이유도 있고, 복수나 파괴 행위를 위해 불을 지르는 사람도 있다. 흥미롭게도 이런 동기는 때때로 소방관의 친구나 가족으로 확대되기도 한다. 2014년, 새디 존슨은 소방관 친구들이 지루하고 할 일이 필요하다는 이유로 불꽃놀이용 폭죽으로 덤불에 불을 지른 것으로 알려졌다. 이렇게 시작된 화재는 몇 주 동안 지속되어 200제곱킬로미터를 태웠고, 진화 비용 800만 달러가 들었다. 그동안 그녀는 소셜 미디어에 "내 불이 마음에 드세요?"라는 글을 올렸다. 그녀는 약물과 알코올 문제가 있었던 것으로 알려졌으며, 18개월의 징역형을 선고받았다.[19] 전문가 팁: 소방관 친구가 지루해한다면 대신 최신 비디오게임을 사줘라.

불을 지르고 싶은 강박적 욕구가 있고 이를 통해 쾌감(성적 쾌감을 느끼기도 하지만 매우 드물며, 1~2퍼센트쯤 된다)이나 안도감을 느끼는 강박 장애인 방화광 현상도 있다. 방화광이 일으키는 대부분의 화재는 사소한 것이지만, 통제 불능 상태가 될 수 있다. 방화광은 일반적으로 남성이며, 지능이 평균 이하이고, 다른 충동 조절 장애를 앓고 있는 사람이 많다. 불을 지르고 싶은 충동은 일종의 긴장감으로 발전하여 실제로 불을 질러야만 해소할 수 있고, 5~8주에 한 번씩 불을 지른다.[20]

이런 현상의 한 예로 영국에서 자백한 연쇄 방화범 피터 딘스데

일이 있다. 불우한 가정에서 태어난 딘스데일(어머니가 매춘부였다)은 뇌전증과 오른쪽 부분 마비 등 신경학적 문제가 있었으며, 학교 성적이 좋지 않았고 사회적으로 어려움을 겪었다. 인지적 한계가 있어 '멍청이 피터'라는 별명을 얻었다. 그는 열두 살 무렵부터 불을 지르기 시작했고, 집 안에 있던 사람들이 죽기도 했다. 딘스데일은 나중에 대부분의 상황에서 사람을 죽일 의도는 없었다고 주장했지만, 일부는 자신을 괴롭히거나 놀린다고 생각한 사람들을 겨냥했다. 그는 자신의 귀를 당겼다는 이유로 한 사람을 불태워 죽였다.[21]

1979년에는 에디스 헤이스티의 집에 불을 질렀는데, 그녀는 집에 네 아들과 함께 있었다. 그는 그녀의 큰아들(15세)이 성적 행위를 강요한 다음에 협박했으며, 그 집 딸 중 한 명을 좋아한다고 가족들이 자신을 조롱했다고 주장했다. 소년 중 세 명이 화재로 죽었으며, 그를 괴롭혔다는 큰아들도 포함되어 있었다. 딘스데일은 여러 건의 살인 혐의로 유죄판결을 받았고, 정신 능력 저하로 정신병원에 입원했다.

딘스데일이 방화라고 자백한 사건 중 한 건은 나중에 사고로 판명되었는데, 이는 그가 때때로 자신이 저지르지 않은 범죄를 자백했음을 시사한다. 딘스데일의 심신미약과 신체적 장애를 고려하여, 새롭게 제기된 항소심에서 그가 방화 사실을 거짓으로 자백했다는 주장이 제기되었다.[22]

그러나 산불 문제는 전적으로 개인의 잘못된 결정 때문만은 아니다. 많은 공공 정책들, 심지어 환경을 돕기 위해 고안된 많은 정책들까지 이 문제를 키웠다. 살펴보자.

모든 나뭇가지가 소중하다

낡은 클리셰처럼, 지옥으로 가는 길은 좋은 의도로 포장되어 있다. 원자력에 대한 환경 운동가들의 확고한 의심이나 2020년의 블랙 라이브스 매터 운동이 전반적인 치안 악화를 불러 급증하는 범죄로 인해 의도치 않게 흑인의 생명을 앗아갔다는 인식은 앞에서 보았다. 그 이유를 알아내기는 어렵지 않다.

당신이 가치 있는 도덕적 대의에 헌신하기로 결심했다고 가정해보자. 그리하여 '도도새 되살리기 운동'에 참여했다고 하자. 불쌍한 도도새는 사람 때문에 멸종했지만, 이제 최첨단 DNA 기술을 사용하여 도도새를 되살려 잘못을 바로잡을 수 있다. 당신은 이 노력에 마음을 쏟고, 몇몇 사기꾼이 부추기는 대로 도도새 보호 단체에 수천 달러를 기부하고, 작은 도도새 모자를 쓰고 시위에 참여하며 당신이 무슨 말을 하는지 전혀 모르는 경찰관에게 '도도새를 돌려줘!'라고 외치며 행진하고, 친척 모임에서 도도새가 유럽의 식민 지배, 자본주의, 유전자 조작 생물체, 화성에서 온 작은 녹색 인간 또는 그때 유행하는 악당에게 어떻게 희생되었는지에 대해 강의를 해서 가장 인내심 많은 친척들까지 지루하게 한다. 그러다 짜잔! 2045년 정부가 도도새 권리법을 통과시키고, 과학자들이 도도새를 수십 마리씩 탄생시키기 시작한다. 그다음에 두 가지 일이 일어난다.

첫째, 자신의 정체성을 이 일에 너무 많이 쏟아부었기 때문에 실제로 목표를 달성한 후에는 '이제 어떡하지?'라는 순간이 찾아온다. 옹호 활동은 성공하면 마비될 때가 많고, 점점 더 극단적인 결과를 향해 골대를 옮겨야 한다는 압박감을 느끼기도 한다.

도도새가 투표할 권리, 결혼할 권리, 운전할 권리, 군대에 복무할 권리 등 도도새의 권리를 위해 행진하는 당신은 이 모든 것의 부당함에 분노할 수만 있다면 무엇이든 할 수 있다. 영국에 도도새 총리가 한 번도 없었는데 어떻게 감히 도도새에게 모든 것이 괜찮다고 말할 수 있는가! 도도새는 새이기 때문에 이런 것들을 원하지도 않지만, 그렇다고 해서 당신을 막을 수 없다. 분노에 찬 행동에 몰두하는 것이 요점이고, 특정 목표를 달성하고 성공을 선언하는 것은 중요하지 않다. 라틴계 또는 히스패닉계 사람들이 라티넥스*라는 용어를 전혀 좋아하지 않는다는 일관된 증거가 있는데도 이 용어를 사용해야 한다고 고집하는 사람들이 좋은 예다.[23]

둘째, 이런 노력이 사실은 득보다 실이 더 많다고 알려지면 어떻게 될까? 도도새가 다른 멸종 위기에 처한 동물만 잡아먹는다는 사실을 아무도 몰랐을 수도 있다. 그래서 그들은 번식하여 전 세계를 돌아다니며(그들은 날지 못하는 새여서, 또는 미안히지만 자본주의가 날시 못

---

* 라틴계를 뜻하는 용어 Latino는 남성형이므로, 성 중립적인 용어 Latinx라는 용어가 제시되었다고 한다.

하도록 지정한 새여서, 당신이 그들에게 무료 항공권을 받을 자유를 주었으니까 델타 항공을 타고) 코알라와 판다, 해달과 코끼리를 잡아먹고 있다(헤이, 당신이 그들에게 무기를 소지할 권리를 주었어). 도도새의 귀환이 생태계의 재앙이라는 것은 곧 분명해졌다. 하지만 더 중요한 것은 **당신이 그런 일이 일어나도록 도왔다**는 점이다. 이는 대부분의 사람들이 마주하기 힘든 현실이므로, 더 깊이 파고들면서 현실을 외면하려고 한다. 도덕적으로 순수한 동기가 재앙으로 역효과가 났다는 사실에 직면하는 것은 사람들이 삼키기 어려운 약이다.

물론 이 예는 어리석은 농담이지만, 실제로 옹호자와 옹호 단체가 겪는 어려움을 보여준다. 예를 들어 소아마비 퇴치를 위해 설립된 가치 있는 단체인 <마치 오브 다임스March of Dimes>를 생각해보자. 전 세계 대부분의 지역에서 소아마비가 퇴치된 후 그 단체는 해체되었을까? 이제 더 이상 사람들이 한 푼도 보내지 않기를 바라는 옹호 단체가 있을까? 그렇지 않다. 그들은 임무를 다른 아동 질병으로 전환했다. 이는 잘못된 것이 아니며, 공정하게 말하자면 이 단체는 사회적 대의를 위한다는 어떤 단체와 달리 소아마비가 여전히 널리 퍼져 있다고 거짓말을 하지 않는다. 하지만 비영리단체가 돈을 밝히는지 따위는 제쳐두더라도, 이 단체 중 상당수는 영원한 옹호 기계가 되거나 영원한 분노 기계가 되기도 한다. 승리를 선언하고 문을 닫는 일은 없다. 계속 돈을 벌어야 하기 때문이다.

다시 산불 얘기로 돌아가자. 특히 서부와 남서부 지역의 산불 증가는 한 가지 문제만으로 설명할 수 없다. 예를 들어 기후변화가 영향을 미칠 수 있다. 하지만 수십 년간 산림을 보호하기 위해 고안된 환경 정책도 영향을 미쳤다. 환경 역사가 스티븐 베다가 지적했듯이, 환경 운동가들은 화재뿐만 아니라 벌목으로부터 숲을 보호하기 위해 노력했다.[24] 보호주의에 매달리는 것은 이해할 수 있지만, 그 결과로 숲의 바닥에 잘 마른 불쏘시개가 잔뜩 쌓였다. 자연적인 산불이나 통제된 불은 불쏘시개를 제거하면서도 불이 걷잡을 수 없이 퍼지지 않게 막을 수 있지만, 지나친 보호로 많은 숲이 거대한 산불로 발화할 준비가 된 화약고처럼 되었다. 통제된 불을 사용하기보다 화재 진압에 지나치게 집중하고 모든 목재 제거를 피했기 때문에(벌목 회사와 싸우는 환경 운동가들이 옹호했다) 상황이 더욱 악화되었다. 예를 들어 태평양 북서부의 산림을 보호하기 위해 벌목을 막은 환경 운동가들이 틀렸다기보다, 너무 극단적으로 나아가면서 자연 생태계를 돕는 정책이 아이러니하게도 생태계를 위험에 빠뜨리는 정책으로 변했다는 뜻이다.

선의의(그리고 여러 측면에서 매우 중요한) 노력 때문에 실제로 예상치 못한 피해를 입었다는 사실을 받아들이기 어려울 수 있다. 특히 기후변화를 둘러싼 첨예한 당파적 논쟁에서는 어떤 항복도 굴욕적인 약점으로 비춰질 수 있기 때문에 더욱 그렇다. 따라서 과학에 의해 원인이 아주 잘 규명되었지만 정책의 변화는 더디게 진행되고 있다.

여기에는 확증 편향, 인지 부조화, 동기 부여된 추론, 체면을 지키고 굴욕을 피하려는 욕구 등 다양한 인지적 과정이 영향을 미친다.

그러나 일단 어떤 행동 방침을 정하고 나면, 특히 그 행동 방침에 평판, 도덕적, 정서적 투자가 있으면, 사람들은 재앙이 되더라도 그 행동에서 벗어나기 어렵다. 학교, 기업, 경찰 등 다양한 분야에서 자존감을 높이면 여러 가지 긍정적인 결과를 가져올 수 있다는 자존감 운동이 대표적인 예다. 이 운동이 인기를 얻으면서 학교 프로그램, 세미나, 서적(예를 들어《영혼을 위한 닭고기 수프》) 등의 거대한 산업이 형성되었고, 이런 노력을 강조하는 신문 기사도 쏟아졌다. 밀레니얼 세대는 자존감에 집착하는 학교 체제에서 교육을 받았다. 학교는 학생들에게 트라우마가 생길까 봐 빨간 펜 사용을 중단했고, 경쟁 스포츠에는 더 이상 승자와 패자가 없었으며, 참가만 해도 모두 트로피를 받았다. 결국 이 모든 것이 효과가 없다고 밝혀졌다.[25] 영구히 모든 스트레스로부터 보호받으면, 사람들은 오히려 회복 탄력성을 키우지 못하고 장기적으로 **더 많은** 불안을 경험하게 된다. 하지만 이제 자존감 운동이 대중의 의식 속에 자리 잡았고, 이를 중심으로 구축된 수많은 산업 때문에 자존감 운동은 죽일 수 없는 괴물이 되었다.

불행하게도 산불 진압 노력에서 볼 수 있듯이, 환경보호와 관련된 문제도 자존감 운동과 같은 것이 될 수 있다. 우리가 좋은 생각, 특히 우리를 좋은 사람으로 느끼게 해주는 생각에 뿌리를 두고 있다면, 그 생각이 우리를 재앙으로 이끌더라도 방향을 바꾸기 어려울 수 있다.

CHAPTER 10
문 앞의 야만인

고등학교 때, 서로마제국이 멸망한 이유가 제국보다 부족에 더 충성하는 게르만족을 많이 받아들였기 때문이라고 배운 기억이 난다. 로마는 야만인들 때문에 약해졌을 뿐만 아니라, 충성심이 부족한 야만인들을 제국의 군인으로 편입시켰다. 나중에 또 다른 게르만 부족인 반달족과 프랑크족이 지금의 프랑스 지역을 침략하자 제국은 무기력하게 무너졌다(이렇게 해서 오늘날까지 이어지는 게르만 전통이 시작이 되었다). 또 다른 게르만의 일파인 색슨족은 영국을 침공했고, 고트족은 남부를 황폐하게 한 뒤 서기 410년에 로마를 약탈했다.

메시지는 분명해 보인다. 이민자(특히 게르만, 그러므로 지금의 독일인)를 조심하라. 로마제국이 실제로 어떻게 멸망했는지에 대해서는 게르만인들이 파스타를 좋아하지 않았다는 요약보다 훨씬 더 복잡하다. 로마는 사실 수 세기 동안 상당히 성공적인 다민족국가였다(가끔씩 있었던 대량 학살이나 디아스포라를 제외하고). 로마는 이민자를 환영하는 경향이 있었고, 이민에 대한 정책은 매우 간단했다. 이민자 집단을 무장 해제하고 작은 단위로 쪼개서 흩어져 살게 하되, 부족 정체성에 대한 충성심을 유지하기보다 로마 문화에 적응하도록 했다.[1] 오늘날의 다문화주의자들은 분명히 이 정책을 좋아하지 않겠지만, 실제로 이는 좋은 정책이다. 이민자를 환영하지만 이전 정체성과의 관계를 끊고 새로운 정체성을 가지도록 장려하는 것 말이다.

로마가 게르만, 특히 고트족과 겪은 문제는 단순히 고트족의 이민을 허용했기 때문이 아니라 정책의 *실패* 때문이다. 기원후 4세기에 고트족은 무서운 훈족을 피해 달아나면서 절망에 빠져 있었다. 로마의 발렌스 황제는 고트족이 제국 내에 정착하게 해 주었지만, 그 후 상황이 악화되었다. 지방 당국이 관리하기에는 고트족이 너무 많았을 수도 있지만, 고트족은 무기를 빼앗기지도 않았고 부족이 쪼개져 흩어지지도 않았다. 게다가 지방 당국은 부패했고, 식량과 자원을 빼앗거나 비싸게 팔아 고트족의 불만을 부추겼다. 결국 고트족은 반란을 일으켜 전투에서 발렌스를 죽이고 제국 안에 계속 남게 되었다. 그들은 로마의 통제를 받지 않는 집단으로 남아 있다가 제국의 분열을 돕게 된다.

따라서 이민은 기본적으로 나빠지기 전까지는 좋은 정책이었다. 더 정확하게는 명확하고 전략적이며 인도적인 정책을 펼치면서 변화하는 상황에 맞게 조정하지 못했기 때문에 실패했다. 역사상 다른 어느 때와 마찬가지로, 이민은 서로 다른 민족 집단 간의 상호 의심과 적대감으로 오염되었다(인종차별주의는 최근의 발명이 아니다). 야만인을 뜻하는 바바리안은 그리스에서 나온 말이며, 다른 민족이 하는 말이 "바, 바"처럼 들리며 알아들을 수 없다는 그리스인들의 생각이 들어 있다. 이는 칭찬이 아니었다.

기억해야 할 또 다른 사실은 인간 집단의 이동은 역사적으로 유럽, 아시아, 아프리카, 아메리카 대륙을 막론하고 항상 폭력적이었다는 것이다. 인류 이동의 역사를 통틀어 후발 집단은 이전 집단을 학살하거나 밀어내거나 공격적으로 흡수했다. 일부 증거는 논란의 여지가 있지만, 현대 인류가 아프리카 밖으로 퍼져나가면서 전멸한 네안데르탈인도 부분적으로는 흡수, 부분적으로는 자원 경쟁, 부분적으로는 대량 학살로 밀려났을 것이라는 추측이 있다.[2] 미국이나 다른 나라에서 일어나고 있는 현대의 이민 논쟁에서 이것은 어떤 의미가 있을까? 우리는 울퉁불퉁한 도로에 들어섰고, 감정이 격해지고 서로를 도덕적으로 비난하다 보면 잘못된 결정을 내릴 수 있다.

한번 살펴보자!

저 사람이 수상해

타인에 대한 노골적인 편견과 심지어 증오심은 산업화된 현대사회에서 금기시되는 태도이며, 이는 당연한 일이다. 편견을 통해 우리는 다른 사람을 크고 작은 경악에 빠트리며, 그 기원이 무엇이든 우리는 편견을 극복하기 위해 노력해야 한다. 편견의 기원을 이해하면 도움이 될 수 있다. 편견은 인간의 경험에서 거의 보편적이라고 밝혀졌으며, 어떤 측면(인종, 신앙, 성적 취향 등)에서는 편견을 초월하면서도 단순히 다른 영역(계급, 정치적 관점, 이단적 신념 등)으로 이 편견을 기꺼이 옮기려고 한다. 나와 다른 사람을 싫어하는 고질적인 본능은 어디에서 왔을까?

대부분의 널리 퍼진 행동과 마찬가지로, 이것은 진화했을 가능성이 높다. 현대사회에서 이런 태도는 혐오스럽지만, 옛날에는 적응에 유리했을 수도 있다. 실제로 노골적인 인종차별과 여러 편견은 20세기 말에 와서야 도덕적으로 용납될 수 없는 것이 되었다. 오늘날에도 세계 곳곳에서 적극적인 인종 전쟁이나 집단 학살(중국 정부가 위구르 소수민족을 대하는 태도를 생각해보라)이 흔하게 일어나고 있으며, 이런 곳에서는 인종차별이 예외가 아닌 규칙이다. 그렇다면 동료 인간에 대한 편견이 진화적 적응인 이유는 무엇일까?

간단한 대답은 또 다른 본능, 즉 서로에게 잔인한 폭력을 행사할 수 있는 능력에서 비롯된다. 인간과 가장 가까운 유인원인 침팬지처럼, 인간은 종족 내 폭력을 행사할 수 있는 엄청난 능력을 가지고 있다. 자원을 확보하고, 지배권을 확립하고, 경쟁을 제거하기 위해 폭력을 사용하며, 폭력으로 여자에게 성관계를 강요하기도 한다. 역사적으로 인류의 살인율은 천문학적이었고, 현재보다 훨씬 높았다.[3] 고고학적 증거에 따르면 근대 이전의 수렵 채집 사회는 때때로 묘사되는 대로 평화롭고 모계적이며 '모두가 손을 잡고 쿰바야를 부르는' 집단이 아니었으며, 잔인한 폭력과 살인이 흔했다.[4] 다른 사람에게 당하는 폭력의 광범위하고 상존하는 위험은 사회가 더 체계적인 단위를 형성하고 효과적인 치안을 갖추면서 감소했다.[5] 문화 집단 **내** 폭력이 없지는 않았지만, 문화 집단은 구성원들끼리 서로 돕고 보호했다. 반면, 문화 집단 **간**의 폭력은 격렬하고 아무런 통제가 없었다. 집단들 사이는 협력보다 경쟁 관계(물론 일부 집단은 서로 거래, 결혼 등으로 관계를 맺었겠지만)일 가능성이 높았기 때문이다. 같은 문화 집단의 구성원보다 낯선 사람에게 더 자주 피해를 입는다면, 자신과 눈에 띄게 다른 사람, 즉 다른 인종이나 문화를 경계하는 편이 유리했다.

분명히 말하겠다. 우리의 뇌가 과거 진화 과정에서 적응을 위해 편견을 갖도록 진화했다고 말하는 것과, 편견이 좋다거나 지금 우리가 바꾸려고 해서는 안 된다고 말하는 것은 다르다. 나는 단지 그 기원을 설명할 뿐이다. 또한 타고난 본성(물론 가족이나 문화적 환경에 의해 더 나빠질 수 있지만)을 이해하면 왜 그런 습관이 지속되는지에 대해 조금 느긋하게 볼 수 있을 것이다. 실제로 우리는 다른 사람들의 편견을 문제로 삼으면서도 자신의 편견을 계속 유지하는 경향이 있다. 물론 지금은 인종, 종교, 성별·젠더 또는 성적 취향보다는 계급이나 정치에 초점을 맞추고 있지만 말이다.

우리에게 내재된 편견의 경향은 정말 어리석은 일로도 촉발될 수 있다. 고전적인 심리학 실험에서 여름 캠프에 참가한 소년들을 독수리 집단과 방울뱀 집단으로 나눴다. 처음에 두 집단은 서로를 알지 못했다. 이 두 집단에게 여러 가지 경쟁을 벌이게 했다. 경쟁을 계속하던 두 집단은 서로에 대해 언어적, 신체적 편견을 드러내면서 상대방을 괴롭히기 시작했다. 상대편 집단에 대해 설명해달라고 하자 소년들은 매우 부정적인 말로 그들을 묘사했다.[6]

이 소년들은 집단에 **무작위로 배정**되었다는 사실을 기억하자. 두 집단 사이에 다른 점은 전혀 없었다. 하지만 경쟁심에 사로잡힌 소년들은 자기 집단에 유대감을 느끼고 상대 집단에게 편견을 갖게 되었다. 중립적이고 경쟁하지 않는 상황에서 두 집단을 만나게 했지만, 도리어 편견이 악화되었다. (이는 다양성 프로그램에서 중요한 점이다. 반감을 강조하거나 단순히 사람들을 한데 모으는 프로그램은 역효과를 낳을 수 있다). 강제로 두 집단이 함께 물탱크에서 돌을 제거하도록(그래야 물을 마실 수 있다!) 한 다음에야 편견이 가라앉았다.

<강도의 동굴> 실험이라고 불리는 이 실험은 완벽함과는 거리가

멀다. 하지만 편견이 어떻게 발전하고(경쟁을 인식한다), 어떻게 없앨 수 있는지(공동의 목표를 향해 함께 노력해야 한다)에 대한 통찰을 준다. 이민자들이 일자리를 빼앗고, 우리 문화를 왜곡하고, 범죄를 저지른다는 등의 이민자 논쟁의 언어에서도 이 사실을 확인할 수 있다. 이런 우려는 분명히 편견이지만, 얼마간 예상할 수 있다. 이를 이해하면 문제를 해결하고 효과적이고 합리적인 이민정책을 수립하는 데 도움이 될 수 있다.

이민의 비용과 혜택

이민은 다른 복잡한 사회문제와 마찬가지로 복잡한 해결책과 데이터에 바탕을 둔 합리적인 고려가 필요하다는 점을 인정하면서 시작하자. '장벽을 세우자!' 또는 '국경을 개방하자!'와 같이 단순하게 들리는 해결책은 거의 확실하게 재앙으로 이어진다. 그러나 이성적이고 데이터를 바탕으로 하는 해결책은 경쟁의 렌즈를 통해 사물을 보는 비이성적인 성향에 의해 좌절되기도 한다. 미국에서 보았듯이 이민(흑인, 아시아인, 멕시코인은 물론 아일랜드인, 이탈리아인, 독일인까지)은 역사적으로 적대감과 인종차별에 지면해왔다. 현대 좌파의 선전과 달리, 이는 미국만의 문제가 아니라 전 세계적으로 문화가 접촉하면서 나타나는 전형적인 반응이다. 인종차별주의와 민족 중심주의는 인류의 보편적인 현실이며, 어떤 집단도 여기에서 자유로울 수 없다. 하지만 이런 것들 때문에 어느 정도의 이민이 미국에 좋은지에 대한 논의가 진흙탕이 된다는 것만은 분명하다. 게다가 좌우의 양극화된 논쟁으로 이민자는 경쟁하는 두 정치적 세계관 사이에서 오가는 탁구공 신세가 될 수 있다.

나는 이민에 대해 전문성을 갖춘 정치학자가 아니기에, 구체적인 정책은 다루지 않겠다. 나의 호기심은 잘못된 생각이 어떻게 자리를 잡고 반대 증거에도 불구하고 계속 반복되는지에 관한 것이다. 그래서 몇 가지를 구체적으로 살펴보고자 한다. 예를 들어, 좌파는 이민이 노동계급 근로자에게 미치는 경제적 영향이 거의 없으며, 이민에 대한 반대는 경제적 불안이 아니라 인종차별 때문이라고 말한다. 우파는 최근 이민자, 특히 불법 이민자가 범죄를 많이 저지른다고 주장한다.

첫째, 이민(특히 저숙련, 저임금 노동자의 불법 이민)이 노동 계급 시민을 경제적으로 더 어렵게 할까? 좌파의 반복되는 주장에 따르면, 이민에 대한 반대는 경제적 불안이 아니라 인종차별주의 때문이다.[7] 공정하게 말하자면 이들은 상호 배타적인 문제가 아니며, 하나가 다른 하나를 불러일으킬 수 있다. 일자리를 걱정하는 사람들은 자기 일자리를 빼앗는다고 생각되는 사람들에게 적대적으로 변할 수 있다. 물론 이런 적대감이 커져서 공공연한 인종차별주의로 바뀔 수 있다. 이는 좌파에게 반가운 메시지다. 국경 개방 정책을 포함한 모든 친이민 정책에 대한 우려를 없애고 상대방에게 인종차별주의라는 딱지를 붙일 수 있기 때문이다. 하지만 이것이 사실일까?

증거에 따르면 불법 이민은 실제로 임금과 고용을 감소시키며, 특히 저학력 근로자, 즉 동일한 일자리를 놓고 경쟁할 가능성이 가장 높은 근로자의 임금과 고용을 감소시킨다고 알려졌다. 불법 이민은 그중에서도 미숙련 흑인 시민을 힘들게 한다는 증거가 있다.[8] 이들은 불법 이민이 아니어도 이미 경제적으로 많은 고통을 받는다고 간주된다. 이 경우 불법 이민은 서비스 비용을 적게 지불하고 더 저렴한 상품을 얻을 수 있는 사회 엘리트 계층에게 혜택을 주고, 반대로 저소득층 시민에게 부담을 준다. 수십 년 동안 이 문제를 연구한 경제학자 조지 보르하스는 불법 이민이 일부에게 혜택을 주고 기업에 부를 주지만, 백인을 포함한 저소득층 근로자에게 해를 끼치며, 특히 흑인과 라틴계 시민을 괴롭힌다고 지적한다.[9] 이는 좌파가 특별히 받아들이기 어려운 메시지일 수 있다. 그들은 스스로 모든 소수자 공동체의 옹호자라고 생각하기 때문이다. 소수자 공동체 사이에 심각한 갈등(심지어 같은 라틴계 사이의 갈등)이 있다고 인정하면, 좌파는 자가당착에 빠진다. 따라서 불법 이민이 경제와 무관하다고 강변하는 좌파 사람들은 많은 구성원들의 우려를 묵살하는 것이다. 결코 현명한 생각이 아니다.

하지만 잠깐만, 어떤 경제학 연구에 따르면 경제적 불안이 아니라 인종차별주의가 트럼프에 대한 투표를 예측한다고 하지 않았는가? 그렇기도 하고, 아니기도 하다. 이렇게 주장하는 연구가 몇 가지 있었지만, 그 결함은 상당하다. 2016년 대통령 선거에서 트럼프의 득표와 관련된 요인을 조사한 한 연구는 경제적 불안이 아닌 인종차별과 성차별이 친트럼프 투표를 예측한다고 주장했다.[10] 그러나 이 연구에서 인종차별을 조사한 방식은 대부분의 사람들이 인종차별이라고 생각하는 것과 다르다. 이 연구에서는 사람들이 인종에 대한 현재의 진보적 세계관에 동의하는지 여부를 조사했다. 사람들은 대개 인종차별이라고 하면 '다른 인종은 내가 속한 인종보다 열등하다고 생각한다' 또는 '이 나라에 백인들만 살아야 한다'와 같은 질문에 사람들이 대답하는 것을 떠올린다. 이는 명백히 인종차별적인 의견이다. 저자들은 이런 질문이 아니라 '미국의 백인들은 피부색 때문에 특정 이점이 있다', '미국의 인종 문제는 드물고 고립된 상황이다'와 같은 견해에 대해 동의하는지 물었다. 이는 전혀 인종차별이 아니며, 진보주의자들이 지지하고 보수주의자들은 지지하지 않는 미국 내의 인종에 관련된 특정 견해에 대해 동의 여부를 질문한 것이다. 연구진이 알아낸 것은 트럼프에게 투표한 사람들이 인종차별주의에 의해 동기를 부여받았다기보다는 보수적인 성향이 있다는 것이다. 이는 전혀 충격적이라고 할 수 없다.

학자들은 자유주의와 진보에 끌리는 경향이 있다는 점을 기억하자. 따라서 보수주의자들에 대한 이런 종류의 속임수는 유감스럽게도 사회과학에서 흔히 볼 수 있다. 토론토대학교의 심리학자이자 명예교수인 키스 스타노비치가 지적했듯이, 진보적인 심리학자들은 보수주의자들을 멍청한 인종차별주의자, 성차별주의자 등으로 보이게 하려고 설문조사를 이런 방식으로 이용해 결과를 자주 조작한다.[11] 이런 연구에서 진보적인 세계관에 동의하지 않으면 **나쁜** 사람이 되어버린다. 사회정치적 내러티브에 대한 단순한 의견 불일치가 아니라 비지성적이거나 편협하다고 잘못 해석되기 때문이다.

이민에 대한 논쟁은 이와 같은 편향과 잘못으로 가득 차 있다. 위의 논문은 사실상 연구라는 형식을 빌린 보수주의자에 대한 인신공격이다. 그러나 잘못된 정보와 명백한 신화는 논쟁의 양쪽에서 똑같이 나타난다. 잘못된 정보가 자주 그렇듯이, 이런 오류 때문에 증거에 바탕을 둔 올바른 정책이 방해를 받는다. 양측에서 흔히 오해하는 몇 가지 사항을 살펴보자.

우파가 이민에 대해 잘못 알고 있는 것

이민자는 범죄를 증가시킨다. 2015년 7월, 32세였던 케이트 스타인레는 아버지, 친구와 함께 샌프란시스코의 부두를 걷던 중 등에 총을 맞았다. 그녀는 몇 시간 후 병원에서 죽었다. 총격범인 호세 가르시아 자라테는 미국에서 추방되고 돌아오기를 여러 번 반복한 불법 이민자였고, 주로 마약 관련 중범죄로 여러 번 유죄판결을 받았다. 그에게는 이런 전과가 있었지만 샌프란시스코의 '보호 도시' 법에 따라 보호를 받았고, 지역 경찰은 이민국과 협력하지 않았다. 가르시아 자라테는 도난당한 총기가 벤치 밑에서 천으로 싸여 있는 것을 막 발견했고, 천을 벗기다가 실수로 총이 발사되었다고 주장했다. 가르시아 자라테는 총알이 땅을 향해 발사되었지만 튕겨 나가 이상하게도 스타인레에게 맞았다고 주장했다. 탄도학 증거는 튕겨 나갔을 가능성을 뒷받침했고, 배심원단은 가르시아 자라테에게 무죄를 선고했다. 그는 2020년에 총기 불법 소지 혐의로 기소되었지만, 정신 건강 문제로 재판을 받을 능력이 없을 가능성이 제기되었다.[12]

이 사건은 여러 가지 논란거리를 담고 있어 흥미롭다. 첫째, 가르시아 자라테 사건은 이민자, 특히 불법 이민자가 미국 땅에서 폭력 범죄를 저지른다는 우려에 딱 들어맞는다. 둘째, 이민 사건에 대한 연방 정부의 협조 요청을 거부하는 '보호 도시'에 의문을 제기한다. 보호 도시는 의견이 좌우로 선명하게 갈라지는 전형적인 사례이며, 좌파가 우파보다 보호 도시를 훨씬 더 강력하게 지지한다. 그러나 가르시아 자라테 사건은 하나의 일화일 뿐이며, 앞에서 보았듯이 일화는 일반적으로 나쁜 증거다. 가르시아 자라테 사건은 의심할 여지 없이 불법 이민에 대한 보수주의자들의 두려움을 뒷받침하는 듯하지만, 불법 이민과 폭력 범죄에 대한 전반적인 증거는 어떨까?

적어도 이 점에서, 좋은 소식은 불법 이민자를 포함한 이민자들이 실제로 미국 시민권자보다 폭력 범죄를 잘 저지르지 **않는다**는 것이다.[13] 많은 데이터가 텍사스에만 국한되어 있지만, 텍사스가 재판에서 이민 기록을 엄격하게 관리한다는 점을 고려하면 이는 강력한 결과로 보인다.[14] 사실이 이렇다면, 이민자가 범죄를 저지른다는 생각이 왜 사라지지 않을까? 한 가지 가능성은 사람들이 미국 태생의 라틴계 범죄율이 높은 것을 최근 이민자의 범죄율로 착각한다는 것이다. 하지만 내 생각에 그보다 더 큰 문제는 진화에서 비롯된 전형적인 '타인에 대한 두려움'이다. 옛날에는 새로 온 사람이 폭력적일 때가 많았기 때문에, 새로 온 사람의 폭력에 대한 걱정은 적응적인 면이 강했다. 오늘날 이민자에 대한 편견은 진화 과정에서 남겨진 패턴일 가능성이 높다.

이민자들은 우리 문화를 근본적으로 변화시킬 것이다. 이러한 두려움을 때때로 '거대 대체 이론great replacement'이라고 부르며, 기본적으로 유럽인이 다수인 국가가 이민자의 유입으로 점차 망가진다는 것이다. 이는 미국에만 국한된 문제가 아니다. (전 세계적으로도 비슷하게 인종 순수성 문제를 염려한다.) 물론 미국의 인구 통계는 '백인'(용어를 어떻게 정의하는지에 따라 달라질 수 있다)이 줄어들면서 서서히 변화하고 있다. 당연히 좌파와 우파가 모두 이 이야기에 기여하고 있다. 우파의 전문가들은 당황하고 있고, 좌파의 전문가들(대개 본인들이 부유한 백인이다)은 그런 모습을 즐겁게 바라보면서 우파가 왜 그렇게 짜증을 내는지 궁금해한다. 하지만 이것이 정말로 걱정스러운 문제일까?

인구 분포의 변화는 분명한 현실이지만, 이는 미국 역사를 통틀어 사실이다. 1776년 당시 대부분의 초기 미국인은 영국 개신교 신자였으며, 다른 유럽 출신도 조금 섞여 있었다. 19세기와 20세기 초에 걸쳐 아일랜드인, 이탈리아인, 독일인 및 기타 집단의 물결이 인구 분포를 크게 변화시켰다. 일반적으로 이민자 집단은 자국 문화의 일부 특징을 가져온다. (이렇게 해서 미국에는 성 패트릭의 날과 수많은 이탈리아 레스토랑이 생겨났고, 관상동맥 질환을 앓는 독일인들이 살게 되었다.) 초기의 이민자들은 적대감과 민족 중심주의에 맞닥뜨렸고, 요즘은 주로 라틴계 이민자들이 이를 겪고 있다. (아시아계, 카리브해계, 아프리카인과 같은 집단도 거의 마찬가지다.) 기본적으로 영국인이 아닌 유럽인 집단에게 일어난 일은 그들이 미국에 문화 요소를 제공하면서도 주로 미국 문화에 동화되고, 여러 세대가 지나면서 영국계, 아일랜드계, 독일계 사이의 구분이 거의 무의미해지면서 서서히 '미국인'이 되었다는 것이다(실제로 대부분은 집단 간의 결혼으로 혈통이 뒤섞였다).

이렇게 해서 '백인'이라는 범주가 서서히 형성되었고, 몇 세대 전까지만 해도 앙숙이던 사람들이 하나의 집단이 되었다. '백인'과 '유럽인'은 대체로 동의어이며, 여기에 포함되는 사람들은 사소한 차이는 있지만 지금은 비슷한 문화적 공간을 차지하고 있다. 그러나 이것은 '용광로' 개념의 핵심이며, 대개 우파가 옹호하고 좌파는 이상하게 '미시적 공격'이라고 거부한다. (자신의 정치적 목표를 뒷받침하기 위해 효과적인 주장을 공격하는 사람들의 능력을 과소평가하면 안 된다.)

더 최근의 아시아, 아프리카, 카리브해, 라틴아메리카 출신의 이민자 집단에서 일어나는 일도 기본적으로 거의 같다. 이 집단은 독특한 음식, 휴일(싱코 데 마요* 등)과 같은 문화를 가져와 미국과 공유하지만(문화적 전유라는 개념이 대체로 쓰레기인 이유도 여기에 있다), 그들도 미국에 동화되어가고 있다. 연구에 따르면 히스패닉·라틴 정체성은

---

*   옮긴이 - 멕시코의 전승 기념일로, 5월 5일이다.

3세대 또는 4세대가 되면 현저히 줄어드는 것이 명확하게 나타난다.[15] 라틴계 3세대는 스페인어를 훨씬 더 적게 사용하고, 히스패닉 문화 행사에 자주 참여하지 않고, '히스패닉' 정체성보다 '미국인'의 정체성이 더 강하고, 가족의 출신 국가와 연결이 끊어지고, 라틴계가 아닌 사람과 결혼하는 비율이 높다. 거칠게 말해 몇 세대가 지나면 라틴계는 '백인'이 되지만, 이보다 더 나은 용어가 필요하긴 하다. 다른 모든 이민자 집단과 마찬가지로 라틴계도 몇 세대가 지나면 일반적으로 미국인이 되는 경향이 있다고 말하는 편이 더 나을 수도 있다. 그리고 이것이 반드시 나쁜 일은 아니다.

거대 대체 이론을 걱정하면서 이민에 비판적인 사람들은 이 점에서 위안을 삼을 수 있다. 이민자들은 미국인이 되고 싶어 미국에 오며, 이민 1세대조차 미국 시민이 된 것에 큰 자부심을 가진다. 미국 문화는 강력하기 때문에 미국에 오는 사람들은 미국 문화를 바꾸는 것보다 훨씬 더 크게 미국에 동화된다. 그리고 그들이 가져오는 변화(좋은 음식, 음악, 축하 행사 등)는 일반적으로 미국 문화에 긍정적으로 기여한다. 따라서 미국의 인종 구성은 항상 그래왔듯이 시간이 지나면 변하지만, 이는 미국 문화의 실패가 아니라 성공의 신호다. 이민에 비판적인 사람들은 범죄에 대한 우려와 함께 이런 점도 살펴보아야 한다.

좌파가 이민에 대해 잘못 알고 있는 것

이민에 대한 우파의 비판이 잘못된 정보에서 나온 것이 많다면, 이민에 대한 좌파의 옹호도 잘못된 정보에서 나온 것이 많다고 인정해야 한다. 앞에서 보았듯이 불법 이민이 저임금 근로자에게 충격을 준다는 증거가 있으며, 이민에 대한 저항이 주로 인종차별 때문이라는 주장은 자연스럽게 진보적 신념에 기울도록 설계된 설문조사에 의해 뒷받침된다. 좌파는 또 이민에 대해 어떤 오해를 하고 있을까?

민주당의 영구적인 다수 지지자들이 수평선 너머에서 기다리고 있다. 이 신화는 거대 대체 이론 신화를 거울에 비춘 것과 거의 같다. 기본적으로 이 신화는 역사적으로 비백인 유권자들이 민주당에 투표해왔기 때문에 비백인 유권자의 비율이 증가하면 결국 민주당이 영구적 다수당이 될 것이라는 믿음을 담고 있다. 이러한 영구적 과반수 확보는 지난 수십 년 동안 '눈앞에 다가온' 일이었다. 민주당을 방어하기 위해 공화당도 이런 생각을 받아들여, 선거구를 자기 당 후보에게 유리하도록 인종에 따라 재조정했을 가능성이 높다. 가장 큰 문제는 인종에 따른 선거구 획정이 양당 모두에서 나쁜 정책으로 이어진다는 것이다. 공화당은 비백인이 자신들에게 무관심하다고 판단하여 백인의 이익을 중시하고 비백인을 무시할 수 있다. 최악의 경우 트럼프 전 대통령이 멕시코 이민자를 강간범에 비유한 것과 같은 노골적인 인종차별을 초래할 수 있다.

하지만 이는 민주당에게도 좋지 않다. 민주당은 비백인 유권자에게 인기를 끌 만한 사람들 위주로 구성된 정당이 되어가고 있다. 자신에게 투표하지 않았다면 '당신은 흑인이 아니다'라는 바이든 대통령의 발언이 그런 예 중 하나다. 이는 또한 민주당이 백인 노동자 계층을 힐러리 클린턴의 표현에 따라 '개탄스러운 자들'로 만들어버릴 수 있다. 즉 인종을 정당 지지와 연결하면 양당 모두 비합리적인 결론을 내릴 수 있다. 그러나 이 문제에서는 민주당이 더 불리하다. 그들은 결코 오지 않을 미래의 가상의 다수당에 계속 매달리고 있기 때문이다.

최근 선거, 특히 2020년과 2021년 선거에서 보았듯이 비백인 유권자들은 민주당에 기울어지는 경향이 있지만, 이 사람들이 민주당에서 점점 빠져나가고 있다. 예를 들어 2021년 <월스트리트저널> 여론조사에 따르면, 한때 민주당의 주류였던 라틴계 유권자들은 이제 양당을 거의 비슷하게 지지한다.[16] 2016년에, 트럼프는 라틴계 표의 약 28퍼센트를 얻었지만 2020년에는 더 늘어서 32퍼센트가 되었다. <월스트리트저널>에 따르면 2024년 대통령 선거를 바이든과 트럼프의 대결로 지금 실시한다면 라틴계는 두 후보를 거의 동등하게 지지할 것이다. 트럼프가 멕시코 이민자를 범죄자, 강간범이라고 말했다는 것을 기억하라! 아시아계와 흑인 유권자들도 이만큼 강하지는 않지만 비슷한 패턴을 보인다.

이 추세는 쉽게 반전될 수 있지만 그럼에도 불구하고 이를 살펴보는 것은 흥미롭다. 백인이 아닌 사람들은 왜 민주당을 외면할까?

앞에서 보았듯이 민주당이 비백인 유권자의 성향에 대한 고정관념을 활용했기 때문일 수 있다. 예를 들어, 진보적인 민주당원들은 인종적 형평성을 명분으로 표준 시험, 영재 프로그램, 차터 스쿨*을 폐지하려는 움직임을 보였다. 그러나 이런 정책은 특히 아시아계 학생에게 크게 불리하며, 흑인이나 라틴계 학생은 경쟁력이 없다는 함의는 진보주의자들이 생각하는 것만큼 당사자들이 좋아하지 않을 수 있다. 마찬가지로 국경 개방과 불법 이민에 관한 민주당의 정책도 그들이 생각하는 것만큼 라틴계에게 큰 인기가 없을 수 있다. 이런 문제는 복잡하지만, 내가 파악한 데이터에 따르면 라틴계는 인종차별과 잔인성의 관점에서 이민정책을 인식한다. 그러나 라틴계는 국경 개방을 그만큼 지지하지 않는다.[17] 또한 라틴계는 다른 사람들과 마찬가지로 경제적 문제에 민감하며, 이민 논쟁보다 경제적 문제를 우선시한다. 게다가 라틴계는 사회적으로 보수적인 경향이 있어, 많은 사람들이 좌파 진보주의로 기울고 있는 민주당을 싫어할 수 있다. 다른 비백인 집단에서도 비슷한 문제가 작용하여 민주당에 대한 지지가 약화될 수 있다. 물론 공화당이 이 기회를 발로 차버리고 더 많은 비백인 유권자를 민주당으로 돌려보내버릴 가능성도 아주 크다. 그러나 내가 보기에 민주당은 백인이 아닌 사람들이 진보적인 의제에 대해 점점 더 많이 동참할 것이라는 비현실적인 가정에 지나치게 매달린다. 또한 인종 집단이 한 덩어리로 작용하는 것처럼 말하는 경향

* 옮긴이 - 공립으로 국가 예산을 지원받지만 교육과정을 자율적으로 운영하는 학교다.

이 있지만, 이는 정확하지 않다. 물론 개인은 서로에게 영향을 미치고 집단의 가치가 중요할 수 있다. 그러나 유권자는 궁극적으로 개인이며, 유권자가 언제까지나 충성스러운 지지자로 남아 있을 것이라고 기대한다면 어느 정당에게든 위험하다.

미국은 방대한 강제수용소 네트워크를 운영하고 있다. 트럼프 행정부 시절 하원의원 알렉산드리아 오카시오코르테스는 국경을 넘다 체포된 불법 이민자들을 수용하는 억류 시설을 공개적으로 '강제수용소'라고 불렀다. 그녀는 나중에 나치 수용소와의 비교를 철회했지만, 다른 면에서는 물러서지 않았다.[18] 강제수용소는 나치의 강제수용소뿐만 아니라 인종, 신앙 등을 이유로 사람들을 강제로 구금하여 그들을 최대한 통제하는 모든 시스템을 포함할 수 있다. 모든 수용소가 나치의 강제수용소처럼 잔인하지는 않지만, 본질적으로 강압적이고 권위주의적이다. 제2차 세계대전 당시 일본 시민과 이민자를 수용소에 보냈던 일은 미국 역사에서 강제수용소를 사용한 부끄러운 사례 중 하나다. 하지만 이 용어가 억류 시설을 지칭하기에 적절할까?

비인도적인 환경이나 적법 절차에 대한 우려는 전적으로 타당하지만, 반드시 억류 시설이 강제수용소라고 믿을 필요는 없다. 일반 교도소, 장기 정신 건강 시설, 청소년 구금 시설이 모두 적법 절차의 부재와 환경에 대한 불만이 제기되고 있지만, 수용소라고 생각하는 사람은 아무도 없다. 나는 억류 시설의 상황을 옹호하는 것이 아니다.

강제수용소 내러티브가 흥미로운 점은 좌파가 혐오하는 도널드 트럼프 대통령 재임 시절에 처음 등장했고, 버락 오바마나 조 바이든의 민주당 대통령 재임 시절에도 상황이 크게 다르지 않은데도 큰 주목을 받지 못한다는 점이다.* 공정하게 말하면, 트럼프는 가족 분리와 같은 정책을 불법 이민 억제 수단으로 사용하면서 기뻐하는 것처럼 보였다. 강제수용소라는 표현이 현대 미국을 파시스트 권위주의 국가와 비교하는 진보의 내러티브에 어울릴 수도 있지만, 그 표현을 사용하는 방식은 편파적으로 보인다.

불법 이민자 억류 시설은 '미국만의 일'이 아니며, 이주민이 국경을 넘으려는 곳이라면 어디에서나 흔히 볼 수 있다.[19] 이 시설들의 상황은 천차만별이며, 비인간적이라는 우려는 흔하다. 대부분의 국가에는 이민을 제한하는 법률이 있고, 불법으로 국경을 넘은 이주민이 망명 기준을 충족하지 못하면 돌려보내는 제도를 시행하고 있다. 이 모든 논쟁은 감정으로 가득 차 있고, 도덕적 비난이나 옹호로 물들지 않은 좋은 정보를 얻기는 매우 어렵다.

이런 시설에 억류된 사람들의 처우와 법적 권리에 대한 많은 염려가 정당하다고 해도, 몇 가지 간단한 이유로 억류 시설은 강제수용소가 아니다. 첫째, 역사에 존재했던 대부분의 강제수용소와 달리 당국이 돌아다니면서 사람들을 잡아 억류 시설에 수용하지 않는다. 오히려 이민의 경우, 사람들이 억류 시설을 찾아온다. 억류될 수 있다

---

* 물론 몇몇 옹호자들은 일관성이 있지만, 공화당 대통령이 재임 중에만 언론이 이 문제를 크게 떠든다.

는 사실을 알면서도 불법적으로 국경을 넘어오는 것이다. 수용소의 목적이 과거의 사례와 같다면, 표적 집단이 자발적으로 수용소를 향해 오는 역사적으로 전례가 없는 일이 일어나는 것이다. 둘째는 첫째와 관련되어 있으며, 사람들을 수용소에 보내기 위해 인종, 신앙 등으로 선정하는 것이 아니라 단순히 불법으로 국경을 넘어온 사람들만 수용소로 보낸다. 셋째, 실제로는 제대로 달성되지 못하지만 수용소의 궁극적인 목표는 사람을 가둬두는 것이 아니라 출신 국가로 돌려보내는 것이다.

그렇다고 해서 때때로 사람들이 적법 절차의 권리를 박탈당하고 비인간적인 환경에서 살도록 강요당하는 일이 없다고 말하는 것은 아니다. 이는 매우 타당한 우려다. 그러나 오해를 부추기는 '강제수용소' 내러티브에 매달리면 불가피하게 반발을 사고, 문제의 핵심에 접근하기보다 언어에 대한 어리석은 논쟁에 휘말릴 수밖에 없다. 좋든 싫든 국가에는 불법 이민자 억류 시설이 필요하다. 그러나 시설을 인도적으로 운영하고 명확한 법적 지침이 있어야 하며, 억류자에게 지원을 제공해야 한다. 오늘날의 많은 문제와 마찬가지로, 이민에 대한 공개적인 대면 논쟁은 진지하게 진행되기 어렵다. 데이터를 바탕으로 하는 명료한 해결책은 부족하고 양측의 감정과 도덕적 비난만 계속 높아진다.

결론적 생각

현대 정치의 많은 부분은 퍼레이드를 벌일 때 수레 위에서 군중에게 값싼 사탕을 던지는 사람들과 비슷해 보인다. 받을 때는 신이 나지만, 수레가 지나가고 나면 애초에 사탕 따위를 원한 적이 없다는 걸 깨닫게 된다. 대통령 선거의 대부분은 후보자들이 거창한 공약을 내세우고 때로는 수많은 행정명령으로 공약을 실현하려는 것처럼 보일 수 있다. 하지만 유권자 중 일부의 감정적인 희망 사항에 호소하는 것은 나쁜 정책을 만들 수 있다.

이 글을 쓰는 현재 이 문제는 바이든 행정부를 괴롭히고 있다. 바이든은 미국 국경에서 더 우호적이고 인도적으로 절차를 개선하겠다고 밝혔지만, 이로 인해 놀랄 것도 없이 불법 이민이 급증하여 시설과 국경 순찰대를 압도했고, 바이든이 고치겠다고 약속했던 열악한 시스템이 더 악화되었다. 앞에서 보았듯이 바이든은 국경 순찰대 요원들의 명예를 훼손한 적도 있다. 말을 탄 국경 순찰대원이 아이티 난민 옆에서 고삐를 잡고 있는 사진에 대해, 바이든은 순찰대원들에게 그들의 행동에 대해 '대가를 치를 것'이라고 말했다. 사람들은 이 사진을 보고 순찰대원이 고삐로 이민자들을 채찍질한다고 오해했지만, 실제로 그런 일은 일어나지 않았다. 바이든은 (다른 정치인들도) 모든 사실이 밝혀지기 전에 너무 성급하게 대응했다.[20] 안타깝게도 이런 행동은 양쪽 정치인들 사이에서 점점 더 흔해지고 있다.

이민은 복잡한 문제이며, 머리를 맞대고 함께 데이터를 분석해야 한다. 이 문제에 대한 의견은 대부분의 이민을 막아야 한다는 주장부터 미국 인구가 10억 명이 될 때까지 대폭 확대해야 한다는 주장까지 다양하다.[21] 균형을 고려해야 할 복잡한 문제들이 많이 있다. 이민은 경제뿐만 아니라 특정 근로자 집단과 임금에 어떤 영향을 미칠까? 고숙련 이민과 저숙련 이민 중 어느 쪽에 우선순위를 둬야 할까, 아니면 가족 재결합을 우선순위에 둬야 할까? 망명을 어느 정도까지 허용해야 하며, 해당 국가의 정부나 다른 집단(예를 들어 범죄 조직)이 특별히 표적으로 삼는 개인으로만 제한해야 할까, 범죄율이 높은 나라에서 떠나온 모든 사람을 포함해야 할까? 억류 시설에서 감당할 수 없는 대규모 이주를 의도치 않게 조장하지 않으면서 억류 시설의 인도적 조건을 개선하려면 어떻게 해야 할까?

로마의 약탈과 같은 상황이 닥쳐오지는 않을 것이다. 고트족 무리가 워싱턴 DC로 몰려올 일은 없다. 그러나 이민 문제, 특히 남부 국경의 불법 이민 문제는 혼돈과 손가락질, 밈으로 치닫고 있다. 이는 건강하지 않은 상황이며, 불행하게도 미국은 최근 행정부에서 이 까다로운 문제를 해결할 리더십이 부족했다. 한마디로 미국으로의 불법 이민은 여전히 재앙이다.

CHAPTER 11
이성의 종말

    2021년 1월 6일, 미국 외회는 조 바이든의 승리로 끝난 2020년 대통령 선거 결과를 인증하기 위해 의사당에서 상하원 합동회의를 개최했다. 다른 때였으면 선거인단 개표는 거의 형식적인 절차이지만, 이번 회의는 공화당이 선거 절차의 정당성을 인정하지 않고 결과

의 인증을 거부하려고 했기 때문에 긴장감이 감돌았다. 이러한 시도 자체가 공정한 선거 과정에 대한 역사적인 침입이었지만, 선거 부정으로 공화당 후보 도널드 트럼프의 승리를 도둑맞았다는 우파의 음모론이 널리 퍼졌기 때문에 이런 일이 일어났다.

트럼프는 그날 아침부터 집회를 열고 부정선거라는 주장으로 지지자들을 선동했고, 의사당으로 행진하여 표결에 이의를 제기하는 공화당 의원들을 지지하는 목소리를 내자고 호소했다. 트럼프는 구체적으로 폭동을 일으키라고 요구하지는 않았지만, 그의 언어는 공격적이었고 군중 중 많은 사람들이 의사당 습격에 대해 떠들기 시작했다. 트럼프가 연설을 마칠 때쯤에는 이미 많은 지지자들이 의사당으로 이동했다. 같은 날 의사당 근처에서 파이프 폭탄이 여러 개 발견되었지만 다행히 무사히 제거되었다. 의사당 밖의 군중은 점점 더 많아졌고 분노도 커졌다. 분명히 의회 경찰은 병력도 크게 부족했고, 제대로 대비하지 못하고 있었다.

의사당 안에서는 공화당 지도자 미치 맥코넬이 선거 결과를 무효화하면 공화국의 명성이 영원히 손상된다면서 반대 의사를 분명히 했다. 밖에서는 시위가 폭력으로 번졌다. 시위대는 경찰의 얇은 저지선을 밀면서 화학물질을 뿌리고 곤봉으로 경찰을 때렸다. 한 경찰관은 시위대에게 끌려가 성조기 깃대로 구타당하기도 했다. 또 다른 경찰관은 출입문을 지키다가 밀려드는 시위대와 문 사이에 끼어 거의 질식할 뻔했다. 시위대(이제는 폭도라고 불러도 될 것 같다)는 창문을 부수고 담장을 넘어 의사당으로 난입했다. 수적으로 열세인 의회 경찰은 최선을 다해 건물을 방어하려고 노력했다. 대부분의 경찰관은 충실하고 용감하게 대처했지만, 폭도들을 지지하는 부적절한 행동으로 나중에 여섯 명이 징계를 당했다.[1]

폭도들은 이제 의사당 안을 마음대로 활보했다. 일부는 셀카를 찍거나 의원들의 책상에 발을 올려놓는 등 대체로 무의미한 행동을 했다. 가슴을 드러낸 채 얼굴에 페인트를 칠하고 뿔 달린 헬멧을 쓰고 의사당으로 돌진한 악명 높은 큐어논 샤먼 같은 사람들은 그저 이상해 보일 뿐이었다. 그러나 다른 사람들은 무서운 폭도가 되어 의원들을 찾아다녔다. 폭도 중에 애슐리 배빗은 의원들이 있는 방 근처의 바리케이드로 막힌 문을 뚫고 들어가려다 경찰의 총에 맞았다. 그녀의 뒤에서 폭도들이 문을 부수고 있었다. 총격은 나중에 정당한 것으로 판결되었다.

의사당 난입이 일어난 지 몇 시간 뒤에 결국 주 방위군이 소집되었다. 최초 공격이 발생한 뒤 4시간이 지난 오후 6시가 되자 폭도들의 기세가 꺾이기 시작했고, 경찰은 의사당을 정리할 수 있었다. 오후 8시가 되자 의회는 회의를 재개했고, 공화당의 계속된 반대에도 불구하고 결국 조 바이든의 당선을 인준했다.

폭동으로 다섯 명이 죽었다. 배빗은 경찰이 쏜 총에 맞았고, 의회 경찰관 브라이언 시크닉은 최루 스프레이를 맞은 후 폭동 때의 폭력 때문으로 추정되는 뇌졸중으로 숨졌다. 그 외에 폭도 세 명이 죽었는데, 두 명은 심장마비로, 한 명은 약물 과다 복용으로 죽었다.[2] 수많은 경찰과 폭도들이 심각한 부상을 입었다. 의사당 방어에 투입된 경찰관 네 명이 1년이 지나기 전에 자살했으며, 이 죽음의 일부는 외상성 뇌손상 때문일 수 있다. 폭동에 가담했던 사람들은 폭동 이후 몇 주 동안에 집중적으로 체포되었고, 최종 인원은 약 725명이었다. 의사당 파손으로 인한 피해액은 약 150만 달러였다.[3] 그러나 최악의 피해는 전 세계가 이 경악스러운 광경을 목격하면서 미국의 명성에 가해진 타격이었다.

물론 2021년 1월 6일의 폭동은 하나의 파국이었다. 하지만 이는 트럼프 대통령의 권위주의적 성향과 지지자들이 음모론에 빠지면서 일어난 사건이다. 어떻게 이런 일이 가능했을까? 이런 일이 다시 일어나지 않게 하려면 어떻게 해야 할까? 이 장에서는 음모론과 정치적 당파성에 대해 살펴볼 것이다. 미국과 다른 민주주의국가들이 혼란에 빠지는 과정과 권위주의의 유혹, 그리고 이러한 상황이 악화되는 것을 막기 위해 우리가 할 수 있는 일을 살펴보자.

음모론

2021년 1월 6일의 폭동은 민주당이 선거 조작을 통해 트럼프에게서 대선을 '도둑질'했다는 음모론에 기반을 두고 있다. 이는 선거 패배를 받아들이지 않고 전통을 깨뜨린 트럼프가 직접 부추긴 이야기였다. 트럼프는 대선을 '도둑맞았다'는 심각한 증거를 제시하지 못했지만(민주당이 그런 음모를 꾸미고 싶어도 그럴 만한 능력이 있다는 생각이 든 적은 한 번도 없었다), 그럼에도 불구하고 이 이야기는 널리 퍼져나갔다. 2021년 8월 현재, 공화당원의 거의 3분의 2가 선거를 도둑맞았다고 믿고 있다.[4] 뻔한 이야기지만, 한쪽 유권자의 과반수가 부정선거였다고 믿는 것은 민주주의에 도움이 되지 않는다. (민주당은 유치원 아이들처럼 "쟤네들이 먼저 했다"고 말할 수 있지만, 투표권을 둘러싼 소란은 민주당이 패배했을 때도 똑같은 일이 일어날 발판이 될 수 있다. 지켜볼 일이다.) 유권자들이 패배한 선거를 무조건 부정선거라고 본다면 민주주의는 위험에 빠진다.

공정하게 말하자면 선거에는 선거 자금 조달, 부유층의 영향력, 선거구 재조정 등 **법적인** 책략이 많이 있다. 그리고 양쪽 모두 상대방에게 유리한 선거 절차를 선호하지 않는 경향이 있다. 예를 들어 한쪽에서는 선거구 재획정에 대해 불평하다가 정권을 잡으면 똑같이 이를 무기로 활용하기도 한다. 사람들은 선거인단이 상대방에게 유리해 보일 때는 불평하다가도 자기편에 유리할 때는 침묵한다. 그중 일부는 인간의 본성이다. 자신을 위해 힘을 모으려는 것은 부끄럽더라도 당연한 일이지만, 우리는 법적 절차를 받아들이거나 법체계를 개혁하기 위해 노력한다. 문제는 (A) **불법적인** 일이 벌어지고 있는지, (B) **합법적인** 일이 어느 한쪽 정당에게 일방적으로 불리하게 적용되고 있는지 여부다. 현재 공화당은 A를 더 걱정하고, 민주당은 B를 더 걱정하는 것으로 보인다(민주당 쪽에서 러시아 공모에 대한 음모론이 나오긴 했지만).

누구나 알 수 있듯이, 전체적인 체계는 어느 정도 수준의 기본적인 신뢰를 바탕으로 한다. 하지만 신뢰를 얻으려면 권위 있는 인물이 신뢰성을 입증해야 한다. 예를 들어 나는 지금 미국 비밀임무국Secret Service에 관한 흥미로운 책을 읽고 있는데, 한 장에서 9·11 테러를 자세히 다루고 있다.5 그러나 이 이야기를 의미에 닿게 이해하려면 지금껏 들은 내용이 정확하다는 신뢰, 즉 오사마 빈라덴이 이끄는 이슬람 테러리스트들이 미국을 공격했다는 신뢰가 있어야 한다. 개인적으로 나는 9·11 테러에 대해 신문에서 읽거나 정치인에게 들었거나 내가 방문한 뉴욕 9·11 박물관에서 본 것 외에는 전혀 아는 것이 없다. 하지만 정치인이나 뉴스 미디어를 불신할 이유가 있다면 그 이야기 자체가 사실인지 의심하게 되고, '진짜' 무슨 일이 일어났는지에 대해 온갖 엉뚱한 상상을 하게 된다.

많은 것들이 그렇듯이 회의론과 믿음 사이에 건강한 균형이 있을 수 있지만, 그 경계가 어디인지 말하기는 어렵다. 예를 들어 일반적으로 과학적 증거에 무게를 두어야 하지만, 과학자들과 과학 단체(실제로는 정치 단체나 전문직 조합인 경우가 많다. 이데올로기적으로 중립적인 진정한 '과학' 단체는 거의 없다.)가 잘못된 행동을 반복한다는 점을 먼저 말하고 싶다. 심리학은 본격적인 '재현성 위기'를 겪고 있으며, 학생들에게 가르치던 것의 50~66퍼센트 정도가 거짓으로 판명될 수 있다. 밀그램의 전기 충격 연구, 스탠퍼드 감옥 실험, 왓슨의 어린 앨버트 연구와 같은 유명한 실험조차도 우리가 생각했던 만큼 타당하지 않을 수 있다.* 정치인들이 자주 거짓말을 한다는 것은 논란의 여지가 거의 없다. 그런데 뉴스 미디어도 수익 창출을 위해 진실을 선정적이고 선별적인 방식으로 재포장한다. 이러한 문제 중 일부는 앞의 여러 장에서 살펴보았다. 권위자들이 이중적인 태도를 보인다면 우리는 어떻게 지배적인 내러티브를 받아들일 수 있을까?

한편으로 우리가 지배적인 내러티브를 거부한다면, 인터넷에 떠도는 무작위적인 바보들의 이야기는 왜 받아들여야 할까? 이것이 맹점이다. 기존의 통념에 도전하는 건 좋지만 9·11 음모론, 백신 반대론, 큐어논(정부와 연예계에 소아성애자가 광범위하게 존재한다는 믿음), 트럼프가 후보 시절에 러시아에 매수되었다는 믿음, 인류 역사상 가장 평등주의적인 국가에 광범위한 '제도적 인종차별주의' 또는 '백인 우월주의'가 존재한다는 믿음과 같은 여러 가지 엉터리 이야기를 받아들이게 될 위험은 항상 존재한다.

분명히 나쁜 사람들이 있고, 음모는 실제로 일어난다. 그렇다면 실제의 음모와 거짓된 음모론을 어떻게 구분할 수 있을까? 그리고

---

* 옮긴이
밀그램 전기 충격 실험: 스탠리 밀그램이 했던 실험으로, 참여자들을 교사와 학생으로 나누어 학생이 틀리면 전기 충격을 가하도록 했는데, 교사 역할을 맡은 사람들이 아무리 명령이라도 도덕심에 따라 학생에게 위험한 처벌을 하지 않을 것으로 기대한 실험이었지만, 결과는 반대였다.

스탠퍼드 감옥 실험: 필립 짐바르도기 교수로 재직하던 스탠퍼드대학교에서 실험했으며, 교도소 상황을 모사한 실험에서 간수 역할의 참가자기 너무 잔인하게 행동해서 실험을 중단해야 했다

어린 앨버트 실험: 행동주의 심리학의 모태가 된 실험으로, 존 B 왓슨이 시작했다. 동물을 무서워하지 않고 큰 소리를 싫어하는 아이를 실험 대상으로 했다. 찾아낸 아이의 이름을 따라 어린 앨버트 실험이 되었다. 아이에게 동물만 보여주다가 동물과 함께 큰 소리를 들려주면, 나중에 소리가 없어도 동물만 보고도 무서워하게 된다.

사람들은 왜 음모론에 끌릴까?

음모론 찾아내기. 최고의 음모론이 나오려면 정부가 놀라운 능력을 발휘해야 한다. 한편으로 대부분의 사람들이 알아야 하고, 다른 한편으로 보물 지도와 손전등과 두 손이 있어야 자기의 엉덩이를 겨우 찾을 정도로 어려워야 한다. 따라서 사람들은 미국 정부가 뉴멕시코 사막에 외계인의 우주선을 숨겨두고 70년 동안 비밀로 유지할 수 있었지만, 클린턴 백악관의 성 추문을 은폐할 수는 없었다고 생각한다. 슬픈 진실은 인간은 떠벌이고 자랑하기를 좋아하고, 책 계약과 돈을 좋아하며, 어떤 주제에 대해 절대 발설하지 말라고 하는 순간 **바로 그 비밀**을 폭로하고 싶어 절박하게 애를 태운다는 것이다. 이러한 정상적인 반응을 막는 것은 엄청난 일이 될 수 있다. 따라서 음모론의 첫 번째 조건은 정부가 엄청나게 효율적이어야 하고, 수백 명 또는 수천 명의 개인이 상당한 동의를 해야 한다. 이 사람들 중 일부는 나중에 아내에게 털어놓고, 아내는 이혼한 뒤에 전 남편의 경력을 망치고 돈도 좀 벌기 위해 비밀을 폭로한다. 바이든이나 트럼프 행정부가 하는 일을 보라. 이런 정부가 달 착륙이 가짜임을 은폐할 능력이 조금이라도 있다고 생각하는가?

음모론에서 재미있는 점이 바로 이것이다. 음모론을 믿는다면 정부가 어마어마하게 능력이 있고 뛰어난 전략을 갖고 있어야 한다. 다른 때 정부는 마치 도자기 가게의 눈먼 황소처럼 우왕좌왕하는 것 같은데 말이다. 그렇다면 음모론은 어떻게 생겨날까?

기이하고 악명 높은 피자게이트 사건을 생각해보자. 2016년 12

월, 두 아이의 아버지이고 다른 면에서는 평범한 사람이었던 에드거 웰치는 AR-15 소총을 들고 워싱턴 DC에 있는 코멧 핑퐁 피자 가게에 들어갔다. 그곳에 납치되어 있는 어린이들을 구출하기 위해서였다고 한다. 그에게 유일하게 불운했던 것은 그 가게에 납치된 어린이가 없었다는 것이었다. 그는 권력 엘리트들의 거대한 소아성애자 조직이 존재하며 지역 기업들이 인신매매에 이용되고 있다는 정교한 음모론의 희생양이었다. 이 음모론의 중심에는 2016년 대선에서 막 패배한 힐러리 클린턴이 있었고, 음모론에 따르면 클린턴은 미성년 여아를 선호한다고 한다. 인터넷과 앨릭스 존스 같은 극우 선동가들을 통해 이런 엉터리 이론을 꾸준히 접한 웰치는 피자 가게에서 소총을 휘두르고 문의 자물쇠를 부수었지만 무더기로 쌓여 있는 피자 도우 말고는 아무것도 찾아내지 못했다. 나중에 웰치는 4년의 징역형을 선고받았다. 아무리 좋은 의도를 가지고 있다고 해도 피자 가게에서 인질극을 벌이면 안 된다는 점이 확인되었을 뿐이다.[6]

피자게이트 이야기는 관련된 모든 사람들에게 명백한 재앙이다. 음모론에 휘말려 인생을 망친 웰치에게는 확실히 재앙이다. 많은 사람들의 머릿속에서 아동 유괴 조직과 연관되어 괴롭힘의 대상이 된 피자 가게에게도 재앙이다. 또한, 무엇이 쓰레기인지 알아차릴 수 있는 사람들의 상식과 믿음에 대한 재앙이기도 하다. 어떻게 이런 일이 일어났을까?

피자게이트에는 음모론의 모든 재료가 갖추어져 있었다. 첫째, 사람들이 서로의 최악을 기꺼이 믿으려는 양극화된 환경에서 시작한다. 둘째, 힐러리 클린턴이 중심이 된 소아성애자 조직이라는 생각은 이상하지만, 다른 유명 인사들과 관련된 실제 사례도 있다. 제프리 엡스타인은 실제로 미성년자 매춘 조직을 운영했으며, 유명한 남자 여럿에게 매춘을 알선했다고 한다. 특히 영국의 앤드루 왕자도 피고인 중 한 명이며,[7] 빌 클린턴도 엡스타인과 관련되었다고 지목되었다. 그러나 클린턴은 어떤 잘못도 하지 않았다고 해명했고, 범죄 혐의로 기소되지 않았다. (엡스타인은 감옥에서 죽었는데, 그의 죽음 자체가 자살이 아니라 거물의 이름을 밝히지 못하도록 암살되었다는 음모론이 있다.) 그래서, 음모론은 때때로 발생한다. 그러나 음모론을 반박하는 증거가 있어도 지속되며, 때로는 이 증거가 음모가 얼마나 깊고 철저하게 진행되고 있는지에 대한 증거로 받아들여지기도 한다. 피자게이트 음모론은 하나의 페이스북 계정에서 시작되어 실제 사람과 외국의 봇에 의해 증폭된 것으로 보인다. 여기에 사회의 전반적인 불만이 더해지면 음모론은 사람들 사이에서 쉽게 무르익는다.

피자게이트 음모론과 그 후예인 큐어논(가상의 아동 성 착취 조직과 관련된 훨씬 더 방대한 음모론으로, 다른 누구보다 도널드 트럼프가 이 음모론과 싸우고 있다고 한다)은 우파가 어떤 사기에 잘 말려드는지 보여준다. 공정하게 말하자면, 좌파도 이런 사기로부터 자유롭지 않다. 예를 들어, 백인 우월주의를 나타내는 데 OK 수신호가 사용된다는 극좌파에 흔한 생각은 온라인 낚시질에 사람들이 속아 넘어간 결과다.[8] 이미 7장에서 이매뉴얼 캐퍼티가 이 멍청한 짓에 희생되어 직장을 잃은 이야기를 보았다. 화산 분출로 멸망한 도시만큼은 아니겠지만, 그에게는 여전히 재앙이었다. 음모론자들만 불쾌하게 여기는 무해한 수신호를 하다가 '취소'당하지 않을까 걱정하다가 사람들이 우울해지는 효과는 말할 것도 없다.

물론 사람마다 음모론을 받아들이는 정도에는 차이가 있다. 증거에 따르면 좌절을 경험하고 그 좌절의 이유를 외부에서 찾는 경향이 있는 사람이 음모론에 더 잘 빠진다. 음모론은 또한 사회적으로 배제되었다고 느끼는 사람들끼리 뭉치게 하는 것으로 보인다. (그렇기 때문에 음모론을 믿는다는 이유로 사람들을 비난하면 역효과를 낳는 경향이 있다). 또한 음모론은 사람들이 자신의 내집단(음모를 확인한 사람들)이 외집단(음모에 책임이 있는 사람들 또는 음모를 보지 못한 바보들)보다 도덕적으로 우월하다고 느끼도록 도울 수 있다.[9] 음모론을 줄이려면 애초에 사람들이 왜 그런 이야기를 믿는지 이해해야 한다. 하지만 사회적으로 배제된다고 느낄 때 음모론에 잘 빠지기 때문에, 망신을 주고 비난하면 도리어 음모론을 믿으라고 등을 떠미는 꼴이 될 수 있다. 연민과 인내심으로 접근해야 한다.

연기가 피어오르는 불씨

음모론 중의 일부는 어리석기만 하고 해롭지는 않다. 달 착륙이 가짜라고 생각할 수도 있지만, 그런 사람이 정부 건물을 습격할 가능성은 거의 없다. 모든 음모론은 당국에 대한 신뢰를 떨어뜨린다는 점에서 대가를 치른다고 합리적으로 주장할 수도 있다. 이것은 까다로운 문제다. 당국에 대한 일반적인 불신은 의심할 여지 없이 음모론에 기여하지만, 위기 상황에서는 위기를 헤쳐나갈 수 있는 당국을 신뢰하는 것이 중요하다. 코로나19 범유행이 대표적인 사례였다. 당국의 결정은 모호했고, 많은 대중이 당국을 신뢰하지 못하면서 범유행에 대한 대응이 엉망이 되어버렸다. 몇몇 사람들이 당국을 맹비난하거나 집 마당에 '과학은 진짜다'라는 팻말을 붙이는 것은 진정으로 이성적인 행동이라기보다는 문화 전쟁의 신호로 보인다.

따라서 어떤 음모론은 우스꽝스럽고 재미나고 해롭지 않아 보이지만, 다른 음모론은 실제적인 결과를 초래할 수 있다. 모든 음모론이 성조기로 국회의사당을 공격하거나 피자 가게에서 총을 쏠 만큼 직접적인 것은 아니다. 오히려 코로나19 백신에 대한 의심과 마찬가지로, 그 대가는 기회의 상실로 돌아올 수 있다. 사람들이 실제로 도움이 되는 것을 의심하여 제대로 활용하지 못하게 된다.

우리가 먹는 식품에 들어가는 유전자 변형 생물체GMO를 둘러싼 끝없는 논란을 살펴보자. 임상심리학자로 교육을 받은 나는 농업에서 유전자 재조합 기술을 어떻게 사용하는지 자세히 배우지 않았다(정말로 놀랍고도 놀랍다). 그러므로 나는 이 분야의 전문가라고 주장할 수 없다. 우리 모두와 마찬가지로 나도 유전자 변형 생물체가 어떻게 우리를 몰래 중독시키고 외계인의 노예 등으로 만드는지에 대한 '진짜 진실'을 숨기려는 음모가 없다는 '전문가'들을 어느 정도 신뢰해야 한다. 하지만 나는 이런 것들을 연구하는 심리학자로서, 사람들이 무언가가 해롭거나 악하다는 도덕적 믿음이 생기면 어떻게 과학적 데이터를 무시하는지에 대한 통찰력을 가지고 있다.

기본적으로 전통적인 농업은 여러 세대에 걸쳐 동식물을 선택적으로 번식시켜 농업에 유용한 변종을 생산한다. (예를 들어 야생 닭을 양계장의 닭으로 바꾸거나 끈끈이 잡초를 현대의 옥수수로 바꾸지만, 나에게는 옥수수에서 여전히 잡초 맛이 난다.) 반면, 유전자 변형 기술은 이 과정을 생략하고 식물이나 동물에 바람직한 DNA를 직접 삽입하여 유용한 잡종을 만든다. 예를 들어 해충에 저항성이 있거나 물이 적게 필요한 식물을 만들기 위해 DNA를 집어넣을 수 있다. 이렇게 하면 해당 작물이 건조한 환경에서도 잘 자라거나 독성 농약과 제초제를 쓰지 않고도 기를 수 있다.[10] 이 기술의 장점은 매우 분명하다.

하지만 새로운 생물에 들어간 이상하고 꼬불꼬불한 DNA 가닥들은 어떨까? 그 생물을 먹으면 팔이 하나 더 생기거나 나방으로 변하지는 않을까? 대부분의 사람들이 막연하게 두려워하는 것은 **수평적 유전자 이동**이다. 간단히 말해, 유전자 변형 기술로 만든 식물이나 동물을 먹으면 거기에 들어 있는 생명공학적으로 조작된 DNA 가닥이 내 DNA에 들어가서 암에 걸리거나 피부에 옥수수 알갱이가 자라나는 등 좋지 않은 일이 일어나지 않을까 하는 것이다. 이론적으로는 가능하기 때문에 이런 우려를 제기하는 사람들이 완전히 미쳤다고 말할 수는 없다. 하지만 좋은 소식은 유전자 변형 생물체에서 인간으로의 수평적 전이에 대한 증거가 매우 희박하다는 것이다.[11] 수평 이동이 절대로 일어나지 않는다고 장담할 수 있을까? 그렇지는 않다. 하지만 가까운 올림픽 경기장에서 날아온 창에 맞아 죽을 확률이 더 높다고 말할 수 있다. 또는 더 심각한 문제는 애초에 살모넬라균에 저항하도록 생명공학적으로 설계된 시금치의 DNA 때문에 병에 걸리기보다 '천연' 시금치에 들어 있는 살모넬라균 때문에 병에 걸리기가 더 쉽다는 것이다.

유전자 변형 기술에 단점이 없다는 것은 아니다. 모든 유전자 변형 식품은 개별적으로 안전성을 검사해야 한다. 과거의 유전자 변형 식품이 안전하다고 해서 다음 것도 안전하다는 보장은 없다. 다른 위험으로는 유전자 변형 생물체가 야생으로 탈출하여 더 뛰어난 형질로 야생종을 밀어낼 수 있다는 것이다.

하지만 유전자 변형 생물체의 안전성과 관련해서 음모론이 끼어든다. 소비자로서 유전자 변형 식품에 대해 확신하려면 생산을 담당하는 기업들이 최고 수준의 안전 기준을 준수하고 있다는 믿음이 있어야 한다. 무엇보다 그들이 동물과 식물에 정확히 어떤 일을 하고 있는지 약간 의심스럽고, 관련 기술이 디스토피아 공상과학영화에나 나올 것 같기에 더더욱 그렇다. 하지만 대기업과 정부에 대한 신뢰가 있는 한 모든 것이 괜찮을 거다. 그렇겠지? 대기업과 정부가 합심하여 힘없는 사람을 괴롭힌 적이 없다는 것은 좋은 일이다.

잠깐만, 그런 예는 많다! 포드 핀토(충돌 시 자주 폭발하는 것으로 알려져 있지만 포드가 모든 차량을 리콜하기보다 소송 비용을 지불하는 편이 더 싸다고 판단하여 도로에 굴러다니도록 방치한 자동차[12])와 같은 사례를 보면 대기업이 '안전하다'고 말해도 실제로 큰 의미가 없다. 별로 말하고 싶지 않지만 잘 알려진 정치인들의 비열함과 과학 단체의 치졸하고 정치적인 행태까지 더하면, 유전자 변형 생물체가 안전하다는 선언이 안도의 한숨으로 환영받지 못하는 것이 놀라운 일일까?

따라서 유전자 변형 옥수수로 만든 팝콘이 실제로 사람을 돌연변이로 만들지는 않더라도 그런 의심은 어느 정도 이해가 된다. (헤이, 나초 치즈를 조금 곁들이면 어쨌든 위험을 감수할 가치가 있다.) '권위자'(과학자를 포함해서)가 하는 일이 썩 정직하지 않으면, 사람들은 반과학적으로 보이는 것에 조금씩 공감하게 된다.

불행하게도 이렇게 되면 사람들은 더 나쁜 정보 출처를 찾게 된다. 바보, 사기꾼, 사이코패스 군단이 인터넷을 점령하고 말도 안 되는 정보를 심지어 돈을 받고 퍼뜨린다. 정확한 작동 원리는 조금 더 복잡하다. 박사 학위를 가진 과학자의 말을 믿지 않는다면, 인기 시트콤에 출연하다가 지금은 유튜브 채널에서 떠들고 있는 이 멍청이를 왜 믿어야 할까? 이렇게 해서 우리는 확증 편향으로 되돌아간다. 많은 사기꾼들은 사람들이 듣고 싶어 하는 말을 할 뿐만 아니라 사람들의 의심을 확인시켜줌으로써 성공을 거둔다. "정부가 유전자 변형 사과에 마르크스주의 DNA를 주입하고 있다고 생각하세요? 여기 외계인과 FBI 요원이 유전자 변형 식품의 과수원에 있는 모든 것에 무언가를 주입하는 영상이 있습니다. 더 많이 알고 싶어요? 궁금하면 구독하세요. 한 달에 5달러."

조롱하기는 쉽지만, 이런 것이 실제로 효과가 있다. 알루미늄포

일로 만든 모자를 덮어쓴 멍청이들을 가리키며 비웃기 전에, 이 방법이 거의 모든 사람에게 통한다는 사실을 기억하자. 내 편 편향이 생각나는가? 진보주의자들은 백신 접종 반대(사실 코로나19 이전에는 초당적인 경향이었다)와 소아성애자 유괴 조직을 믿는다고 보수주의자들을 비웃기 쉽다. 그러나 같은 진보주의자 중 많은 사람들이 조 바이든 대통령의 말을 빌려 미국인들이 '짐 크로 2.0'에 살고 있다고 믿는다. 보수주의자들은 멕시코에서 온 마약이 미국에 넘쳐난다고 생각하는 반면, 자유주의자들은 미국에 나치 러시아 꼭두각시 정권이 들어서기 직전이라고 생각한다. 사람들은 자기 귀를 알루미늄포일로 막은 채로도 상대편이 쓴 포일 모자를 더 잘 본다.

이 모든 것의 단점은 분명하다. 유전자 변형 생물체 또는 원자력을 의심하면 사람들을 먹여 살리거나 오염을 줄일 수 있는 기술을 사용할 수 없게 된다. 또는 정부가 영혼을 훔치는 공산주의 스파이로 넘쳐나고 있다면, 워싱턴 DC로 행진하여 폭력으로 정부를 되찾아야 한다고 생각할 수도 있다. 좋은 소식은 음모론을 믿는 사람이 늘어나지는 않는 것 같다는 점이다.[13] 그러나 이 데이터의 대부분은 코로나19가 유행하기 전에 나왔고, 음모론은 직간접적으로 상당한 해를 끼칠 만한 잠재력을 가지고 있다.[14] 따라서 이는 더 생각해봐야 할 문제다. 그렇다면 음모론에 대한 사람들의 믿음을 어떻게 줄일 수 있을까?

음모론의 매력 줄이기

음모론 연구를 검토한 논문에서 학자 얀빌럼 반 프로이언과 캐런 더글러스는 음모론에 동기를 부여하는 네 가지 기본 요소를 제안한다. 이를 이해하면 음모론의 확산과 영향을 줄이기 위한 정책을 세우는 데 도움이 될 수 있다.[15]

음모론은 결과론적이다. 간단히 말해, 음모론은 사람들이 주변 세계의 복잡성을 이해하고 이를 바탕으로 결정을 내리는 데 도움이 될 수 있다. 물론 그 결정은 나쁠 때가 많지만, 과거의 혼란을 들여다보고 명확한 길을 따라 선택을 조정할 수 있는 토대를 제공한다.

음모론은 보편적이다. 음모론은 다른 사람의 나쁜 의도를 경계하기 위해 자연스러운 적응으로 진화했다고 여겨진다. 진화의 역사에서 사람들이 나쁜 의도를 가질 때가 많았기 때문에 이는 매우 적응력이 뛰어난 행동이었다. 음모론은 우리 문화나 시대뿐만 아니라 역사상 널리 존재했고, 제 기능을 했기 때문에 진화했을 가능성이 높다. 현대사회에서는 자주 해를 끼치긴 하지만 말이다.

음모론은 감정적이다. 표면적으로 음모론은 데이터, 분석, 합리성의 언어를 쓰기도 한다. 예를 들어 달 착륙이 가짜라는 음모론은 달에 바람이 불지 않는데도(내기가 없기 때문에) 미국 국기가 필릭인다고 지적한다. 그러나 연구에 따르면 음모론에 잘 빠지는 사람들은 데이터를 바탕으로 사고하기보다 감정적·직관적으로 사고할 확률이 더 높다(박사나 의사도 음모론에 잘 빠지기는 마찬가지다). 음모론자들은 일반적으로 확증 편향이 높은 반면, 반대 증거에 대한 호기심은 일반적으로 낮다. 음모론은 불확실성을 제거해 불안감을 줄이는 데 도움이 될 수 있다.

음모론은 사회적이다. 음모론은 두 가지 기본적인 사회적 행동과 잘 어울리는 경향이 있다. 첫째, 음모론은 내집단 구성원, 즉 음모를 믿는 사람들을 결집하는 경향이 있다. 둘째, 음모론은 집단 내 갈등의 명확한 경계선을 만드는 경향이 있다. 따라서 음모론을 믿지 않는 사람은 속아 넘어간 바보이거나 최악의 경우 '적'이 된다. 음모론은, 믿는 사람들이 우월하다는 집단적 믿음을 발전시키는 경향이 있으며('우리는 깨달은 자들이다!'), 동시에 다른 사람들(음모에 가담하는 사람들)이 과도한 힘을 가지고 있다고 걱정하기도 한다.

현재 미국을 휩쓸고 있는 두 가지 큰 음모론을 보자. 우파는 좌파가 부정선거로 보수 정치인들의 당선을 훔친다고 주장하고, 좌파는 미국이 '짐 크로 2.0'의 언저리에 있는 '백인 우월주의' 국가라고 주장한다. 두 주장에서 유사점을 발견할 수 있다. 두 음모론이 모두 편리한 데이터에 주목하고 불편한 데이터에 대해서는 조금도 궁금해하지 않는다. 두 음모론이 모두 도덕적으로 용감한 사람들(그들의 눈에)을 음모를 이해하지 못하거나 부정하는 나쁜 사람들과 대립시킨다. 둘 다 음모론을 믿는 사람이 그렇지 않은 사람보다 도덕적으로 우월하다고 느낀다는 점에서 문화적 나르시시즘을 드러낸다. 두 가지가 모두 사회적이다. 특히 소셜 미디어에서 밈과 게시물이 확산되지만, 사회적 배척을 통해 실생활에서도 순응이 강제된다. 그리고 이 두 가지가 모두 중요하며, 선거 개혁이나 경찰 개혁과 같은 중대한 결정에 영향을 줄 수 있다.

이 시나리오를 바로잡는 일은 마술 지팡이를 휘두르거나 몇 마디 대화를 나누는 정도로 간단하지 않다. 나의 경험으로 보아, 폭력적인 비디오게임이 실제 폭력을 부추긴다는 믿음과 같은 단순한 도덕적 공황에 대처하는 것조차도 15년에서 20년이 걸리는 프로젝트가 될 수 있다. 다시 말해, 인내심이 필요하다. 개인이 할 수 있는 일도 있지만, 사회적으로 해야 하는 일도 있다.

개인으로서 우리가 할 수 있는 일

경청한다. 앞에서 말했듯이, 음모론을 믿는 사람들을 조롱하면 그들은 음모론에 더 매달린다. 예를 들어, 소셜 미디어와 뉴스 미디어에서 백신 접종 반대자가 코로나19로 죽었을 때 기뻐하는 사람들을 본 적이 있다. 이는 섬뜩하고 잔인할 뿐만 아니라, 전략적인 효과도 없다. 음모론은 우리 대 그들의 편 가르기에 의존하기 때문에, 이를 강화하면 역효과를 낳는다.

상대방의 말에 정중하게 귀를 기울이면, 신뢰와 친밀감을 쌓을 수 있다. 그렇다고 해서 그들의 말에 동의해야 한다는 의미는 아니다. 하지만 기꺼이 경청하는 태도는 존중의 마음을 전달하고 편 가르기 구도를 무너뜨릴 수 있다. 힘들고 인내심이 필요할 수 있지만, 아무 성과도 없이 소리 지르기 경쟁에 빠지는 것보다 낫다.

무엇으로 반박할 수 있는지 묻는다. 데이터를 가득 들이밀지 말고, 사람들을 초대하여 그들의 이론이 틀렸다고 설득하려면 어떤 증거가 필요한지 생각해보자. 어떤 경우에는 사람들이 '나는 여기에 토론하러 온 것이 아니다. 증거는 사방에 널려 있다!'라고 말하며 물러설 수도 있다. 반박 논증에 대해 정중하게 논의하면 도움이 될 수 있다. 그들을 위해 증거를 수집하는 것이 좋으며, 적극적으로 틀렸다고 증명하려고 하면 역효과가 날 수 있다. 다시 한번 강조하지만, 정중하게 해야 한다.

데이터가 도움이 된다. 진짜로 음모론을 공격하고 싶다면, 데이터가 도움이 될 수 있다. 사람들에게 우호적이지 않은 데이터를 제시했을 때 방어적으로 나올 수 있으므로, 눈에서 비늘을 벗겨주어 고맙다는 말을 기대하지 말아야 한다. 그 순간에 상대방이 당신의 의견에 동의하지 않으면서 체면을 살릴 수 있도록 품위 있게 대하자. 나중에 그 데이터에 대해 곰곰이 생각해볼 수도 있다.

인내심을 가져라. 불행하게도 설득은 장기적인 게임이며, 쉽지 않다. 차라리 비꼬는 밈을 보내기가 더 쉽고, 보상도 있다. 누군가를 설득할 때는 대개 조금씩 이루어지며, 사실 우리가 어떤 영향을 미쳤는지 알아채지 못할 수도 있다. 일반적으로 사람들은 대화하는 도중에 마음을 바꾸지 않는데, 그렇게 하면 체면을 잃는다고 느끼기 때문이다. 따라서 '나쁜 사람'이라고 외쳤을 때 받는 '좋아요'나 박수와 같은 보상은 받지 못한다. 하지만 설득은 단기적으로 개인에게 불만족스러울 수 있지만, 공동의 이익을 위해서는 훨씬 낫다.

물러설 때를 알아야 한다. 토론이 과열되거나 모욕적인 표현이 사용된다면 물러나야 할 때다. 퇴각 전략을 가지고 있어야 한다. 소셜 미디어에서 대화가 엉망이 되었을 때, 나는 대개 상대방에게 좋은 하루를 보내라는 인사로 대화를 끝낸다. 계속 대꾸할 필요는 없다. 그렇게 하면 자신의 기분만 나빠지고, 어쩌면 어렵게 달성되었을 점진적인 설득의 성과가 날아가버린다. 궁극적으로, 누구나 설득 가능하지는 않다. 그러니 설득되지 않는 사람에게 에너지를 낭비할 필요는 없다.

사회로서 우리가 할 수 있는 일

개인의 행동은 스스로 의식적인 선택을 할 수 있다. 사회적 행동은 어느 정도의 조율이 필요하며, 이는 달성하기가 더 어려울 수 있다. 따라서 다음 전략은 장기적인 아이디어다.

리더의 나쁜 행동에 대한 보상을 중단한다. 현재 우리가 직면한 문제 중 하나는 정치, 뉴스 미디어, 학계, 연예계 등 각 분야의 리더들이 비생산적이고 양극화를 부추기고 음모론을 더 쉽게 퍼뜨리는 행동에 대해 보상을 받는다는 것이다. 이와 반대로, 우리는 투명하고 정직하며, 우리가 듣고 싶은 말만 하는 것이 아니라 뉘앙스와 복잡성을 인정할 줄 아는 리더에게 보상을 주어야 한다.

우리가 투표를 어떻게 하는지 살펴보라. 먼저, 우리의 기본적인 시스템은 더 극단적인 유권자를 부추긴다. 그런 다음에 우리는 바보 1번에게 투표하는데, 바보 2번이 더 나쁠까 봐 두렵기 때문이다. 나는 급진적인 제안을 하고 싶다. 바보에게는 아예 투표를 하지 말자. 세 번째 후보에게 투표하거나, 아니면 '벅스 버니'라고 쓰면 된다. 물론 표면적으로는 기권이지만, 많은 사람들이 그렇게 하면 정치인들도 신경을 쓰기 시작할 것이다.

음모론은 리더십에 대한 신뢰가 낮을 때 번성하며, 솔직히 어떤 분야든 현재의 '엘리트' 리더들을 신뢰할 이유를 찾기 어렵다. 그렇다고 해서 그들이 항상 무성한 음모론에 가담하고 있다는 뜻은 아니다. (하지만 대개 그들에게 유리한 카드를 준비해두고 있지 않은가? 물론이다.) 하지만 그들은 확신을 심어주지 못하며, 우리에게는 확신할 수 있는 리더가 필요하다.

또한 투명성을 장려하는 정책도 필요하다. 흥미로운 정책 중 하나는 초중고 학교에서 가르치는 비판적 인종 이론CRT에 대한 논쟁이다. 7장에서 보았듯이, 비판적 인종 이론에는 실제로 문제가 있으며 이를 바탕으로 하는 교육이 아이들에게 해를 끼친다고 볼 만한 충분한 이유가 있다. 이는 기본적으로 우파, 중도, 심지어 좌파의 많은 사람들이 공유하는 견해다. 그러나 우파 성향의 정치인들은 비판적 인종 이론 교육을 '금지'하려고 시도하며, 이는 표현의 자유에 대한 실질적인 우려를 불러일으킨다. 최근에 몇몇 보수적인 주에서는 투명성을 요구하는 법으로 전환해서, 자녀가 학교에서 무엇을 배우는지 부모에게 명확히 밝히고 있다. 이는 훨씬 더 나은 접근 방식이다. 잘못된 정보를 제공하고 해로운 담화(비판적 인종 이론이 확실히 그렇다)를 금지해야 한다고 주장하기는 쉽지만, 담화를 금지하는 것이 금지된 담화보다 거의 항상 더 나쁘기 때문이다(이것도 확실히 그렇다). 그러나 투명성에 대해서는 논쟁하기 어렵다. 결국, 학교에서 비판적 인종 이론을 가르치지 않거나, 그 이론을 가르치는 것이 미국의 노예제도와 인종차별의 역사를 가르치는 것에 지나지 않는다면, 숨길 이유가 없다. 투명성에 초점을 맞추면 정부가 무언가를 숨기고 있다고 주장하기가 더 어려워진다.

우리의 과학 및 학술 기관은 개혁이 필요하다. 이제 우리의 과학 및 학술 기관에 심각한 좌파 편향이 존재한다는 것이 매우 분명해졌다. 솔직히 나도 좌파이기 때문에 몇 년 전까지는 적어도 '정말로 큰 일'이라는 의미에서 이 문제를 일반적으로 비웃었다. 슬프게도 내가 틀렸다.

여기서 개혁이란 많은 보수주의자들이 지지할 듯한 '교육 자금 지원 중단'을 의미하지 않는다. 이런 방법은 문제를 악화시킬 뿐이다. 하지만 보수주의자들이 취할 수 있는 몇 가지 구체적인 조치가 있는데, 주로 교육 '자금 지원'을 통해서다. 보수적인 학자, 행정가, 이사진으로 봉사하는 사람들이 더 많이 필요하다. 보수주의자들은 연구 프로그램, 석좌교수직, 보수주의 사상과 관련된 연구에 자금을 지원할 수 있다. 물론 보수적인 기부자는 동문 지원을 통해 일부 학자들이 좌파의 지배적인 신념을 비판할 때 관리자가 언론과 학문의 자유에 대한 우려를 해소하도록 할 수 있다. 다시 말해, 보수주의자들은 언론을 보호하고 더 많은 보수주의자들이 학계에 참여하도록 장려하는 데 관심을 기울일 수 있다. 자신의 자녀가 박사 학위를 받도록 독려하는 것도 포함될 수 있다. 물론 그렇게 하려면 몇 년 동안 '오줌싸개 자유주의자'(내가 만든 용어는 아니지만 한 친구가 그녀 자신을 묘사할 때 쓴 말이 머릿속에 박혀 있다)를 참아내야 하지만 말이다. 다시 말하지만, 이것은 수십 년에 걸친 과정이다!

반대로 보수주의자들은 마음에 들지 않는 발언을 짓누르려는 욕구를 버려야 한다. 예를 들어 마음에 들지 않는 학자가 승진하면 연구비 지원을 취소하겠다고 협박해서는 안 된다. 또한 정년 보장 제도는 약화시킬 것이 아니라 강화해야 한다. 좌파 학자들이 동료 좌파 학자들을 비판할 수 있는 한 가지 이유는 직장에서 쫓겨나지 않을 것이라는 확신이 있기 때문이다. 정년 보장이 없다면 학계는 더 왼쪽으로 기울고, 반대로 되지는 않을 것이다.

물론 학계는 보수주의자들이 우리를 구해줄 것이라고 기대해서는 안 된다. 우리 스스로 조치를 취할 수 있다. 첫째, 우리는 표현의 자유와 학문의 자유 원칙을 광범위하게 지지하고 대학이 표현의 자유에 대한 명확한 가치 선언을 지지하도록 촉구할 수 있다. 우리는 대학이 다양한 사회, 민족, 종교, 젠더의 배경을 가진 사람들뿐만 아니라 보수주의자를 포함한 다양한 세계관을 가진 사람들을 채용하도록 장려할 수 있다.

둘째, 대학을 뒤덮고 있는 행정적 비대화를 줄여야 한다. 미국에서 대학 등록금이 치솟은 것은 교수들에게 돈을 마구 퍼주기 때문이 아니다. 대학 캠퍼스에서 케일 샐러드를 팔려면 식품 위생 담당 처장이나 담당 부총장을 만나지 않고는 불가능하다. 문제는 대학이 사회적 병폐로 인식되는 일부 사안에 대한 책임을 회피하기 위해 관리자를 고용한다는 것이다. 그런 다음 그 관리자가 실질적인 영향을 미치지 못하면 더 많은 도움이 필요하다는 반응이 나오고, 더 많은 관리자를 무한정 고용하면서도 기본 지표는 거의 변하지 않는다. 이러한 행정 낭비는 교수진으로부터 교육 자원과 권한을 모두 빼앗아간다. 결국 학생들에게 등록금만 더 받고, 별다른 성과는 얻지 못한다.

셋째, 학생들을 10대와 20대를 위한 24시간 보육 시설의 유치원생처럼 취급하기를 그만둬야 한다. 그렇다고 해서 학생들의 정신 건강과 사회적 요구에 무감각해서는 안 되지만, 대학은 정신 건강 센터가 아니며 그런 역할을 맡으려는 시도는 아주 나쁘다. 또한 교육 방침과 정책은 불편한 사실과 반대되는 세계관으로부터 보호받고자 하는 학생들의 욕구를 중심으로 수립되어서는 안 된다. 학생들은 배우고, 도전을 받고, 때로는 불쾌감을 주는 세계관에 노출된다고 각오해야 한다. 나는 교육기관의 안전주의가 청년들의 정신 건강에 도움을 주기보다 오히려 그들의 정신 건강 위기에 **기여**했을 가능성을 제기한다. 우리는 청년들이 회복력을 키우는, 건설적이지만 때로는 도전적인 환경을 경험할 기회를 박탈하고 있다. 모든 일이 그렇듯이 균형을 잡는 것이 중요하다. 분명히 말하지만, 나는 고의적인 잔인함이나 무관심을 주장하는 것이 아니다. 오히려 교육기관이 자신의 역할에 대한 명확성을 잃어버렸다는 것이다. 이렇게 해서 한 가지(말하자면 사실의 교육, 비판적 사고력 개발 등)를 잘하는 데 집중하지 않고 여러 가지(정신 건강, 사회 정의 옹호 등)에 관여하게 되었고, 사명이 희석되어 잘하는 것이 한 가지도 없는 상황에 이르렀다.

여기서는 교육기관에 초점을 맞추었지만, 우리는 세계보건기구, 미국심리학회, 미국의학협회와 같은 과학 단체에서도 똑같은 것을 보았다. 이런 단체들이 어느 한쪽의 정치적 정통성을 더 많이 받아들일수록(현재로서는 주로 좌파이지만 세계보건기구는 이상할 정도로 중국과 가깝다), 정치적으로 올바른 언어 지침 등으로 언어를 더 많이 단속할수록, 사람들은 그들이 중립적이고 객관적인 사실 전달자임을 믿지 않게 된다.

사회적 제도를 발전시켜야 한다. 많은 사람들이 지적하는 한 가지 문제는 사람들이 다른 세계관을 가진 사람들과 어울릴 수 있는 사회적 제도가 최근 수십 년 동안 줄어들었다는 점이다. 예를 들어 예배당, 사교 클럽, 회관, 심지어 볼링 리그 같은 곳의 회원 수가 현저히 감소했다. '우리는 둘 다 성공회 신자다' 또는 '우리는 둘 다 거터보이즈 볼링 리그 회원이다'라는 공통된 소속감이 있는 장소에서는 다른 차원의 아이디어를 공유하기가 더 안전하고 양극화를 부를 가능성이 적다. 이런 아이디어 교환은 좋다. 사람들이 고립되고 아이디어를 공유하지 않으면 양극화가 심화될 수 있다.

이제 나는 이 생각이 얼마나 좋은 것인지 가장 먼저 지적하겠다. 물론 던전 앤 드래곤 클럽을 만들면 초당파적인 무리가 가입할 것이고, 머리에 데이지(또는 보수적이라면 선인장)를 꽂고 손을 잡고 메이폴 주변을 빙빙 돌면서 춤을 출 것이다. 초당파적 사회단체를 설립하는 10가지 간단한 단계에 대해서는 다음 책을 기다려야 할 것이다. 하지만 이런 단체의 문화적 중요성을 이해하는 것 자체가 구체적인 단계다. 그렇다면 어떻게 장려할 것인가가 문제다. 이를 위해서는 오늘날 사람들이 원하는 클럽의 종류를 고려하는 동시에('왕립' 따위의 말이 들어가는 구닥다리 모임은 더 이상 '쿨'하지 않을 것이다) 이런 클럽의 유기적인 형성을 방해하는 장애물도 이해해야 한다. 지방자치단체와 주 정부가 재정을 지원하면서도 다른 간섭 없이 이들의 발전을 장려할 수 있는 방법이 있을 수 있다. 이는 세금 감면, 창업 자금 등의 형태로 제공될 수 있다. 나는 정책 전문가가 아니기 때문에, 이런 문제에 대해서는 나보다 더 현명한 사람에게 맡겨두겠다. 나의 요점은 단순히 이런 유형의 사회조직이 약화되면서 사람들이 더 좁고 공격적인 정파로 세분화되기 쉬워졌다는 것이다.

결론적인 생각

음모론은 역사를 통틀어 모든 문화와 세계관에 걸쳐 흔하게 존재한다. 음모론은 분명히 어떤 종류의 기능을 제공하며, 방치하면 심각한 문제를 일으킬 수 있다. 음모론을 조롱하면 재미있지만, 그렇게 할 때 음모론을 약화하기보다 오히려 더 키우게 된다. 2021년 1월 6일과 같은 참사가 다시 일어나지 않도록 예방하려면, 음모론을 더 잘 이해해야 한다. 멀쩡해 보이는 수많은 사람들이 쉽게 사실 확인이 가능한 잘못된 정보에 자신의 미래를 거는 이유가 무엇일까? '인종차별주의 꼴통'이라고 비웃기 전에 '내 편'도 파괴적인 음모론에 빠지기 쉽기 때문에 감정적, 도덕적으로 만족스러운 대답을 넘어 더 깊은 곳에 도달해야 한다는 점을 기억하자.

최근의 기억만 보더라도, 트럼프가 '당선을 도둑맞았다'는 음모론, 백신 음모론, '제도적 인종차별'이라는 확고한 믿음 속에 들어 있는 음모론은 명백한 파국을 초래했다. 이 중 어느 것도 우리 사회를 완전히 압도하지는 못했지만, 어느 하나가 그렇게 되기 전에 우리가 이 현상에 관심을 가져야 한다.

CHAPTER 12
모든 것은 파국으로 끝나는가?

정말 마음이 무거워지지 않았는가? 지금까지 우리는 인간의 어리석음과 편향에 대해 꽤 많이 살펴보았다. 좋은 의도가 얼마나 자주 재앙으로 끝나는지 보았고, 처음부터 사람들의 의도가 그리 좋지 않은 경우도 많이 보았다. 우리는 감정적이고, 공격적이며, 시야가 좁고, 편향이 있으며, 빨리 배우지 못하고, 나를 향한 비난을 다른 쪽으로 돌리는 데도 재빠르다. 우리가 여기까지 왔다는 것이 놀라울 따름이다. 사실, 우리가 재난에 깊이 빠져든 만큼이나 우리가 피할 수 있었던 파국을 생각해보면 놀랍다. 핵무기를 거의 백 년 동안 가지고 있으면서도 지구를 파괴하지 않았다. 노예제도, 전쟁에 의한 정복, 여성 혐오, 아동 착취, 천연자원의 무분별한 남용 등은 과거에 흔히 일어났지만 지금은 혐오스럽게 여겨진다(물론 이 중 어느 것도 완전히 박멸되지는 않았고, 일부는 여전히 흔하게 남아 있다). 지난 몇 년 동안 세계 여러 지역에서 독재 정권이 부활하는 모습을 보았지만(도널드 트럼프가 미국에서 어설프게 시도했던 일종의 도둑 정치를 포함해서), 민주주의는 한때 드물었던 곳으로 널리 퍼져나가서 유지되고 있다. 요컨대, 낙관할 만한 이유가 있다.

나는 한 가지 죄가 있으며(여러 가지가 있겠지만, 지금은 한 가지만 말하겠다), 이것이 인간의 실패를 보여주기에 흥미롭다고 여겨진다. 그리고 우리에게는 많은 실패가 있다. 하지만 우리가 잘하는 것도 많다. 사실, 나는 사람들이 이 책을 읽고 나서 사람은 원래 전적으로 비이성적이고 똑같은 패턴을 계속 되풀이할 운명이라고 생각하기를 바라지 않는다. 분명히 그런 일이 자주 일어나기는 하지만, 항상 그렇지는 않다. 첫 장에서 말했던 내용을 다시 한번 보자. 현대사회에는 많은 결함이 있지만, 우리는 인류 역사에서 과거의 어느 시점에 살았던 사람들보다 더 유토피아에 가까운 삶을 살고 있다. 심각한 불평등, 특히 계급과 관련된 불평등이 남아 있기는 하지만, 우리는 놀라운 진보를 이루었고 모두가 혜택을 누리고 있다. 지금은 질병, 전쟁, 노예, 여성 학대, 살인, 빈곤, 기아 등이 인류 역사상 그 어느 때보다 줄어들었다. 어떻게든 우리는 함께 여기까지 왔다.

이러한 발전 중 일부는 페니실린의 발견이나 천연자원이 있는 곳을 찾아낸 것처럼 분명히 운이 좋았던 경우도 있었다. 그러나 다른 것들은 확실히 의도적으로, 위대한 사람들의 행동과 잘 설계된 데이터 기반 정책에 의해 성취되었다. 이런 일이 자주 일어나지는 않지만, 분명히 일어난다.

나는 우리가 어떻게 일을 잘못 처리하는지 더 잘 이해하기 위해 인간의 파국을 탐구했다. 우리가 가진 편향을 이해하면 우리가 언제 편견에 빠지는지 알아차릴 수 있고, 조금 더 반성할 수 있다. 우리가 어떻게 실수를 저지르는지 알면 실수로부터 배울 수 있다. 인간의 동기를 이해함으로써 바람직한 정책 목표를 향해 함께 노력할 수 있다. 그러나 부정적인 면만 탐구해서는 인간의 잠재력을 어떻게 활용해야 좋은 결과를 얻을 수 있는지 이해할 만한 도구가 없다. 따라서 인간이 잘하는 점을 살펴보자.

사람들은 (일종의) 데이터에 귀를 기울인다

잠깐만, 27.95달러를 내고 산 책에서(어쨌든, 고맙게 생각한다) 인간은 데이터에 귀를 기울이지 않는다고 이제까지 말하지 않았는가? 인간은 자신의 기존 신념을 확인해주는 정보만 좋아하고 부족주의를 바탕으로 사람들을 무시한다고 말하지 않았는가? 글쎄, 이 모든 것이 옳다. 하지만 한 가지 중요한 주의 사항이 있는데, 모든 사람이 모든 주제에 대해 확고한 의견을 가지고 있지는 않다는 점이다. 설득이 가능한 곳은 바로 그 중간 영역, 즉 특정 주제에 대해 특별히 강한 견해를 갖고 있지 않고 반대자들을 반드시 적으로 보지 않는 사람들이다.

현재 미국 대통령인 조 바이든(이 글을 쓰는 시점이므로, 너무 집착하지 말기 바란다)에 대해 살펴보자. 이 글을 쓰고 있는 지금 바이든은 대통령 취임 1년을 막 넘겼고, 그 기간은 잔인했다. 로이터에 따르면 그는 2021년 1월 55퍼센트(반대 32퍼센트)의 지지율로 대통령 임기를 시작했고,[1] 2022년 1월에는 45퍼센트(반대 50퍼센트)로 지지율이 하락했다. 다른 여론조사는 더 비관적이어서, 지지율이 30퍼센트 수준이라고 한다.[2] 무슨 일이 일어났을까?

일어난 일은, 바이든이 여러 중요한 사안에 대해 한참 늦는 것처럼 보였다는 것이다. 앞에서 보았듯이, 그는 마치 대학 캠퍼스에 있는 것처럼 진보적인 언어를 반복해서 사용했다. 한편으로 아프가니스탄 철군은 실패했고, 인플레이션은 치솟았으며, 많은 도시에서 여전히 폭력 범죄 발생률이 높고, 양극화도 심각하고(바이든은 때때로 상대방을 '짐 크로 2.0' 분리주의자에 비교하며 양극화에 기여했다), 코로나19 바이러스가 기승을 부리는 등 여러 가지 문제가 일어나고 있다. 민주당과 공화당이 논의 중인 투표법에 대해 바이든은 "짐 크로 2.0은 은밀한 두 가지를 말하며, 그것은 유권자 탄압과 선거 전복이다"라고 말했고, "과장이 아니다"라고 산뜻하게 덧붙였다.[3] 누군가가 어떤 것이 과장이 아니라고 강조하면, 그것은 거의 항상 과장이다. 공정하게 말하자면, 2022년 토론에서 양측이 주장한 투표법은 부분적으로 이 기심에서 나왔지만, 투표권 보호를 1950년대 수준의 차별로 후퇴시킨다는 증거는 거의 없다.[4] 유권자들은 부분적으로 이런 정치적 엉터리를 줄이기 위해 바이든을 찾았지만, 그도 마찬가지였다.

명백히 일부 유권자들은 이 모든 일을 보면서도 일관되게 바이든을 지지하고 있다. 다른 사람들은 처음부터 그를 좋아하지 않았다. 그러나 상당수(바이든에게는 나쁜 소식이다)가 실제로 일어니고 있는 일을 보고 마음을 바꿨다. 물론 바이든의 임기가 3년 더 남았기 때문에 상황이 바뀌고 그에게 호의적인 방향으로 흘러갈 수도 있다. 하지만 요점은, 많은 사람들이 실제로 설득이 가능하다는 것이다.

물론 내가 정치라고 말하는 것은 국가적, 세계적 사건에 대한 것이고, 정확히 데이터는 아니지만 사람들은 숫자와 사실에 반응한다. 실제로 나의 연구 분야에서도 이런 일이 일어나는 것을 보았다. 내가 연구를 시작할 때, 대부분의 심리학자들은 비디오게임이 심각한 폭력 행위와 관련이 있다고 생각했다. 하지만 지금은 임상심리학자[5]나 비디오게임을 연구하는 학자[6]에게 이는 소수 견해다. 이 변화는 하루아침에 일어나지 않았고, 수많은 연구와 지속적인 노력으로 학계와 일반 대중에게 데이터를 보여준 결과다. 물론 어떤 사람들은 여전히 비디오게임에 질색하지만, 그런 사람들은 20년 전보다 훨씬 줄어들었다. 여기에서 중요한 점을 알 수 있다. 사람들이 경청하기는 하지만, 메시지를 전달하기 위해서는 인내와 끈기가 필요하다.

사람들은 대부분 옳은 일을 하고 싶어 한다(적어도 자기편을 위해)

전쟁, 노예제도, 잔인함, 대량 학살, 강간, 억압의 오랜 역사를 고려할 때, 인간은 절망적으로 고칠 수 없는 종이라고 단정하기 쉽다. 그리고 우리의 동기부여 구조의 일부인 어둠을 인식하는 것이 중요하다. 우리는 이것을 지나왔다고 생각하겠지만, 현대에도 사람들이 얼마나 쉽게 정치적 진영으로 나뉘고, 실제로 그런 일이 일어나도록 행동하지는 않지만 상대방이 죽어버리기를 얼마나 바라는지 생각해 보라.

많은 것들이 '그들'에 대한 의심과 적대감이 꽤 적응적이었던, 지나간 진화 시대의 잔재일 가능성이 높다. 20세기 대부분 동안에도 이것은 여전히 적응적이었기 때문에, 21세기의 도덕적 허세와 함께 갑자기 사라지지 않았다고 해서 놀라지 말아야 한다. 하지만 나는 우리가 실제로 그렇게 나쁘지는 않다고 낙관한다.

사실 사람들은 적어도 자신이 속한 공동체 내에서는 옳은 일을 하려는 동기를 가지고 있다. 이에 대한 흥미로운 예는 텔레비전 시리즈와 그래픽 노블을 원작으로 한 비디오게임 <워킹 데드>에서 나타났다. 이 게임에서는 올바르게 행동하거나 나쁘게 행동할 수 있는 양자택일의 상황에 자주 마주친다. 나쁜 행동이 더 쉬운 선택일 때가 많고, 옳은 일을 하면 더 큰 비용을 치르게 된다. 게임 제작사인 텔테일게임스는 게임을 하는 사람들의 결정을 추적했다. 압도적으로, 현실에 아무 영향을 주지 않는 판타지 영역에서 '나쁜' 선택이 더 이득인데도 사람들은 옳은 일을 선택했다.[7]

나는 이 문제에 대해 순진한 어린이처럼 말하고 싶지 않다. 사람들이 바르지 않은 일을 하고 싶은 유혹을 느끼는 상황에는 분명히 몇 가지가 있다. 첫 번째는 잘못된 일을 했을 때 얻는 이익이 높고, 옳은 일을 했을 때 얻는 이익이 낮으며, 잘못된 일을 할 때의 비용이 낮다고 인지되는 시나리오다. 물론 여기에는 이기심이 들어가 있다. 복잡한 문제이지만, 이를 이해하면 사람들이 옳은 일을 하도록 권장하는 환경을 조성하는 데 도움이 될 수 있다. 투명성은 잘못된 일을 하는 데 드는 비용을 증가시킬 수 있다. 그리고 최대한 인센티브를 늘리고 올바른 일을 하는 데 드는 비용을 줄일 수 있다.

두 번째 상황은 다른 사람들이 옳은 일을 할 테니 내가 나설 필요가 없다고 생각하는 경우다. 심리학에서는 이를 <mark>방관자 효과</mark>라고 한다. 나도 이런 일을 직접 겪어보았다. 나는 아버지에게 한 가지 의학적인 문제를 물려받아서, 음식을 너무 빨리 먹으면 잘 삼키지 못한다. 이럴 때 무언가를 마시면 음식이 잘 넘어가기도 한다. 몇 년 전 가족과 외식을 하던 중에 음식물이 목에 걸렸고, 음식이 잘 넘어가도록 레모네이드를 마시기로 했다. 그런데 음식물이 너무 깊이 들어가 있어서 레모네이드가 기도로 흘러 들어갔고, 곧바로 목이 막혔다. 이는 기도에 액체가 들어갔을 때 나타나는 정상적인 반응이지만, 이전까지는 겪어보지 못한 일이었다. 정말 무서웠다! 숨이 막혀 죽을 것 같았다. 나는 식당 안에서 서 있었다. 이제 마지막이구나 하는 생각이 들었고, 아내가 나에게 하임리히 요법을 시행하는 동안 대부분의 손님들은 나를 저녁 식사를 방해한 무례한 사람처럼 쳐다보고 있었다.

물론 아내가 나를 돕는 모습을 모두가 보고 있었고, 식당 직원이 구급차를 불렀다. (무의식적인 반응은 몇 초 뒤에 사라졌고, 사실 나는 굴욕감으로 죽고 싶기는 했지만 다른 것으로 죽어가는 상황은 아니었다.) 하지만 내가 고통스러워하는 동안 다른 자리에서 식사하던 사람들의 무관심한 표정은 평생 잊지 못할 것 같다. 방관자 효과의 요점은 도움이 필요한 사람 옆에 혼자 있을 때는 바로 돕겠지만, 여러 사람이 함께 있을 때는 누군가가 돕겠지 하고 생각한다는 것이다. 이렇게 해서 도움이 필요한 누군가 죽어가고 있는데도 모두들 바보처럼 둘러앉아 쳐다보기만 하게 되어, 비상시에 여러 사람이 있어도 쓸모가 없게 된다. 이 현상은 1964년 자신의 아파트 건물 밖에서 살해된 젊은 여성 키티 제노비즈의 이야기로 유명해졌다. 전설에 따르면, 수십 명의 이웃이 키티가 아파트 건물에서 죽는 것을 보거나 듣고도 돕거나 경찰에 신고하지 않았다고 한다. 살인은 실제로 일어난 일이지만, 방관자들의 이야기는 지어낸 것이다.[8] 소수의 이웃만이 살인을 목격했으며, 이들은 모두 경찰에 신고했으나 경찰서장과 배고픈 기자가 경찰의 늑장 대응을 무마하기 위해 이 이야기를 지어냈다. 이렇게 꾸며낸 이야기가 오늘날에도 심리학 교과서에 나온다. 좋은 이야기는 막을 수 없는 모양이다.

세 번째 상황은 이 책에서 이미 이야기한 적이 있다. 우리가 외집단의 구성원이라고 생각하는 사람들, 특히 그들을 완전히 적이라고 생각하면 도울 가능성이 줄어든다는 것이다. 특히 이러한 '타인'이 눈앞에 있는 실제 사람이 아니라 상상 속 무정형의 덩어리일 때 더욱 그러하다. 여기서 문제는 '우리 대 그들'의 사고방식 또는 부족주의 등으로 부르는 것이다. 해결책은 더 넓은 범위의 사람들을 '우리'에 포함하고 인류 보편주의를 강조하는 것이다. 불행하게도 이 과정은 극우파의 외국인 혐오, 성차별, 다양성에 대한 적대감과 극좌파의 정체성 정치, 인종 본질주의, 새로운 형태의 기묘한 성차별(말하자면 '유독한 남성성' 개념)에 의해 무너지고 있다. 실제로 극우와 극좌는 정체성에 비생산적으로 집착한다는 점이 너무 비슷해서, 캐나다의 코미디언 라이언 롱은 <깨어 있는 자와 인종차별주의자가 실세로 모

든 것에 동의할 때When Wokes and Racists Actually Agree on Everything>라는 제목의 고전적인 영상을 유튜브에 올렸다.

다시 한번, 나는 부정적인 면을 파헤치려는 것이 아니다(너무 늦었다!). 이런 한계를 이해하면, 이 변수 안에서, 대부분의 사람들은 옳은 일을 하고 싶어 한다고 말하고 싶다. 관건은 조지 오웰 식의 행동 수정 체제를 도입하지 않고도 사람들을 그 길로 안내하는 방법을 이해하는 것이다.

우리가 고칠 수 있다!

한 가지 좋은 소식은 사람들이 실수하는 이유를 이해하도록 도울 수 있으면 앞으로 같은 실수를 반복하지 않도록 도울 수도 있다는 것이다. 이 책의 처음에 살펴본 비극적인 에어프랑스 추락 사고를 예로 들어보자. 사고가 왜 일어났는지 이해하기 위해 종합적인 분석이 진행되었다. 이 조사를 통해 비행기의 구조를 개선했을 뿐만 아니라 승무원들도 이런 종류의 비상사태에 대처하는 방법을 새롭게 교육받았고, 조종실의 의사소통 및 결정에 대한 규칙이 명확해져 향후 비행에서 에어프랑스 추락 사고와 같은 혼란이 일어날 가능성이 줄어들었다. 항공 여행은 수십 년 동안 점점 더 안전해져 왔으며, 그 대부분은 이전의 실수로부터 배운 덕분이라는 점을 기억해야 한다. 물론 그 실수가 때때로 비극적이었지만 말이다.*

실제로 인간 심리학의 한 분야 전체가 이 문제만을 연구한다. **인간 요인 심리학**이라는 분야는 인간이 기계와 상호작용하는 방식과 인간의 실수 가능성을 줄이기 위해 더 나은 시스템을 설계하는 방법을 이해하려고 노력한다. 그중 일부는 인간공학, 즉 인간이 효율적으로 일할 수 있도록 작업환경을 만드는 방법을 다룬다. 예를 들어 조종석에 제어반과 표시기를 어디에 어떻게 배치하면 조종사에게 필요한 정보를 제공하고 최선의 결정을 내릴 수 있게 할까? 또한 이 연구 분야에서는 예를 들어 환경 변화가 안전 운전을 위한 사람의 결정에 어떤 영향을 주는지에 대해서도 조사한다.

운전 중 과속 문제를 생각해보자. 많은 운전자들이(나를 포함해서) 일반 도로나 고속도로에서 일정한 속도로 편안하게 달린 경험이 있다. 경찰의 과속 단속 카메라를 보고 속도계를 내려다본 후, 그제야 제한속도를 상당히 초과했다는 걸 깨닫는다. 우리는 브레이크를 밟으면서 경찰이 좀 봐주지 않을까 하고 기대한다. 여기서 흥미로운 점은 타이어에서 끼익 소리를 내면서 차선을 이리저리 휘젓고 다니는 공격적인 사람들과 달리, 보통의 운전자는 과속을 의식하거나 의도하지 않는다는 것이다(또는 적어도 실제의 속도보다 느리다고 생각한다). 어떤 속도로 운전하든 그저 편안히 느껴질 뿐이다.

---

* '때때로'라고 말하는 이유는 비행기에서 일어나는 대부분의 비상사태가 국제 뉴스를 장식할 정도로 비행기가 완전히 소멸되는 상황으로 끝나지는 않기 때문이다. 대부분은 사망자 없이 해결된다.

과속은 매년 많은 사고와 사망을 일으키는 심각한 문제이므로, 과속 방지는 가치 있는 일이다. 경찰의 순찰로 과속을 줄일 수 있겠지만, 고속으로 운전하는 동안 운전자의 편안한 느낌을 줄이는 방법이 있을 수 있다. 몇몇 심리학자들이 과속을 줄이기 위해 도로를 설계하는 방법을 연구했다. 예를 들어 일부 연구에 따르면, 포장도로에 돌을 박는 등으로 도로의 소음이 증가할 때 과속이 줄어든다고 한다.[9] 실제로 우리의 뇌가 더 많은 소리를 처리하게 되면 '더 바쁘게' 느껴져 고속 주행 시의 편안한 느낌이 떨어진다고 한다. 다른 연구에 따르면 시각적 표시도 효과가 있다. 예를 들어, 차선이 좁고 도로 중앙의 시각적 표시가 반복적으로 빠르게 지나가면서 운전자에게 속도를 더 명확하게 알려주면 운전자가 속도를 줄이는 경향이 있다.[10] 가드레일이 있을 때도 주행 속도가 감소한다.[11] 결론은, 도로가 복잡해 보일수록 운전자가 속도를 줄인다는 것이다. 도로가 푹 넓고 직선이며 조용하고 양쪽이 탁 트여 있으면 속도를 높이는 경향이 있다. 도로가 시끄럽고 길가에 물건(가드레일, 가로수 따위)이 많으면 속도를 줄이는 경향이 있다.

따라서 사람이 판단하는 방식과 관련된 인지가 중요하다. 또한 사람들이 기본적으로 게으르다는 사실도 결정을 내리는 데 영향을 준다. 많은 상황에서 사람들은 좋은 선택과 나쁜 선택 중에서 하나를 고르게 된다. 그러나 나쁜 선택이 실행하기 쉬우면 사람들은 나쁜 쪽을 선택하는 경향이 있다. 넛지 이론에 따르면, 더 나은 선택이 실행하기 쉽도록 계산이 조금 바뀌면 더 자주 나은 선택을 하게 된다. 예를 들어 건강한 식사를 생각해보자. 건강한 식사는 대개 더 비싸고 조리할 때도 더 많은 노력이 필요하다. 반면에 패스트푸드는 값이 싸고, 조리할 필요도 없으며(자주 그렇듯이, 특히 운전 중일 때), 맛도 좋다. 하지만 패스트푸드를 너무 많이 먹으면 건강에 좋지 않고 비만이 올 수 있다. 어떤 변화는 매우 쉽지만(예를 들어, 슈퍼마켓에서 건강에 좋은 식품을 눈높이에 진열하고 나쁜 식품을 진열대의 더 높은 곳에 두는 것), 건강한 식습관 선택에 정부가 보조금을 지급하는 정책처럼 많은 돈이 드는 방법도 있다. 넛지의 의도는 선택의 자유를 보호하면서 더 나은 결정을 더 쉽게 내릴 수 있도록 사람들을 돕는 것이다. 특히 음식의 선택에서 넛지 이론은 유망하다.[12]

그러나 넛지 이론은 논란의 여지가 있다. 자유의지를 중시하는 자유주의적 가부장주의 정신에도 불구하고 넛지 이론이 강압적으로 바뀔 수 있는 지점을 찾기는 그리 어렵지 않다. 정부는 넛지 이론을 이용해 우리가 아닌 정부에게 편리한 결정을 내리도록 유도할 수 있다. 그리고 지구온난화와 같은 더 큰 사회문제에는 효과적이지 않다.[13] 이 모든 가부장적인 정부의 노력은 자비로운 권력을 전제로 하며, 역사상 그런 권력은 많지 않았다.

어리석음의 순환적 특성

현재 미국뿐만 아니라 전 세계 곳곳에서 우리는 비합리성과 잘못된 결정의 어두운 패턴을 본다. 정치적 우파는 포퓰리즘('대중'과 '부패한 엘리트'를 대립시키는 경향), 과학 부정주의, 권위주의에 이끌린다. 좌파도 완전히 똑같다. 이것은 말굽 이론이다. 좌파나 우파의 정치적 입장이 극단으로 치달을수록 서로 닮아간다. 가장 극단적으로, 나치즘과 공산주의가 시민들에게 미치는 실질적인 영향은 많은 면에서 서로 닮았다. 우리의 극우와 극좌에서는 목소리가 크고 공격적이며 (불행하게도) 영향력 있는 극소수가 검열을 수용하고, 적법 절차를 무시하고, 증오에 빠져 우리 사회를 위험한 방향으로 몰아가고 있다.

좋은 소식은, 이런 일이 모두 과거에 일어난 적이 있고 극단주의가 영원히 지속되는 일은 드물다는 것이다. 이런 일에는 대개 주기가 있어서, 극단주의자들이 지나치게 뻗어나가다가 평범한 사람들이 지쳐서 정상으로 돌아가자고 요구하게 된다. 관건은 극단주의자들이 (소련이나 전 세계의 다른 권위주의 정권처럼) 권위주의적 지위를 확고히 하기 전에 변곡점에 도달하는 것이다. 현재 많은 사람들에게 세상이 미쳐버린 것처럼 보일 수 있으며, 한때 우리가 가졌던 합리적 믿음, 즉 우리의 나라가 결함은 있지만 진정한 평등주의를 향해 나아가고 있으며, 기술과 자본주의는 역사적으로 노동자를 학대했지만 많은 사람들을 빈곤, 기아, 전쟁에서 벗어나게 했고, 경찰은 때때로 권한을 남용하지만 보안, 안전, 좋은 통치를 제공하며, 대학과 학교는 청소년을 가르치는 방식에서 편향될 수 있지만 이전에 본 적이 없는 지식의 보루라는 믿음이 이제는 부족하다고 느껴질 수 있다. 복잡하고 미묘하며 낙관적인 세계관을 가진 우리를 버려두고 세상이 앞서 가버린 것처럼 보일 수 있다.

하지만 광기는 끝나거나 적어도 관리 가능한 수준으로 가라앉을 것이다. 이것은 지나가는 허리케인처럼 사라질 때까지 고개를 숙이고 수동적으로 있으라는 요청이 아니다. 오히려 나는 우리 모두가 크고 작은 방식으로 고개를 들고 민주주의의 핵심 가치(표현의 자유를 보장하면서 적법한 절차에 따라 엄밀한 데이터를 바탕으로 하는 정중한 토론)로 돌아가자고 요구한다면 현재 전 세계를 휩쓸고 있는 비합리성의 물결을 되돌릴 수 있다고 낙관한다. 용기, 인내심, 회복력이 필요하겠지만, 분명히 해낼 수 있다. 이런 의미에서 나는 낙관적인 언급으로 끝을 맺고 싶다. 나의 일생 동안 나를 포함한 사람들이 내린 모든 나쁜 결정에도 불구하고, 거의 모든 사람들의 상황이 점점 더 나아지고 있다. 이는 전 세계적인 현상이다. 우리가 합리성에 계속 집중할 수 있다면, 기후변화와 같은 중대한 도전에도 불구하고 이 현상은 계속될 것이다. 우리는 침착하게 데이터에 집중해야 하고, 과장하지 말아야 한다. 우리는 전에도 해냈고, 이번에도 해낼 수 있다.

내가 들려주는 이야기는 여기까지다. 인간의 연약함을 돌아보는 이번 여행이 즐거웠기를 바란다. 전에는 몰랐던 몇 가지를 배우고, 그 과정에서 약간의 재미를 느꼈기 바란다. 당신 자신의 문제에 대해 더 합리적인 관점에서 접근하는 데 도움이 되었다면 더 좋겠다. 물론 이 책을 구입하기로 한 결정이 작은 파국이었다고 생각하면서 이 책을 덮지 않기를 바란다.

주

CHAPTER 1

1. Hosford, M., Effron, L., & Battiste, N. (2012). Air France Flight447 Crash "Didn't Have to Happen," Expert Says. ABC News. Retrieved from: https://abcnews.go.com/Blotter/air-france-flight-447-crash-didnt-happen-expert/story?id=16717404.

2. Bureau d'Enquêtes et d'Analyses. (2012). Final Report on the Accident on 1st June 2009 to the Airbus A330-203 Registered F-GZCP Operated by Air France Flight AF 447 Rio de Janeiro–Paris. Retrieved from: https://bea.aero/docspa/2009/f-cp090601.en/pdf/f-cp090601.en.pdf.

3. Faccini, B. (2013). Four Minutes, Twenty-Three Seconds. *Volare Aviation Monthly.* Retrieved from: http://understandingaf447.com/extras/18-4_minutes__23_seconds_EN.pdf.

4. Pinker, S. (2018). *Enlightenment Now.* New York: Viking.

5. Gallup. (2020). U.S. Church Membership Falls below Majority for First Time. Retrieved from: https://news.gallup.com/poll/341963/church-membership-falls-below-majority-first-time.aspx.

6. Centers for Disease Control. (2021). Retrieved from: https://webappa.cdc.gov/cgi-bin/broker.exe.

7. Beck, A. T. (1976). *Cognitive Therapy and the Emotional Disorders.* New York: International Universities Press.

8. 이 목록은 Leahy의 더 자세하고 포괄적인 목록에서 발췌했다. Leahy, R. (2021). Fundamentals of Cognitive Therapy. Retrieved from: https://cognitivetherapynyc.com/wp-content/uploads/2021/02/arosnonintro.pdf.

9. White, M. (2012). *Atrocities.* New York: W. W. Norton.

10. Stergar, R., & Scheer, T. (2018). Ethnic Boxes: The Unintended Consequences of Habsburg Bureaucratic Classification. *Nationalities Papers, 46,* 575–91.

11. McKeenin, S. (2013). *July 1914: Countdown to War.* New York: Basic Books.

12. Tuchman, B. (2009). *The Guns of August.* New York: Random House.

13. McKeenin. (2013).

14. Asch, S. E. (1956) Studies of Independence and Conformity: A Minority of One against a Unanimous Majority. *Psychological Monographs: General and Applied, 70*(9), 1–70. https://doi-org.stetson.idm.oclc.org/10.1037/h0093718.

15. Torres, J. E. (2020). *The Crucible* Stirs Up Trouble. *School Library Journal, 66*(9), 14.

16. For a contemporary overview, see: Pope, K. S. (1998). Pseudoscience, Cross Examination, and Scientific Evidence in the Recovered Memory Controversy. *Psychology, Public Policy, and Law, 4*(4), 1160–81.

17. Victor, J. S. (1998). Moral Panics and the Social Construction of Deviant Behavior: A Theory and Application to the Case of Ritual Child Abuse. *Sociological Perspectives, 41*(3), 541–65.

18. Talbot, M. (2001). The Lives They Lived: 01-07-01: Peggy McMartin Buckey, b. 1926; The

Devil in The Nursery. *New York Times.* Retrieved from: www.nytimes.com/2001/01/07/magazine/lives-they-lived-01-07-01-peggy-mcmartin-buckey-b-1926-devil-nursery.html.

19. Schreiber, N., Bellah, L. D., Martinez, Y., McLaurin, K. A., Strok, R., Garven, S., & Wood, J. M. (2006). Suggestive Interviewing in the McMartin Preschool and Kelly Michaels Daycare Abuse Cases: A Case Study. *Social Influence, 1*(1), 16–47.

CHAPTER 2

1. Shreshtha, S., Swerdlow, D., Borse, R., et al. (2011). Estimating the Burden of 2009 Pandemic Influenza A (H1N1) in the United States (April 2009–April 2010). *Clinical Infectious Disease, 52,* S75–S82.

2. Ponti, C. (2020). All the Ways We've Wiped: The History of Toilet Paper and What Came Before. History.com. Retrieved from: www.history.com/news/toilet-paper-hygiene-ancient-rome-china.

3. BBC. (2020). Coronavirus: Armed Robbers Steal Hundreds of Toilet Rolls in Hong Kong. Retrieved from: www.bbc.com/news/world-asia-china-51527043.

4. Pricenomics. (2014). The Great Toilet Paper Scare of 1973. Retrieved from: priceonomics.com/the-great-toilet-paper-scare-of-1973.

5. Barr, W. B. (2013). An Evidence Based Approach to Sports Concussion: Confronting the Availability Cascade. *Neuropsychology Review, 23*(4), 271–72.

6. Nogami, T. (2019). Negative Misconceptions about Disaster Behaviour through Availability Cascades: An Examination of Secondhand Information and the Moderating Effect of Trait Anxiety on Disaster Myths. *Journal of Community & Applied Social Psychology.* https://doi-org.stetson.idm.oclc.org/10.1002/casp.2441.

7. Cummins, E. (2018). Plane Travel Only Feels Like It's Dangerous. *Popular Science.* Retrieved from: www.popsci.com/plane-risk-safest-travel.

8. 어떤 증거에 따르면 개인 비행기가 꽤 위험하다고 한다. 전문 조종사가 아닌 멍청이가 조종하기 때문일 것이다. See Pappas, S. (2017). Why Private Planes Are Nearly as Deadly as Cars. *LiveScience.* Retrieved from: www.livescience.com/49701-private-planes-safety.html.

9. Winegard, B., & Ferguson, C. J. (2017). The Development of Rampage Shooters: Myths and Uncertainty in the Search for Causes. In L. Wilson (Ed.), *The Wiley Handbook of the Psychology of Mass Shootings.* New York: Wiley Blackwell. http://christopherjferguson.com/WinegardFerguson2017.pdf.

10. Ferguson, C. (2019). Mass Shootings Aren't Growing More Common—And Evidence Contradicts Common Stereotypes about the Killers. *The Conversation.* Retrieved from: https://theconversation.com/mass-shootings-arent-growing-more-common-and-evidence-contradicts-common-stereotypes-about-the-killers-121341.

11. Wheeler, L. (1966). Toward a Theory of Behavioral Contagion. *Psychological Review, 73*(2), 179–92. https://doi-org.stetson.idm.oclc.org/10.1037/h0023023.

12. Marsden, P. (1998). Memetics & Social Contagion: Two Sides of the Same Coin? *The Journal of Memetics: Evolutionary Models of Information Transmission, 2,* 171–85.

13. Romer, D. (2020). Reanalysis of the Effects of "13 Reasons Why": Response to Bridge et al. *PLoS ONE.* Retrieved from: https://journals.plos.org/plosone/article?id=10.1371/journal.pone.0239574.

14. Ferguson, C. J. (2021). One Less Reason Why: Viewing of Suicide-Themed Fictional Media Is Associated with Lower Depressive Symptoms in Youth. *Mass Communication and Society. 24*(1), 85–

105. https://christopher.jferguson.com/One%20Less%20Reason%20Why.pdf.

15. Shrier, A. (2020). *Irreversible Damage*. Washington, DC: Regnery Publishing.

16. Madeddu, F., Prunas, A., & Hartmann, D. (2009). Prevalence of Axis II Disorders in a Sample of Clients Undertaking Psychiatric Evaluation for Sex Reassignment Surgery. *Psychiatric Quarterly, 80*(4), 261–67.

17. Van der Miesen, A. I. R., Hurley, H., Bal, A. M., & de Vries, A. L. C. (2018). Prevalence of the Wish to Be of the Opposite Gender in Adolescents and Adults with Autism Spectrum Disorder. *Archives of Sexual Behavior, 47*(8), 2307–17.

18. Cacciola, S., & Deb, S. (2020). N.B.A. Suspends Season after Player Tests Positive for Coronavirus. *New York Times*. Retrieved from: www.nytimes.com/2020/03/11/sports/basketball/nba-season-suspended-coronavirus.html.

19. Lewis, D. (2020). Why Schools Probably Aren't Covid Hotspots. *Nature*. Retrieved from: www.nature.com/articles/d41586-020-02973-3.

20. Guidelines for safely visiting outdoor spaces are provided by the Centers for Disease Control here: www.cdc.gov/coronavirus/2019-ncov/daily-life-coping/visitors.html.

21. Florencio, Joao. (2018). AIDS: Homophobic and Moralistic Images of 1980s Still Haunt Our View of HIV—That Must Change. *The Conversation*. Retrieved from: https://theconversation.com/aids-homophobic-and-moralistic-images-of-1980s-still-haunt-our-view-of-hiv-that-must-change-106580.

22. Ferguson, C. J., Copenhaver, A., & Markey, P. (2020). Re-examining the Findings of the APA's 2015 Task Force on Violent Media: A Meta-Analysis. *Perspectives on Psychological Science 15*(6), 1423–43.

CHAPTER 3

1. Franklin, C. (2021). What's Missing in COVID Conversations? Trust. *Northwest Indiana Times*. Retrieved from: www.nwitimes.com/opinion/columnists/guest-commentary/guest-commentary-whats-missing-in-covid-conversations-trust/article_fee7f4e8-75ef-5ebe-ba01-949d937c0462.html.

2. McGraw, M., & Stein, S. (2021). It's Been Exactly One Year since Trump Suggested Injecting Bleach. We've Never Been the Same. *Politico*. Retrieved from: www.politico.com/news/2021/04/23/trump-bleach-one-year-484399.

3. Buckley, C., & Myers, S. (2020). As New Coronavirus Spread, China's Old Habits Delayed Fight. *New York Times*. Retrieved from: www.nytimes.com/2020/02/01/world/asia/china-coronavirus.html.

4. Feldwisch-Drentrup, H. (2020). How WHO Became China's Coronavirus Accomplice. *Foreign Policy*. Retrieved from: https://foreignpolicy.com/2020/04/02/china-coronavirus-who-health-soft-power.

5. BBC. (2020). Coronavirus Declared Global Health Emergency by WHO. Retrieved from: www.bbc.com/news/world-51318246.

6. WHO. (2020). WHO Announces COVID-19 Outbreak a Pandemic. Retrieved from: www.euro.who.int/en/health-topics/health-emergencies/coronavirus-covid-19/news/news/2020/3/who-announces-covid-19-outbreak-a-pandemic.

7. Ferguson, C. J. (2015). "Everybody Knows Psychology Is Not a Real Science": Public Perceptions of Psychology and How We Can Improve Our Relationship with Policymakers, the Scientific Community, and the General Public. *American Psychologist, 70,* 527–42.

8. Gilsinan, K. (2020). How China Deceived the WHO. *The Atlantic.* Retrieved from: www.theatlantic.com/politics/archive/2020/04/world-health-organization-blame-pandemic-coronavirus/609820.

9. Bean, A. M., Nielsen, R. K. L, van Rooij, A. J., & Ferguson, C. J. (2017). Video Game Addiction: The Push to Pathologize Video Games. *Professional Psychology: Research and Practice, 48*(5), 378–89.

10. Thielking, M., & Facher, L. (2020). Health Experts Warn China Travel Ban Will Hinder Coronavirus Response. *Statnews.* Retrieved from: www.statnews.com/2020/01/31/as-far-right-calls-for-china-travel-ban-health-experts-warn-coronavirus-response-would-suffer.

11. Chinazzi, M., Davis, J., Ajelli, M., et al. (2020). The Effect of Travel Restrictions on the Spread of the 2019 Novel Coronavirus (COVID-19) Outbreak. *Science, 368,* 395–400.

12. Richie, S. (2020). Don't Trust the Psychologists on COVID. *Unherd.* Retrieved from: https://unherd.com/2020/03/dont-trust-the-psychologists-on-coronavirus.

13. Granted, they generally don't use the word "junk." See: Open Science Collaboration (2015). Estimating the Reproducibility of Psychological Science. *Science. 349,* 6251. https://doi:10.1126/science.aac4716.

14. Ferguson. (2015).

15. Onraet, E., Van Hiel, A., Dhont, K., et al. (2015). The Association of Cognitive Ability with Right-Wing Ideological Attitudes and Prejudice: A Meta-Analytic Review. *European Journal of Personality, 29,* 599–621.

16. For example, see Kanazawa, S. (2010). Why Liberals Are More Intelligent Than Conservatives. *Psychology Today.* Retrieved from: www.psychologytoday.com/us/blog/the-scientific-fundamentalist/201003/why-liberals-are-more-intelligent-conservatives.

17. This has been well-known for decades. Redding, R. (2001). Sociopolitical Diversity in Psychology: The Case for Pluralism. *American Psychologist, 56,* 205–15.

18. For a nuanced overview, see Zurcher, A. (2014). Ebola, Race and Fear. BBC. Retrieved from: www.bbc.com/news/blogs-echochambers-29714657.

19. See, for example, Tracey, M. (2021). New Documents Show Police Charged Thousands of People for Petty COVID Violations. Retrieved from: https://mtracey.substack.com/p/new-documents-show-police-charged.

20. Howard, J., Huang, A., Li, Z., Tufekci, Z., Zdimal, V., et al. (2021). An Evidence Review of Face Masks against COVID-19. *Proceedings of the National Academy of Sciences, 118.* Retrieved from: www.pnas.org/content/118/4/e2014564118.

21. Drummond, A., Sauer, J. D., & Ferguson, C. J. (2020). Do Longitudinal Studies Support Long-Term Relationships between Aggressive Game Play and Youth Aggressive Behavior? A Meta-Analytic Examination. *Royal Society Open Science.* https://doi.org/10.1098/rsos.200373.

22. State's Attorney for the Judicial District of Dansbury. (2013). Report of the State's Attorney for the Judicial District of Danbury on the Shootings at Sandy Hook Elementary School and 36 Yogananda Street, Newtown, Connecticut on December 14, 2012. Virginia Tech Review Panel. (2007). *Report of the Virginia Tech Review Panel.* Retrieved 08/21/13 from: www.governor.virginia.gov/TempContent/techPanelReport.cfm.

23. Stanovich, K. E., West, R. F., & Toplak, M. E. (2013). Myside Bias, Rational Thinking, and Intelligence. *Current Directions in Psychological Science, 22*(4), 259–64. https://doi-org.stetson.idm.oclc.org/10.1177/0963721413480174.

24. Washburn, A. N., & Skitka, L. J. (2018). Science Denial across the Political Divide: Liberals and Conservatives Are Similarly Motivated to Deny Attitude-Inconsistent Science. *Social Psychological and*

Personality Science, 9(8), 972–80. https://doi-org.stetson.idm.oclc.org/10.1177/1948550617731500.

25. Haghtalab, N., Jackson, M., & Procaccia, A. (2021). Belief Polarization in a Complex World: A Learning Theory Perspective. *Proceedings of the National Academy of Sciences, 118,* e2010144118. https://doi.org/10.1073/pnas.2010144118.

26. 메긴 켈리의 팟캐스트에 출연한 폴 로시의 음성을 들을 수 있다: https://podcasts.apple.com/us/podcast/teacher-speaks-out-paul-rossi-on-critical-race-theory/id1532976305?i=1000518301767.

27. Wells, G. L., Malpass, R. S., Lindsay, R. C. L., Fisher, R. P., Turtle, J. W., & Fulero, S. M. (2000). From the Lab to the Police Station: A Successful Application of Eyewitness Research. *American Psychologist, 55*(6), 581–98. https://doi-org.stetson.idm.oclc.org/10.1037/0003-066X.55.6.581.

28. World Health Organization. (2020). Coronavirus Disease (COVID-19) Advice for the Public: When and How to Use Masks. Retrieved from: https://web.archive.org/web/20200410144317/https://www.who.int/emergencies/diseases/novel-coronavirus-2019/advice-for-public/when-and-how-to-use-masks.

29. Centers for Disease Control. (2020). Prevention & Treatment. Retrieved from: https://web.archive.org/web/20200301001825/https:/www.cdc.gov/coronavirus/2019-ncov/about/prevention-treatment.html.

30. Jingnan, H. (2020). Why There Are So Many Different Guidelines for Face Masks for the Public. NPR. Retrieved from: www.npr.org/sections/goatsandsoda/2020/04/10/829890635/why-there-so-many-different-guidelines-for-face-masks-for-the-public.

31. Mounk, Y. (2020). Would You Wave the Magic Wand? Persuasion. Retrieved from: www.persuasion.community/p/-would-you-wave-the-magic-wand?token=eyJ1c2VyX2lkIjoxNDI5NTk5LCJwb-3N0X2lkIjozNjQzMzIyNCwiXyI6IlRXNGdsIiwiaWF0IjoxNjIxNzA1NDY4LCJleHAiOjE2MjE3M-DkwNjgsImlzcyI6InB1Yi02MTU3OSIsInN1YiI6InBvc3QtcmVhY3Rpb24ifQ. RxNmn6WIhwOCG4ON6MZwV0vUS6vA9viPgrAHF8HUFLI. Bonilla, X. (2021). Covid19—The Malady of Our Time. *Converging Dialogues.* Retrieved from: https://convergingdialogues.podbean.com/e/32-covid-19-the-malady-of-our-time-a-dialogue-with-nicholas-christakis.

32. Centers for Disease Control. (2021). When You've Been Fully Vaccinated. Retrieved from: www.cdc.gov/coronavirus/2019-ncov/vaccines/fully-vaccinated.html.

33. Stobbe, M. (2021). CDC Says Many Americans Can Now Go Outside Without a Mask. Associated Press. Retrieved from: https://apnews.com/article/cdc-mask-wearing-guidance-d373775ddcf-237764c19ff9428b5963.

34. Soave, R. (2020). To Mitigate Racial Inequity, the CDC Wants to Vaccinate Essential Workers before the Elderly. *Reason.* Retrieved from: https://reason.com/2020/12/18/vaccine-cdc-essential-workers-elderly-racial-covid-19.

35. 여기에서 벼룩은 승자가 아니다. 벼룩도 마찬가지로 죽는다. See Eisen, R., Bearden, S., Wilder, A., et al. (2006). Early-Phase Transmission of Yersinia Pestis by Unblocked Fleas as a Mechanism Explaining Rapidly Spreading Plague Epizootics. *Proceedings of the National Academy of Sciences, 103,* 15380–85.

36. Tuchman, B. (1978). *A Distant Mirror: The Calamitous 14th Century.* New York: Ballantine Books.

37. Burke, J., Akinwotu, E., & Kuo, L. (2020). China Fails to Stop Racism against Africans over COVID-19. *The Guardian.* Retrieved from: www.theguardian.com/world/2020/apr/27/china-fails-to-stop-racism-against-africans-over-covid-19.

CHAPTER 4

1. Ackerman, E. (2016). A Brief History of the Microwave Oven. *IEEE Spectrum.* Retrieved from: https://spectrum.ieee.org/tech-history/space-age/a-brief-history-of-the-microwave-oven.
2. BBC. (2011). Gina Robins Cooked Kitten to Death in Microwave. Retrieved from: www.bbc.com/news/uk-england-devon-15856146#:~:text=A%20woman%20who%20microwaved%20a,then%20a%20%22horrendous%20screech%22.
3. Klein, C. (2018). The Great Smog of 1952. History.com. Retrieved from: www.history.com/news/the-killer-fog-that-blanketed-london-60-years-ago.
4. For a more nuanced discussion, see Letzter, R. (2019). Are We Really Running Out of Time to Stop Climate Change? *LiveScience.* Retrieved from: www.livescience.com/12-years-to-stop-climate-change.html.
5. Vohra, K., Vodonos, A., Schwartz, J., et al. (2021). Global Mortality from Outdoor Fine Particle Pollution Generated by Fossil Fuel Combustion: Results from GEOS-Chem. *Environmental Research, 195,* 110754.
6. Kharecha, P., & Hansen, J. (2013). Prevented Mortality and Greenhouse Gas Emissions from Historical and Projected Nuclear Power. *Environmental Science and Technology, 47,* 4889–95.
7. Appunn, K. (2021). The History behind Germany's Nuclear Phaseout. *Clean Energy Wire.* Retrieved from: www.cleanenergywire.org/factsheets/history-behind-germanys-nuclear-phase-out.
8. Wellerstein, A. (2016). The Demon Core and the Strange Death of Louis Slotin. *The New Yorker.* Retrieved from: www.newyorker.com/tech/annals-of-technology/demon-core-the-strange-death-of-louis-slotin.
9. United States Nuclear Regulatory Commission. (2018). Backgrounder on the Three Mile Island Accident. Retrieved from: www.nrc.gov/reading-rm/doc-collections/fact-sheets/3mile-isle.html.
10. Hatch, M., Wallenstein, S., Beyea, J., Nieves, J., & Susser, M. (1991). Cancer Rates after the Three Mile Island Nuclear Accident and Proximity of Residence to the Plant. *American Journal of Public Health, 81,* 719–24.
11. Brady, J. (2019). Three Mile Island Nuclear Plant to Close, Latest Symbol of Struggling Industry. NPR. Retrieved from: www.npr.org/2019/05/08/721514875/three-mile-island-nuclear-plant-to-close-latest-symbol-of-struggling-industry.
12. Lallanilla, M. (2019). Chernobyl: Facts about the Nuclear Disaster. *LiveScience.* Retrieved from: www.livescience.com/39961-chernobyl.html.
13. United Nations Scientific Committee on the Effects of Atomic Radiation. Retrieved from: www.unscear.org/docs/publications/2017/Chernobyl_WP_2017.pdf.
14. Perucchi, J., & Domenighetti, G. (1991). The Chernobyl Accident and Induced Abortions: Only One-Way Information. *Scandinavian Journal of Work, Environment and Health, 16,* 443–44.
15. Becker, K. (1996). Economic, Social and Political Consequences in Western Europe. Retrieved from: www.osti.gov/etdeweb/servlets/purl/603204.
16. Haeusler, M., Berghold, A., Schoel, W., et al. (1992). The Influence of the Post-Chernobyl Fallout on Birth Defects and Abortion Rates in Austria. *American Journal of Obstetrics and Gynecology, 167,* 1025–31.
17. World Nuclear Association. (2021). Fukushima Daiichi Accident. Retrieved from: www.world-nuclear.org/information-library/safety-and-security/safety-of-plants/fukushima-daiichi-accident.aspx.
18. United Nations Scientific Committee on the Effects of Atomic Radiation. (2013). Report of the

United Nations Scientific Committee on the Effects of Atomic Radiation to the General Assembly. Retrieved from: www.unscear.org/docs/reports/2013/13-85418_Report_2013_GA_Report.pdf.

19. Larsen, T., & Gravitz, A. (2006). 10 Reasons to Oppose Nuclear Energy. Retrieved from: www.greenamerica.org/fight-dirty-energy/amazon-build-cleaner-cloud/10-reasons-oppose-nuclear-energy.

20. Atkinson, N. (2020). Terrible Luck: The Only Person Ever Killed by a Meteorite—Back in 1888. Retrieved from: https://phys.org/news/2020-04-terrible-luck-person-meteoriteback.html.

21. Eaton, W. W., Bienvenu, O. J., & Miloyan, B. (2018). Specific Phobias. *The Lancet Psychiatry, 5*(8), 678–86. https://doi-org.stetson.idm.oclc.org/10.1016/S2215-0366(18)30169-X.

22. BBC. (2012). Cockroach-Eating Competition Man "Choked to Death." Retrieved from: www.bbc.com/news/world-us-canada-20503586.

23. Healthline. (2020). Are Cockroaches Dangerous? Retrieved from: www.healthline.com/health/are-cockroaches-dangerous.

24. Langley, R., & Morrow, W. (1997). Deaths Resulting from Animal Attacks in the United States. *Wilderness and Environmental Medicine, 8,* 8–16.

25. United States Department of Transportation. (2020). 2019 Fatality Data Show Continued Annual Decline in Traffic Deaths. Retrieved from: www.nhtsa.gov/press-releases/2019-fatality-data-show-continued-annual-decline-traffic-deaths.

26. Centers for Disease Control. (2017). Electrocutions Associated with Consumer Products, 2004–2013. Retrieved from: www.cpsc.gov/s3fs-public/Electrocution-Report-2004-to-2013.pdf?V_9Zl10pv4Wz03uBPRx78IctKRABjYDv.

27. Centers for Disease Control. (1998). Worker Deaths by Electrocution. Retrieved from: www.cdc.gov/niosh/docs/98-131/pdfs/98-131.pdf.

28. Chadee, D., Smith, S., & Ferguson, C. J. (2019). Murder She Watched: Does Watching News or Fictional Media Cultivate Fear of Crime? *Psychology of Popular Media Culture 8*(2), 125–33.

29. McKinlay, C., Vargas, J., Blake, T., et al. (2017). Charge-Altering Releasable Transporters (CARTs) for the Delivery and Release of mRNA in Living Animals. *Proceedings of the National Academy of Sciences, 114,* E448-456.

30. Iyizoba, N. (2016). The Dangers of Genetically Modified Foods. GreenAmerica.com. Retrieved from: www.greenamerica.org/blog/dangers-genetically-modified-foods-guardian.

31. Norris, M. (2015). Will GMOs Hurt My Body? The Public's Concerns and How Scientists Have Addressed Them. Harvard University. Retrieved from: https://sitn.hms.harvard.edu/flash/2015/will-gmos-hurt-my-body.

CHAPTER 5

1. Byman, D. (2015). Comparing Al Qaeda and ISIS: Different Goals, Different Targets. Brookings Institute. Retrieved from: www.brookings.edu/testimonies/comparing-al-qaeda-and-isis-different-goals-different-targets.

2. Federal Bureau of Investigation. (2021). USS Cole Bombing. Retrieved from: www.fbi.gov/history/famous-cases/uss-cole-bombing.

3. 이 글을 쓰는 현재 바이든 대통령은 아프가니스탄에서 대부분의 미군을 철수하여 20년간의 점령을 끝내고 있는 것으로 보인다. 그 결과 한때 알카에다의 동맹이었던 탈레반이 부활할 것으로 보인다. 그러나 이는 9·11 테러 이전의 상황으로 되돌아가는 것일 뿐 어느 쪽의 승리라고 할 수는 없다.

4. Gammon, K. (2012). Can Animals Commit Suicide? *LiveScience*. Retrieved from: www.livescience.com/33805-animals-commit-suicide.html.

5. Arditte, K. A., Morabito, D. M., Shaw, A. M., & Timpano, K. R. (2016). Interpersonal Risk for Suicide in Social Anxiety: The Roles of Shame and Depression. *Psychiatry Research, 239*, 139–44. https://doi-org.stetson.idm.oclc.org/10.1016/j.psychres.2016.03.017.

6. Sheehy, K., Noureen, A., Khaliq, A., Dhingra, K., Husain, N., Pontin, E. E., Cawley, R., & Taylor, P. J. (2019). An Examination of the Relationship between Shame, Guilt and Self-Harm: A Systematic Review and Meta-Analysis. *Clinical Psychology Review, 73*. https://doi-org.stetson.idm.oclc.org/10.1016/j.cpr.2019.101779.

7. Lankford, A. (2013). A Comparative Analysis of Suicide Terrorists and Rampage, Workplace, and School Shooters in the United States from 1990 to 2010. *Homicide Studies: An Interdisciplinary & International Journal, 17*(3), 255–74. https://doi-org.stetson.idm.oclc.org/10.1177/1088767912462033.

8. Lankford, A., & Cowan, R. G. (2020). Has the Role of Mental Health Problems in Mass Shootings Been Significantly Underestimated? *Journal of Threat Assessment and Management, 7*(3–4), 135–56. https://doi-org.stetson.idm.oclc.org/10.1037/tam0000151.

9. Winegard, B., & Ferguson, C. J. (2017). The Development of Rampage Shooters: Myths and Uncertainty in the Search for Causes. In L. Wilson (Ed.), *The Wiley Handbook of the Psychology of Mass Shootings*. New York: Wiley Blackwell.

10. Hodgins, S. (2008). Criminality among Persons with Severe Mental Illness. In K. Soothill, P. Rogers, & M. Dolan (Eds.), *Handbook of Forensic Mental Health.* (pp. 400–423). Cullompton, UK: Willan.

11. English, R. (2016). *Does Terrorism Work? A History.* London: Oxford University Press.

12. Monahan, J. (2012). The Individual Risk Assessment of Terrorism. *Psychology, Public Policy, and Law, 18*(2), 167–205. https://doi-org.stetson.idm.oclc.org/10.1037/a0025792.

13. Hunter, S. T., Shortland, N. D., Crayne, M. P., & Ligon, G. S. (2017). Recruitment and Selection in Violent Extremist Organizations: Exploring What Industrial and Organizational Psychology Might Contribute. *American Psychologist, 72*(3), 242–54. https://doi-org.stetson.idm.oclc.org/10.1037/amp0000089.

14. Borum, R., & Patterson, T. D. (2019). Juvenile Radicalization into Violent Extremism: Investigative and Research Perspectives. *Journal of the American Academy of Child & Adolescent Psychiatry, 58*(12), 1142–48. https://doi-org.stetson.idm.oclc.org/10.1016/j.jaac.2019.07.932.

15. Lotto, D. (2017). On the Origins of Terrorism. *The Journal of Psychohistory, 45*(1), 12–22.

16. Miller, L. (2006). The Terrorist Mind: II Typologies, Psychopathologies, and Practical Guidelines for Investigation. *International Journal of Offender Therapy and Comparative Criminology, 50*(3), 255–68. https://doi-org.stetson.idm.oclc.org/10.1177/0306624X05281406.

17. Jenkins, N. (2015). How Paris Stood with the U.S. after 9/11. *Time*. Retrieved from: time.com/4112746/paris-attacks-us-september-911-terrorism.

18. Blitzer, W. (2003). The Search for the Smoking Gun. CNN. Retrieved from: www.cnn.com/2003/US/01/10/wbr.smoking.gun.

19. Janis, I. L. (1972). *Victims of Groupthink: A Psychological Study of Foreign-Policy Decisions and Fiascoes.* New York: Houghton Mifflin.

20. Harris, B. (2011). From the Sanhedrin to Alan Greenspan, Strategies to Avoid the Perils of Groupthink. *Jewish Standard.* Retrieved from: https://jewishstandard.timesofisrael.com/from-the-sanhedrin-to-alan-greenspan-strategies-to-avoid-the-perils-of-groupthink.

21. Esser, J. K., & Lindoerfer, J. S. (1989). Groupthink and the Space Shuttle Challenger Accident:

Toward a Quantitative Case Analysis. *Journal of Behavioral Decision Making, 2*(3), 167–77. https://doi-org.stetson.idm.oclc.org/10.1002/bdm.3960020304.

22. Evans, K. (2020). Groupthink: Understanding and Avoiding It. *Product Thinking.* Retrieved from: www.productthinking.cc/p/groupthink-understanding-and-avoiding.

23. History.com. (2009). The Dixie Chicks Backlash Begins. Retrieved from: www.history.com/this-day-in-history/the-dixie-chicks-backlash-begins.

24. American Civil Liberties Union. (2021). Surveillance under the Patriot Act. Retrieved from: www.aclu.org/issues/national-security/privacy-and-surveillance/surveillance-under-patriot-act.

25. History.com. (2017). Patriot Act. Retrieved from: www.history.com/topics/21st-century/patriot-act.

26. 스쿨하우스 록Schoolhouse Rock의 팬이라면 누구나 알다시피, 법은 법안으로 시작하여 의결된 뒤에 법이 된다.

27. Clark, C. (2021). University of California Medical Prof Apologizes for Saying "Pregnant Women." *Daily Wire.* Retrieved from: www.dailywire.com/news/university-of-california-medical-prof-apologizes-for-saying-pregnant-women.

28. Ferguson, C. (2019). Is Gender a Social Construct? *Quillette.* Retrieved from: https://quillette.com/2019/11/30/is-gender-a-social-construct.

CHAPTER 6

1. Zacharek, S. (2019). *Joker* Wants to Be a Movie about the Emptiness of Our Culture. Instead, It's a Prime Example of It. *Time.* Retrieved from: https://time.com/5666055/venice-joker-review-joaquin-phoenix-not-funny.

2. Adams, S. (2019). Joker's Director Says His Movie Isn't Political. Who's He Trying to Kid? *Slate.* Retrieved from: https://slate.com/culture/2019/09/joker-movie-joaquin-phoenix-alt-right-hero-incel.html.

3. Ehrlich, D. (2019). "Joker" Review: For Better or Worse, Superhero Movies Will Never Be the Same. *IndieWire.* Retrieved from: www.indiewire.com/2019/08/joker-review-joaquin-phoenix-1202170236.

4. Edelstein, D. (2019). Joker Is One Unpleasant Note Played Louder and Louder. *Vulture.* www.vulture.com/2019/10/joker-movie-review-joaquin-phoenix-as-arthur-fleck.html.

5. Stambaugh, H., & Styron, H. (2003). Special Report: Firefighter Arson. Homeland Security.

6. Marjory Stoneman Douglas High School Public Safety Commission. (2019). Initial Report Submitted to the Governor, Speaker of the House of Representatives and Senate President. Retrieved from: www.fdle.state.fl.us/msdhs/commissionreport.pdf

7. Frederique, N. (2020). *What Do the Data Reveal about Violence in Schools?* National Institutes of Justice. Retrieved from: https://nij.ojp.gov/topics/articles/what-do-data-reveal-about-violence-schools.

8. Romano, A. (2016). The Great Clown Panic of 2016 Is a Hoax. But the Terrifying Side of Clowns Is Real. *Vox.* Retrieved from: www.vox.com/culture/2016/10/12/13122196/clown-panic-hoax-history

9. Dickson, E. (2019). What Is the Momo Challenge? *Rolling Stone.* Retrieved from: www.rollingstone.com/culture/culture-news/what-is-momo-challenge-800570.

10. Clark-Flory, T. (2014). Forget about Rainbow Parties, Sex Bracelets and Sexting: Today's Kids Have Not Gone Wild. *Salon.* Retrieved from: www.salon.com/2014/09/01/forget_about_rainbow_parties_sex_bracelets_and_sexting_todays_kids_have_not_gone_wild.

11. Preston, M. I. (1941). Children's Reactions to Movie Horrors and Radio Crime. *The Journal of Pediatrics, 19,* 147–68. https://doi-org.stetson.idm.oclc.org/10.1016/S0022-3476(41)80059-6.

12. 도덕적 공황이 자주 그렇듯이, 학계는 분열되어 일부는 공황을 지지하고(단기적으로 더 유리하다) 일부는 이를 비난한다. 에이미 오벤과 앤드루 프르지빌스키의 연구는 가장 중요한 연구 중 하나이며, 호기심 많은 독자들에게 추천한다. For example, Orben, A., & Przybylski, A. (2019). The Association between Adolescent Well-Being and Digital Technology Use. *Nature Human Behavior.* Retrieved from: www.nature.com/articles/s41562-018-0506-1.

13. Parker, L. (2020). Remembering Tom Petty's crazy, controversial "Don't Come around Here No More" Music Video: "This One Took the Cake." Yahoo. Retrieved from: www.yahoo.com/now/tom-pettys-crazy-controversial-dont-come-here-no-more-music-video-233754534.html.

14. Kawai, M. (1965). Newly Acquired Pre-Cultural Behavior of the Natural Troop of Japanese Monkeys on Koshima Islet. *Primates, 6,* 1–30. See also for recent update: Matsuzawa, T. (2015). Sweet-Potato Washing Revisited: 50th Anniversary of the Primates Article. *Primates, 56,* 285–87. https://doi.org/10.1007/s10329-015-0492-0.

15. School Safety Commission. (2018). Final Report of the Federal Commission on School Safety. US Department of Education.

16. 클린턴은 이것을 지어내지 않았다. 이런 말도 안 되는 주장은 유감스럽게도 더 많이 알아야 할 학자들에게서 나온다. For documentation, see: Markey, P. M., Males, M. A., French, J. E., & Markey, C. N. (2015). Lessons from Markey et al. (2015) and Bushman et al. (2015): Sensationalism and Integrity in Media Research. *Human Communication Research, 41*(2), 184–203. https://doi-org.stetson.idm.oclc.org/10.1111/hcre.12057.

17. United Nations Office on Drugs and Crime. (2021). Retrieved from: https://dataunodc.un.org.

18. Ferguson, C. J., & Smith, S. (in press). Examining Homicides and Suicides Cross-Nationally: Economic Factors, Guns and Video Games. *International Journal of Psychology.*

19. Yee, N., Matheson, S., Korobanova, D., Large, M., Nielssen, O., Carr, V., & Dean, K. (2020). A Meta-Analysis of the Relationship between Psychosis and Any Type of Criminal Offending, in both Men and Women. *Schizophrenia Research, 220,* 16–24. https://doi-org.stetson.idm.oclc.org/10.1016/j.schres.2020.04.009.

CHAPTER 7

1. Department of Justice. (2015). Department of Justice Report Regarding the Criminal Investigation into the Shooting Death of Michael Brown by Ferguson, Missouri Police Officer Darren Wilson. Retrieved from: www.justice.gov/sites/default/files/opa/press-releases/attachments/2015/03/04/doj_report_on_shooting_of_michael_brown_1.pdf.

2. Department of Justice. (2015). Investigation of the Ferguson Police Department. Retrieved from: www.justice.gov/sites/default/files/opa/press-releases/attachments/2015/03/04/ferguson_police_department_report.pdf.

3. American Psychological Association. (2020). Mental-Health Leaders: We Must End Pandemic of Racism. Retrieved from: www.apa.org/news/press/op-eds/end-pandemic-racism.

4. Arise Foundation. (2021). Retrieved from: www.arisefdn.org.

5. BBC. (2020). Who Are the Uyghurs and Why Is China Being Accused of Genocide? Retrieved from: www.bbc.com/news/world-asia-china-22278037.

6. Beck, A. (2021). Race and Ethnicity of Violent Crime Offenders and Arrestees, 2018. Bureau of

Justice Statistics. Retrieved from: https://bjs.ojp.gov/library/publications/race-and-ethnicity-violent-crime-offenders-and-arrestees-2018.

7. Fessler, D. M. T. (2007). From Appeasement to Conformity: Evolutionary and Cultural Perspectives on Shame, Competition, and Cooperation. In J. L. Tracy, R. W. Robins, & J. P. Tangney (Eds.), *The Self-Conscious Emotions: Theory and Research.* (pp. 174–93). New York: Guilford Press.

8. McDonald, J. (2021). Former SDG&E Worker Sues Utility for Firing Him after White Supremacy Accusation Went Viral. *San Diego Union Tribune.* Retrieved from: www.sandiegouniontribune.com/news/watchdog/story/2021-06-04/former-sdg-e-worker-sues-utility-for-firing-him-after-white-supremacy-accusation-went-viral.

9. Durando, J. (2014). Auschwitz Selfie Girl Defends Actions. *USA Today.* Retrieved from: www.usatoday.com/story/news/nation-now/2014/07/23/selfie-auschwitz-concentration-camp-germany/1303828.

10. See, for example, Eduardo, A. (2021). Stop Calling Me "White" for Having the Wrong Opinions. *Newsweek.* Retrieved from: www.newsweek.com/stop-calling-me-white-having-wrong-opinions-opinion-1624179.

11. *Washington Post.* (2021). *Fatal Force.* Retrieved from: www.washingtonpost.com/graphics/investigations/police-shootings-database.

12. Beck, (2021).

13. Males, M. (2014). Who Are Police Killing? Center for Juvenile and Criminal Justice. Retrieved from www.cjcj.org/news/8113.

14. McCaffree, K., & Saide, A. (2021). How Informed Are Americans about Race and Policing? Skeptic Research Center. Retrieved from: www.skeptic.com/research-center/reports/Research-Report-CUPES-007.pdf.

15. Scott, K., Ma, D. S., Sadler, M. S., & Correll, J. (2017). A Social Scientific Approach toward Understanding Racial Disparities in Police Shooting: Data from the Department of Justice (1980–2000). *Journal of Social Issues, 73*(4), 701–22.

16. Cesario, J., Johnson, D. J., & Terrill, W. (2019). Is There Evidence of Racial Disparity in Police Use of Deadly Force? Analyses of Officer-Involved Fatal Shootings in 2015–2016. *Social Psychological and Personality Science, 10*(5), 586–95.

17. Hemenway, D., Berrigan, J., Azrael, D., Barber, C., & Miller, M. (2020). Fatal Police Shootings of Civilians, by rurality. *Preventive Medicine: An International Journal Devoted to Practice and Theory, 134.* https://doi-org.stetson.idm.oclc.org/10.1016/j.ypmed.2020.106046.

18. Fryer, R. (2016). An Empirical Analysis of Racial Differences in Police Use of Force. *National Bureau of Economic Research.* Retrieved from: www.nber.org/system/files/working_papers/w22399/w22399.pdf

19. Zimring, Franklin E. (2017). *When Police Kill,* Cambridge, MA: Harvard University Press.

20. Rohrer, A. J. (2021). Law Enforcement and Persons with Mental Illness: Responding Responsibly. *Journal of Police and Criminal Psychology, 36,* 342–49.

21. Smith, S., Ferguson, C. J., & Henderson, H. (in press). An Exploratory Study of Environmental Stress in Four High Violent Crime Cities: What Sets Them Apart? *Crime and Delinquency.*

22. Gaston, S., Cunningham, J. P., & Gillezeau, R. (2019). A Ferguson Effect, the Drug Epidemic, Both, or Neither? Explaining the 2015 and 2016 US Homicide Rises by Race and Ethnicity. *Homicide Studies: An Interdisciplinary & International Journal, 23*(3), 285–313.

23. Reilly, W. (2020). *Taboo.* Washington, DC: Regnery Publishing.

24. Lowry, G. (2020). *Why Does Racial Inequality Persist? Culture, Causation, and Responsibility.*

Manhattan Institute. Retrieved from: https://media4.manhattan-institute.org/sites/default/files/R-0519-GL.pdf.

25. Pew Research Center. (2016). Social & Demographic Trends, Demographic Trends and Economic Well-Being. June 27, 2016.

26. Thomas, M., Stumpf, M., & Harke, H. (2006). Evidence for an Apartheid-Like Social Structure in Early Anglo-Saxon England. *Proceedings of the Royal Society: Biological Sciences, 273,* 2651–57.

27. BBC. (2019). South Africa Elections: Who Controls the Country's Business Sector? Retrieved from: www.bbc.com/news/world-africa-48123937.

28. US Census Bureau. (2021). Retrieved from: www.census.gov/content/dam/Census/library/visualizations/2020/demo/p60-270/figure2.pdf.

29. US Census Bureau. (2021). Retrieved from: https://data.census.gov/cedsci. See also Avora, R. (2020). A Peculiar Kind of Racist Patriarchy. *Quillette.* Retrieved from: https://quillette.com/2020/12/22/a-peculiar-kind-of-racist-patriarchy.

30. Turley, J. (2021). Biden's Red Queen Justice: How He Destroyed Both the Investigation and the Reputation of Border Agents. *The Hill.* Retrieved from: https://thehill.com/opinion/judiciary/575007-bidens-red-queen-justice-how-he-destroyed-both-the-investigation-and-the.

31. Delgado, R, & Stefancic, J. (2017). *Critical Race Theory: An Introduction.* New York University Press.

32. Charlesworth, T. E. S., & Banaji, M. R. (2019). Patterns of Implicit and Explicit Attitudes: I. Long-Term Change and Stability from 2007 to 2016. *Psychological Science, 30*(2), 174–92.

33. See, for example, Eduardo. (2021). For all the explicit concern about racism, ostensible progressives often use racist language against ethnic minorities who challenge progressive ideologies.

34. Foundation against Intolerance and Racism. (2021). Grace Church Whistleblower. Retrieved from: www.fairforall.org/grace-church-whistleblower.

35. Cohen, S. (2021). "We're Demonizing White People for Being Born:" Leaked Audio Captures Headmaster of Elite NYC School Agreeing with Teacher Who Was Banned from Classroom for Speaking Out about WhiteShaming Students. *Daily Mail.* Retrieved from: www.dailymail.co.uk/news/article-9491487/Head-NYC-school-punished-outspoken-teacher-admits-demonizing-white-people.html.

36. Blackwell, M. (2020). Black Lives Matter and the Mechanics of Conformity. *Quillette.* Retrieved from: https://quillette.com/2020/09/17/black-lives-matter-and-the-mechanics-of-conformity. *Quillette* itself is controversial on the left for its tendency to puncture progressive shibboleths.

37. Ferguson, C. J. (in press). Negative Perceptions of Race Relations: A Brief Report Examining the Impact of News Media Coverage of Police Shootings, and Actual Fatal Police Shootings. *The Social Science Journal.*

38. Moore, S. (2021). Will Smith Says "Anybody Who Tries to Debate Black Lives Matter Looks Ridiculous." *The Independent.* Retrieved from: www.independent.co.uk/arts-entertainment/films/news/will-smith-black-lives-matter-b1927916.html.

39. Hess, A. (2020). The Protests Come for "Paw Patrol." *New York Times.* Retrieved from: https://archive.md/eUwM8.

40. Cassel, P. (2020). Explaining the Recent Homicide Spikes in U.S. Cities: The "Minneapolis Effect" and the Decline in Proactive Policing. *Utah Law Digital Commons.* Retrieved from: https://dc.law.utah.edu/cgi/viewcontent.cgi?article=1216&context=scholarship.

41. Smith, Ferguson, & Henderson. (in press).

42. Landgrave, M., & Nowrasteh, A. (2017). Criminal Immigrants: Their Numbers, Demographics, and Countries of Origin. Cato Institute. Retrieved from: www.cato.org/publications/immigration-re-

form-bulletin/criminal-immigrants-their-numbers-demographics-countries?gclid=CjwKCAjw8KmL-BhB8EiwAQbqNoIy1ysPLvIkRiVAaPTKmtGM1cL3i_npvCtGC-nABwC3ep_LijjpHFRoCs34QA-vD_BwE.

CHAPTER 8

1. McGuinness, R. (2021). Moment Woman Begs Insulate Britain Climate Protesters to Allow Her through Blockade to Visit Mother in Hospital. Yahoo News. Retrieved from: https://ca.news.yahoo.com/woman-insulate-britain-protesters-visiting-mother-hospital-123258494.html.

2. BBC. (2021). What Is Insulate Britain and What Does It Want? Retrieved from: www.bbc.com/news/uk-58916326.

3. NASA. (2021). It's Cold. Is Global Warming Over? https://climatekids.nasa.gov/harsh-winter/. 그렇다. 나는 아동용 설명을 참고했다. 솔직하게 인정하자. 우리들 대부분은 과학이 어떻게 돌아가는지 모른다. 이것이 내 논점 중의 하나임을 알게 될 것이다.

4. Children's Museum of Indianapolis. (2021). Why Does Air Smell Different after a Storm? Retrieved from: www.childrensmuseum.org/blog/why-does-air-smell-different-after-a-storm. Yep, I'm sticking with kids' references (though these are reputable sources). It seems fitting given how childish people have behaved in this debate.

5. Pinho, B. (2020). Whatever Happened to the Hole in the Ozone Layer? *Discover Magazine*. Retrieved from: www.discovermagazine.com/environment/whatever-happened-to-the-hole-in-the-ozone-layer.

6. Ogden, L. (2019). The Bittersweet Story of How We Stopped Acid Rain. BBC. Retrieved from: www.bbc.com/future/article/20190823-can-lessons-from-acid-rain-help-stop-climate-change.

7. Weidmann, T., Lenzen, M., Keyser, L., & Steinberger, J. (2020). Scientists Warning on Affluence. *Nature Communications, 11*. Retrieved from: www.nature.com/articles/s41467-020-16941-y.

8. Degroot, D., Anchukaitis, K., Bauch, M., Burnham, J., Carnegy, F., Cui, J., de Luna, K., Guzowski, P., Hambrecht, G., Huhtamaa, H., Izdebski, A., Kleemann, K., Moesswilde, E., Neupane, N., Newfield, T., Pei, Q., Xoplaki, E., & Zappia, N. (2021). Towards a Rigorous Understanding of Societal Responses to Climate Change. *Nature, 591*(7851), 539–50.

9. Gifford, R. (2011). The Dragons of Inaction: Psychological Barriers That Limit Climate Change Mitigation and Adaptation. *American Psychologist, 66*(4), 290–302.

10. Pearce, F. (2009). Climategate: Anatomy of a Public Relations Disaster. *Environment 360*. Retrieved from: https://web.archive.org/web/20101125131655/http://e360.yale.edu/content/feature.msp?id=2221.

11. Ferguson, C. J., Copenhaver, A., & Markey, P. (2020). Re-examining the Findings of the APA's 2015 Task Force on Violent Media: A Meta Analysis. *Perspectives on Psychological Science 15*(6), 1423–43.

12. *Quillette*. (2019). Twelve Scholars Respond to the APA's Guidance for Treating Men and Boys. Retrieved from: https://quillette.com/2019/02/04/psychologists-respond-to-the-apas-guidance-for-treating-men-and-boys.

13. Data from Roff, G., Brown, C., Priest, M., & Mumby, P. (2018). Decline of Coastal Apex Shark Populations over the Past Half Century. *Communications Biology, 1*. Retrieved from: www.nature.com/articles/s42003-018-0233-1.

14. United Nations. (2019). Only 11 Years Left to Prevent Irreversible Damage from Climate

Change, Speakers Warn during General Assembly HighLevel Meeting. Retrieved from: www.un.org/press/en/2019/ga12131.doc.htm

15. Bowden, J. (2019). Ocasio-Cortez: "World Will End in 12 Years" If Climate Change Not Addressed." *The Hill*. Retrieved from: https://thehill.com/policy/energy-environment/426353-ocasio-cortez-the-world-will-end-in-12-years-if-we-dont-address.

16. Munger, S. (2018). Avoiding Dispatches from Hell: Communicating Extreme Events in a Persuasive, Proactive Context. In: W. Leal Filho, B. Lackner, H. McGhie (Eds.), *Addressing the Challenges in Communicating Climate Change across Various Audiences*. Cham, Switzerland: Springer. https://doi.org/10.1007/978-3-319-98294-6_8.

17. Weston, E. (2020). Climate Change and the Apocalyptic Narrative: A Critique. The Schumacher Institute. Retrieved from: www.schumacherinstitute.org.uk/download/pubs/res/202009-Climate-Change-and-the-Apocalyptic-Narrative-Ella-Weston.pdf.

18. Carrington, D. (2020). The Four Types of Climate Denier, and Why You Should Ignore Them All. *Guardian*. Retrieved from: www.theguardian.com/commentisfree/2020/jul/30/climate-denier-shill-global-debate.

19. Grossman, A. (2020). Patagonia's "Vote the A**holes Out" Tags Are a Gloriously Direct Message to Climate Change Deniers. *Esquire*. Retrieved from: www.esquire.com/style/mens-fashion/a34039821/patagonia-shorts-vote-tag-message.

20. Aronoff, K. (2018). Denial by a Different Name. *The Intercept*. Retrieved from: https://theintercept.com/2018/04/17/climate-change-denial-trump-germany.

21. Kluger, J. (2014). Americans Flunk Science Again. *Time*. Retrieved from: https://time.com/72080/climate-change-doubters-poll.

22. Ferguson, C. J. (2019). Netflix Has the "Han Shot First" Moment with *13 Reasons Why*. *Areo*. Retrieved from: https://areomagazine.com/2019/07/24/netflix-has-their-han-shot-first-moment-with-13-reasons-why.

23. Barmann, J. (2021). 31-Year-Old Swimmer Dies after Being Rescued in Rough Surf at Ocean Beach. Retrieved from: https://sfist.com/2020/06/05/31-year-old-swimmer-dies-after-being-rescued-in-rough-surf-at-ocean-beach.

24. Tribou, R. (2021). Man Dies after Being Pulled from Surf in Daytona Beach, Officials Say. *Orlando Sentinel*. Retrieved from: www.orlandosentinel.com/news/breaking-news/os-ne-daytona-beach-drowning-death-20210923-eoxj6i3vkrctdpi7rclhl5zvme-story.html.

25. National Weather Service. (2021). Lightning Fatalities in 2021. Retrieved from: www.weather.gov/safety/lightning-fatalities

26. Musumeci, N. (2018). Man Mauled to Death by Bear while Taking Selfie with It. *New York Post*. Retrieved from: https://nypost.com/2018/05/04/man-mauled-to-death-by-bear-while-taking-selfie.

27. Wasco, D., & Bullard, S. (2016). An Analysis of Media-Reported Venomous Snakebites in the United States, 2011–2013. *Wilderness and Environmental Medicine, 27*, 219–26.

28. Associated Press. (2007). Man Bit by Rattlesnake after Putting It in His Mouth to Impress Ex-Girlfriend. Retrieved from: www.foxnews.com/story/man-bit-by-rattlesnake-after-putting-it-in-his-mouth-to-impress-ex-girlfriend.

29. Motro, D., & Ellis, A. P. J. (2017). Boys, Don't Cry: Gender and Reactions to Negative Performance Feedback. *Journal of Applied Psychology, 102*(2), 227–35. https://doi-org.stetson.idm.oclc.org/10.1037/apl0000175.

CHAPTER 9

1. Grosshandler, W., Bryner, N., Madrzykowsk, D., & Kuntz, K. (2005). Report of the Technical Investigation of the Station Nightclub Fire. National Institute of Standards and Technology. Retrieved from: https://tsapps.nist.gov/publication/get_pdf.cfm?pub_id=100988.
2. Pemberton, P. (2013). The Great White Nightclub Fire: Ten Years Later. *Rolling Stone.* Retrieved from: www.rollingstone.com/music/music-news/the-great-white-nightclub-fire-ten-years-later-243338.
3. Connor, K. (2016). Classy Lane Fire Resurrects Memories of 2002 Woodbine Blaze. *Toronto Sun.* Retrieved from: https://torontosun.com/2016/01/05/classy-lane-fire-resurrects-memories-of-2002-woodbine-blaze.
4. Gimenez, R., Woods, J., Dwyer, R., et al. (2008). A Review of Strategies to Prevent and Respond to Barn Fires Affecting the Horse Industry. *AAEP Proceedings, 54,* 160–79.
5. Green, S. (2020). Wash. Firefighters Rescue Girl Hiding in Toy Trunk during Fire. Firerescue1.com. Retrieved from: www.firerescue1.com/search-rescue/articles/wash-firefighters-rescue-girl-hiding-in-toy-trunk-during-fire-d6PX6YkaQ0TNnkZM.
6. Shai, D., & Luppinachi, P. (2003). Fire Fatalities among Children: An Analysis across Philadelphia's Census Tracts. *Public Health Reports, 118,* 115–26.
7. Spicuzza, M. (2015). Milwaukee Townhouse Fire Takes 2 "Precious Little Kids." *Milwaukee Journal Sentinel.* Retrieved from: https://archive.jsonline.com/news/milwaukee/2-children-killed-in-milwaukee-house-fire-b99570479z1-324344211.html.
8. Biggs, S. (2006). Extinguish the Threat of Barn Fires. *Horse Illustrated.* Retrieved from: www.horseillustrated.com/horse-keeping-extinguish-threat-of-barn-fires.
9. McConnell, C., Leeming, F., & Dwyer, W. (1996). Evaluation of a Fire-Safety Training Program for Preschool Children. *Journal of Community Psychology, 24,* 213–27.
10. Huseyin, I., & Satyen, L. (2006). Fire Safety Training: Its Importance in Enhancing Fire Safety Knowledge and Response to Fire. *The Australian Journal of Emergency Management, 21,* 48–53.
11. US Fire Administration. (2019). Fire in the United States 2008–2017. Retrieved from: www.usfa.fema.gov/downloads/pdf/publications/fius20th.pdf.
12. Stromberg, J. (2014). Firefighters Do a Lot Less Firefighting Than They Used To. Here's What They Do Instead. *Vox.* Retrieved from: www.vox.com/2014/10/30/7079547/fire-firefighter-decline-medical.
13. BBC. (2020). Gender Reveal Party Couple Face Jail over Deadly California Wildfire. Retrieved from: www.bbc.com/news/world-us-canada-57898993.
14. Balch, J., Bradley, B., Abatzoglu, J., et al. (2017). Human-Started Wildfires Expand the Fire Niche across the United States. *Proceedings of the National Academy of Sciences, 114,* 2946–51.
15. Henetz, P. (2004). Boy Scouts Sued over $14 million East Fork Fire. *Caspar Star Tribune.* Retrieved from: https://trib.com/news/state-and-regional/boy-scouts-sued-over-14-million-east-fork-fire/article_4ce356d1-cabb-5c19-b315-8d84d83db603.html. Also Gephardt, M., & St, Claire, C. (2017). People Who Accidentally Start Wildfires Face Hefty Fines, Criminal Charges, Records Show. 2KUTV. Retrieved from: https://kutv.com/news/get-gephardt/people-who-accidentally-start-wildfires-hefty-face-fines-criminal-charges-records-show.
16. Enea, J. (2018). Old Time Crime: Contract Firefighter Starts Arizona's Largest Wildfire to Date in 2002. Retrieved from: www.abc15.com/news/crime/old-time-crime-contract-firefighter-starts-arizonas-largest-wildfire-in-2002.
17. US Fire Administration. (2003). Special Report: Firefighter Arson. Retrieved from: www.usfa.

fema.gov/downloads/pdf/publications/tr-141.pdf.

18. National Volunteer Fire Council. (2011). Report on the Firefighter Arson Problem: Context, Considerations, and Best Practices. Retrieved from: www.nvfc.org/wp-content/uploads/2016/02/FF_Arson_Report_FINAL.pdf.

19. Associated Press. (2014). Woman Who Lit Fire to Help Friends Gets Prison. Retrieved from: www.azcentral.com/story/news/nation/2014/09/03/woman-who-lit-fire-to-give-friends-work-sentenced/15040165.

20. Johnson, R., & Netherson, E. (2016). Fire Setting and the Impulse Control Disorder of Pyromania. *The American Journal of Psychiatry, Residents Journal, 11,* 14–16. Retrieved from: https://psychiatryonline.org/doi/10.1176/appi.ajp-rj.2016.110707.

21. Yorkshire Post. (2009). A City's Memories Branded in Fire of Killer's Reign of Terror 30 Years Ago. Retrieved from: https://web.archive.org/web/20181019135453/https://www.yorkshirepost.co.uk/news/analysis/a-city-s-memories-branded-in-fire-of-killer-s-reign-of-terror-30-years-ago-1-2314786.

22. BBC. (2021). Confessed Hull Arsonist Peter Tredget in New Appeal over 26 Deaths. Retrieved from: www.bbc.com/news/uk-england-humber-58876813. Note: 피터 트리짓은 때때로 딘스데일이라는 이름을 썼다. 나는 이 책에서 딘스데일이라는 이름만 사용했다.

23. Colarossi, N. (2021). Just 2 Percent of Hispanics Use the Term "Latinx," 40 Percent Find It Offensive: Poll. *Newsweek*. Retrieved from: www.newsweek.com/just-2-percent-hispanics-use-term-latinx-40-percent-find-it-offensive-poll-1656412.

24. Beda, S. (2020). Climate Change and Forest Management Have Both Fueled Today's Epic Western Wildfires. *The Conversation*. Retrieved from: https://theconversation.com/climate-change-and-forest-management-have-both-fueled-todays-epic-western-wildfires-146247.

25. Baumeister, R. F., Campbell, J. D., Krueger, J. I., & Vohs, K. D. (2003). Does High Self-Esteem Cause Better Performance, Interpersonal Success, Happiness, or Healthier Lifestyles? *Psychological Science in the Public Interest, 4*(1), 1–44.

CHAPTER 10

1. Concannon, C. (2019). Immigration: How Ancient Rome Dealt with the Barbarians at the Gate. *The Conversation*. Retrieved from: https://theconversation.com/immigration-how-ancient-rome-dealt-with-the-barbarians-at-the-gate-109933.

2. Gershon, E., & Segman, R. (2021). Perceptions of the Other—A Continuity of Racism by Anatomically Modern Humans against Neanderthals and against Jews. *Journal of Anthropology and Archaeology, 9,* 17–27.

3. Spierenburg P. (2012) Long-Term Historical Trends of Homicide in Europe. In: M. Liem & W. Pridemore (Eds.), *Handbook of European Homicide Research*. New York: Springer. https://doi.org/10.1007/978-1-4614-0466-8_3.

4. McCall, G., & Shields, N. (2008). Examining the Evidence from SmallScale Societies and Early Prehistory and Implications for Modern Theories of Aggression and Violence. *Aggression and Violent Behavior, 13,* 1–9.

5. Spierenburg, P. (2001). Violence and the Civilizing Process. Does It Work? *Crime, Histoire & Sociétés, 5*(2), 87–105.

6. Sherif, M. (2001). Superordinate Goals in the Reduction of Intergroup Conflict. In M. A. Hogg & D. Abrams (Eds.), *Intergroup Relations: Essential Readings.* (pp. 64–70). Philadelphia: Psychology

Press.

7. Simply do an internet search for "racism," "economics," and "immigration."

8. United States Commission on Civil Rights. (2008). Impact of Illegal Immigration on the Wages & Employment of Black Workers. Retrieved from: www.usccr.gov/files/pubs/docs/IllegImmig_10-14-10_430pm.pdf.

9. Borjas, G. (2016). Yes, Immigration Hurts American Workers. *Politico.* Retrieved from: www.politico.com/magazine/story/2016/09/trump-clinton-immigration-economy-unemployment-jobs-214216.

10. Schaffner, B., Macwilliams, M., Nteta, T. (2018). Understanding White Polarization in the 2016 Vote for President: The Sobering Role of Racism and Sexism. *Political Science Quarterly, 133,* 9–34.

11. Stanovich, K. (2021). *The Bias That Divides Us.* Cambridge, MA: MIT Press.

12. Maxouris, C., & Watts, A. (2020). Immigrant Acquitted of Murder in Kate Steinle Shooting Is Not Competent to Stand Trial Due to Mental Illness, Evaluator Says. CNN. Retrieved from: www.cnn.com/2020/02/15/us/kate-steinle-immigrant-mental-illness/index.html.

13. Light, M., He, J., & Robey, J. (2020). Comparing Crime Rates between Undocumented Immigrants, Legal Immigrants, and Native-Born US Citizens in Texas. *Proceedings of the National Academy of Science.* Retrieved from: www.pnas.org/content/117/51/3234.

14. Nowrasteh, A. (2020). New Research on Illegal Immigration and Crime. Cato Institute. Retrieved from: www.cato.org/blog/new-research-illegal-immigration-crime-0.

15. Lopez, M., Gonzalez-Barrera, A., & Lopez, G. (2017). Hispanic Identity Fades across Generations as Immigrant Connections Fall Away. Pew Research Center. Retrieved from: www.pewresearch.org/hispanic/2017/12/20/hispanic-identity-fades-across-generations-as-immigrant-connections-fall-away.

16. Zitner, A. (2021). Hispanic Voters Now Evenly Split between Parties, WSJ Poll Finds. *Wall Street Journal.* Retrieved from: www.wsj.com/articles/hispanic-voters-now-evenly-split-between-parties-wsj-poll-finds-11638972769.

17. Sanchez, G. (2021). Immigration and the Latino Vote: A Golden Opportunity for Democrats in 2022. Brookings Institute. Retrieved from: www.brookings.edu/blog/how-we-rise/2021/06/17/immigration-and-the-latino-vote-a-golden-opportunity-for-democrats-in-2022.

18. Kelly, C. (2019). Ocasio-Cortez on Calling Detention Centers 'Concentration Camps': We Have to "Learn from Our History." CNN. Retrieved from: www.cnn.com/2019/06/27/politics/alexandria-ocasio-cortez-concentration-camps-the-lead-cnntv/index.html.

19. Skodo, A. (2019). How Immigration Detention Compares around the World. *The Conversation.* Retrieved from: https://theconversation.com/how-immigration-detention-compares-around-the-world-76067.

20. Adams, B. (2021). Biden Promised an Investigation of that Border "Whipping" Incident. It's Not Happening. *Washington Examiner.* Retrieved from: www.washingtonexaminer.com/opinion/biden-promised-an-investigation-of-that-border-whipping-incident-its-not-happening.

21. Yglesias, M. (2021). *One Billion Americans.* New York: Portfolio.

CHAPTER 11

1. Bacon, J. (2021). 6 US Capitol Police Officers Recommended for Discipline in Jan. 6 Riot Ahead of "Justice for J6" Rally. *USA Today.* Retrieved from: www.usatoday.com/story/news/nation/2021/09/12/6-us-capitol-police-officers-recommended-discipline-jan-6-riot/8307721002.

2. Massimo, R. (2021). Medical Examiner: Capitol Police Officer Sicknick Died of Stroke; Death Ruled "Natural." WTOP. Retrieved from: https://wtop.com/dc/2021/04/medical-examiner-capitol-police-officer-sicknick-died-of-stroke-death-ruled-natural.

3. Steer, J. (2021). Timeline: How the Attack on the U.S. Capitol Unfolded on Jan. 6, 2021. Fox8. Retrieved from: https://fox8.com/news/timeline-how-the-attack-on-the-u-s-capitol-unfolded-on-jan-6-2021.

4. Dickson, C. (2021). Poll: Two-thirds of Republicans Still Thinkthe 2020 Election Was Rigged. Yahoo News. Retrieved from: https://news.yahoo.com/poll-two-thirds-of-republicans-still-think-the-2020-election-was-rigged-165934695.html.

5. Leonnig, C. (2021). *Zero Fail: The Rise and Fall of the Secret Service.* New York: Random House.

6. Robb, A. (2017). Anatomy of a Fake News Scandal. *Rolling Stone.* Retrieved from: www.rollingstone.com/feature/anatomy-of-a-fake-news-scandal-125877.

7. Haroun, A. (2022). Prince Andrew's Ex-girlfriend Says in a New Documentary That Jeffrey Epstein and Bill Clinton "Were Like Brothers." Yahoo News. Retrieved from: https://news.yahoo.com/prince-andrews-ex-girlfriend-says-222750055.html.

8. Anti-Defamation League. (2022). OK Hand Gesture. Retrieved from: www.adl.org/education/references/hate-symbols/okay-hand-gesture.

9. Biddlestone, M., Green, R., Cichocka, A., Sutton, R., & Douglas, K. (2021). Conspiracy Beliefs and the Individual, Relational, and Collective Selves. *Social and Personality Psychology Compass, 15*(10). https://doi-org.stetson.idm.oclc.org/10.1111/spc3.12639.

10. Mariani, A. (2007). The Science behind GMOs. In *The Intersection of International Law, Agricultural Biotechnology, and Infectious Disease.* Leiden: Martinus Nijhoff.

11. Phillips, T. (2008). Genetically Modified Organisms (GMOs): Transgenic Crops and Recombinant DNA Technology. *Nature Education, 1.* Retrieved from: www.nature.com/scitable/topicpage/genetically-modified-organisms-gmos-transgenic-crops and-132. Keese, P. (2008). Risks from GMOs Due to Horizontal Gene Transfer, *Environmental Biosafety Research, 7,* 123–49.

12. American Museum of Tort Law. (2022). Grimshaw v. Ford Motor Company, 1981. Retrieved from: www.tortmuseum.org/ford-pinto.

13. Vittert, L. (2019). Are Conspiracy Theories on the Rise in the US? *The Conversation.* Retrieved from: https://theconversation.com/are-conspiracy-theories-on-the-rise-in-the-us-121968.

14. Leonard, M., & Philippe, F. (2021). Conspiracy Theories: A Public Health Concern and How to Address It. *Frontiers in Psychology.* Retrieved from: www.frontiersin.org/articles/10.3389/fpsyg.2021.682931/full.

15. Van Pooijen, J., & Douglas, K. (2018). Belief in Conspiracy Theories: Basic Principles of an Emerging Research Domain. *European Journal of Social Psychology, 48,* 897–908.

CHAPTER 12

1. Reuters. (2022). 50% of Americans Disapprove of the President. Retrieved from: https://graphics.reuters.com/USA-BIDEN/POLL/nmopagnqapa/.

2. Monmouth University. (2022). GOP Has Congress Edge by Default. Retrieved from: www.monmouth.edu/polling-institute/reports/monmouthpoll_US_012622.

3. The White House. (2022). Remarks by President Biden on Protecting the Right to Vote. Retrieved

from: www.whitehouse.gov/briefing-room/speeches-remarks/2022/01/11/remarks-by-president-biden-on-protecting-the-right-to-vote.

4. Hogan, L. (2022). This Isn't Jim Crow 2.0. *The Atlantic.* Retrieved from: www.theatlantic.com/ideas/archive/2022/01/challenge-americas-electoral-system-college-count-act/621333.

5. Ferguson, C. J. (2015). Clinicians' Attitudes toward Video Games Vary as a Function of Age, Gender and Negative Beliefs about Youth: A Sociology of Media Research Approach. *Computers in Human Behavior, 52,* 379–86.

6. Ferguson, C. J., & Colwell, J. (2017) Understanding Why Scholars Hold Different Views on the Influences of Video Games on Public Health.*Journal of Communication, 67*(3), 305–27.

7. Fogel, S. (2015). Telltale Games: The Majority of *The Walking Dead*Players Try to Do the Right Thing. *Venture Beat.* Retrieved from: https://venturebeat.com/2012/08/15/telltale-games-the-walking-dead-statistics-trailer.

8. Manning, R., Levine, M., & Collins, A. (2007). The Kitty Genovese Murder and the Social Psychology of Helping: The Parable of the 38 Witnesses. *American Psychologist, 62*(6), 555–62. https://doi-org.stetson.idm.oclc.org/10.1037/0003-066X.62.6.555.

9. De Waard, D., Jessurun, M., Steyvers, F. J. J. M., Reggatt, P. T. F., & Brookhuis, K. A. (1995). Effect of Road Layout and Road Environment on Driving Performance, Drivers' Physiology and Road Appreciation. *Ergonomics, 38*(7), 1395–1407.

10. Godley, S. T., Triggs, T. J., & Fildes, B. N. (2004). Perceptual Lane Width, Wide Perceptual Road Centre Markings and Driving Speeds. *Ergonomics, 47*(3), 237–56.

11. Ben-Bassat, T., & Shinar, D. (2011). Effect of Shoulder Width, Guardrail and Roadway Geometry on Driver Perception and Behavior. *Accident Analysis and Prevention, 43*(6), 2142–52.

12. Arno, A., & Thomas, S. (2016). The Efficacy of Nudge Theory Strategies in Influencing Adult Dietary Behaviour: A Systematic Review and Meta-Analysis. *BMC Public Health.* Retrieved from: https://bmcpublichealth.biomedcentral.com/articles/10.1186/s12889-016-3272-x.

13. Goodwin, T. (2012). Why We Should Reject "Nudge." *Politics, 32,* 85–92.

나만 옳다는 착각
내 편 편향이 초래하는 파국의 심리학

초판 1쇄 발행 · 2023년 11월 1일

지은이 · 크리스토퍼 J. 퍼거슨
옮긴이 · 김희봉
디자인 · 신미경
펴낸이 · 박준우
펴낸곳 · 선순환
출판등록 · 제2019-000053호 2019년 12월 12일
주소 · 서울시 도봉구 도봉로 108길 89 401호
전화 · 02 992 2210
팩스 · 02 6280 2210
이메일 · sshbooks@naver.com

ISBN 979-11-975780-3-8 (03180)

* 잘못 만들어진 책은 구입한 서점에서 바꿔 드립니다.